Wuppertaler Studienbibel

Wuppertaler Studienbibel

Herausgegeben von

Fritz Rienecker †

und

Werner de Boor

1973

R. Brockhaus Verlag Wuppertal

Der Brief des Jakobus

erklärt von

Fritz Grünzweig

1973

R. Brockhaus Verlag Wuppertal

1. Auflage

Druck: Aussaat Verlag, Wuppertal
ISBN 3-417-00418-7 Leinen
ISBN 3-417-00419-5 Paperback

VORWORT

Die Gemeinde Jesu mußte im Lauf ihrer Geschichte, auch ihrer neueren Geschichte, immer wieder gegen die Versuchung zu zwei entgegengesetzten Irrwegen ankämpfen: einmal gegen die Meinung, beim „Christentum" handle es sich um eine „Moral", durch die der Mensch Gott, Welt und sich selbst genügen könne; die biblische Botschaft von den großen Taten G o t t e s wird dabei hintangestellt, umgedeutet oder ganz beiseite gelassen. Zum andern gegen die Meinung, es gehe beim Christsein um richtiges Denken und Reden; Gott vergebe ja sowieso alles; das Verhalten des Menschen könne außerhalb des Interesses bleiben. Während der Apostel Paulus vor allem den ersten Irrweg abwehrt und, zum Beispiel Römer 1—8, in erster Linie von Gottes Tun zur Rettung und Erneuerung des Menschen redet, liegt Jakobus besonders an der Abwehr des zweiten Irrwegs: Er zeigt, was die rechte Antwort des Menschen auf Gottes große Heilstaten sein muß und kann. Das Heilswerk Gottes zielt ja nicht auf einen ihm ungehorsamen, sondern ihm gehorsamen Menschen. Jakobus beginnt sozusagen erst bei Römer 12. Von unserer Bekehrung zu Jesus Christus, der Vergebung unserer Schuld und unserer Neugeburt durch den Heiligen Geist sagt er unmittelbar nicht viel; das alles setzt er voraus. Es geht ihm darum, daß wir als einzelne und als Gemeinde unser Christsein nach dem uns offenbarten verbindlichen Wollen Gottes nun auch in unserem Alltag l e b e n.

Das ist wichtig nicht nur für uns selbst, sondern auch um unseres missionarischen Dienstes willen. Das Bibel b u c h lesen heute nur wenige; aber die „Bibel", die die Christen mit ihrem Leben im Alltag sind, lesen viele. Dabei geht es um beides: um das, was die Leute sehen, und um das, was allein Gott sieht; durch unsern Ungehorsam vor Gott könnten wir die innere Vollmacht zum Zeugnis verlieren.

Die Heiligung unseres Wesens und Lebens, die Jakobus in seinem Brief im Auge hat, soll uns nicht zuletzt auch für die Wiederkehr unseres Herrn zubereiten. Dabei haben wir aufgrund der Schriftstellen, in denen Jesus uns die Vorzeichen seiner Wiederkehr nennt, den Eindruck, daß die Ankündigung des Jakobus heute eine besondere Aktualität erlangt hat: „Die Ankunft des Herrn ist nahe" (Jak 5, 8).

So ist es gut, in unseren Gemeinden, Gemeinschaften und Kreisen die Botschaft des Jakobusbriefes heute besonders sorgfältig zu bedenken.

Richtlinien
für die Benutzer der Wuppertaler Studienbibel

In bezug auf den Bibeltext:
Der Bibeltext ist fett gedruckt. Wiederholungen aus dem behandelten Bibeltext sind fett gedruckt.
Gesperrt nur im Sinne der Verdeutlichung bei Betonung.

In bezug auf die Parallelstellen:
Mit Absicht sind eine große Fülle von Bibelstellen als Parallelen gebracht. Für diese Parallelstellen ist am Rand eine Spalte freigelassen.

In bezug auf die Handschriften:
Zu den wichtigsten vom Text abweichenden Lesarten, die sich im allgemeinen in den Fußnoten finden, sind folgende Zeichen gesetzt, die der Erklärung bedürfen:

Die Handschriften des Neuen Testaments

Bezeichnung	aus Jahrhundert	Namen	Standort: in Bibliothek	
א	IV	Sinaiticus	London	Neutestamentlicher Teil einer Vollbibel. Die romantische Entdeckungsgeschichte, wie sie Tischendorf erzählt, siehe bei Tischendorf. Gregory 348 ff., Gregory 23 ff. 1844 im Katharinenkloster auf Sinai in einem Abfallkorb zum Heizen bestimmt. Genannt sei auch: Schneller: Tischendorf-Erinnerungen.
A	V	Alexandrinus	London	Das NT mit 1. Clemensbrief und den sogen. Psalmen Salomos, in der Bibliothek Alexandrien, 1628 an Karl I. von England geschenkt. Vollbibel mit einzelnen Lücken.
B	IV	Vaticanus	Rom	Einer der größten Schätze der päpstlichen Bibliothek. Vollbibel mit Lücken.
C	V	Ephraemi rescriptus	Paris	In Pariser Nationalbibliothek stehend. Vom Syrer Ephraem überschrieben. 1535 nach Paris gekommen. Bibel mit vielen Lücken.

Diese vier Bibeln des IV. und V. Jahrhunderts dürfen als die wichtigsten Zeugen gelten. — Wenn sie auch auf die Hauptsitze der katholischen und anglikanischen Kirche Rom, Paris, London verteilt sind, so hat doch der deutsche Protestantismus sich um ihre gelehrte Erforschung sehr bemüht.

Die Zusammenfassung der vier Handschriften א A B C zu einer Textgruppe wird die hesychianische oder ägyptische Textform genannt. Hesychius war ein Grieche in Alexandrien. Weil Alexandrien in Ägypten liegt, wird diese Textgruppe auch die ägyptische Textform genannt.

Weitere Handschriften des Neuen Testaments

Bezeichnung	aus Jahrhundert	Namen	Standort: in Bibliothek	
D	VI	Bezae Cantabrigiensis	Cambridge	Enthält die vier Evangelien und die Apostelgeschichte, aber mit großen Lücken.
E	VIII	Basiliensis	Basel	Diese Handschriften enthalten die vier Evangelien.
F	IX	Boreelianus	Utrecht	
G	X	Seidelianus I	London	
H	IX	Seidelianus II	Hamburg	
L	VIII		Paris	H und L enthalten Apostelgeschichte und Briefe.
046	VIII		Rom	046 enthält Offenbarung des Johannes.

Die sogenannte Koine ist diejenige Handschriftengruppe, welche die Zusammenfassung der einzelnen Handschriften E F G H L und 046 bildet.

Es sind also die Handschriften aus dem VIII. bis X. Jahrhundert. Die Koine ist die in Antiochien und später in Konstantinopel zur allgemeinen Verbreitung gekommene Textform. Diese Textform tritt uns, da Erasmus von Rotterdam solche späten Handschriften benutzte, in Luthers Bibelübersetzung entgegen. Luther stützte sich auf diese späte Handschriftengruppe, also auf die sogenannte Koine, die in der Erasmusausgabe vorlag.

Die Erasmusarbeit war eine sehr flüchtige Arbeit.

„Erasmus benutzte höchstens drei Handschriften, die er von den Predigermönchen in Basel entlieh und die heute noch erhalten sind (keine von ihnen ist älter als das 12. Jahrhundert). Sie zeigen, daß Erasmus die Handschriften selbst durcharbeitete und dann als Vorlage in die Druckerei gehen ließ. Für die Offenbarung des Johannes, die in jenen Handschriften fehlte, wurde eine Handschrift aus Maihingen herangezogen; in ihr fehlte der Schluß 22, 16—21; Erasmus übersetzte ihn einfach aus der Vulgata ins Griechische, ohne das irgendwo anzugeben." Michaelis, Einleitung in das NT 1954, Seite 357.

Die Koine-Gruppe, d. i. die Vorlage Luthers, erwähnen wir ebenfalls.

Andere Handschriften werden jeweilig im Text erklärt.

Am Schluß der Studienbibel soll eine Übersicht über die Geschichte der Handschriften folgen.

In bezug auf besondere Urtextwörter:

Schwierige Wörter des griechischen Textes, die die Möglichkeit verschiedener Übersetzungen bieten, sind in den Fußnoten eingetragen. Die griechischen Wörter sind dabei in Klammern oder in Anführung gesetzt und in lateinischen Buchstaben wiedergegeben!

Abkürzungs-Verzeichnis

I. Allgemeine Abkürzungen:

AT = Altes Testament
NT = Neues Testament
atst = alttestamentlich
ntst = neutestamentlich
grie = griechisch
hebr = hebräisch
lat = lateinisch

LXX = Septuaginta. Das ist die griechische Übersetzung des AT, angeblich von 70 gelehrten Juden auf Befehl des Königs Ptolemäus Philadelphus 200 v. Chr. in Alexandrien angefertigt.

II. Literatur-Abkürzungen:

W—B = Walter Bauer: Griechisch-Deutsches Wörterbuch. 4. Aufl. 1952
Bl—De = Blaß—Debrunner: Grammatik des ntst Griechisch, 9. Auflage 1954, zitiert n. §§.
Radm = Rademacher: Neutestl. Grammatik 1925. 2. Aufl.
Ki—Th W = Kittel: Theolog. Wörterbuch
NTD = Neues Testament Deutsch, Göttingen 1932 ff.
St—B = Strack—Billerbeck: Kommentar zum NT aus Talmud usw. Bd. I—IV. München 1922 ff.

III. Abkürzungen der biblischen Bücher:

a) Altes Testament

1 Mo = 1. Mose
2 Mo = 2. Mose
usw. usw.
Jos = Josua
Ri = Richter
Rth = Ruth
1 Sam = 1. Buch Samuelis
2 Sam = 2. Buch Samuelis
1 Kö = 1. Buch der Könige
2 Kö = 2. Buch der Könige
1 Chro = 1. Buch der Chronika
2 Chro = 2. Buch der Chronika
Esr = Esra
Neh = Nehemia
Esth = Esther
Hio = Hiob
Ps = Psalter
Spr = Sprüche
Pred = Prediger
Holi = Hohelied
Jes = Jesaja
Jer = Jeremia
Kla = Klagelieder
Hes = Hesekiel
Da = Daniel
Hos = Hosea
Joe = Joel
Am = Amos
Ob = Obadja
Jon = Jona
Mi = Micha
Nah = Nahum
Hab = Habakuk
Ze = Zephanja
Hag = Haggai
Sach = Sacharja
Mal = Maleachi

b) Apokryphen

Tob = Tobias
1 Makk = 1. Makkabäer
2 Makk = 2. Makkabäer
Sir = Sirach

c) Neues Testament

Mt = Matthäus
Mk = Markus
Lk = Lukas
Jo = Johannes
Apg = Apostelgeschichte
Rö = Römer
1 Ko = 1. Korinther
2 Ko = 2. Korinther
Gal = Galater
Eph = Epheser
Phil = Philipper
Kol = Kolosser
1 Th = 1. Thessalonicher
2 Th = 2. Thessalonicher
1 Tim = 1. Timotheus
2 Tim = 2. Timotheus
Tit = Titus
Phlm = Philemon
1 Pt = 1. Petrus
2 Pt = 2. Petrus
1 Jo = 1. Johannes
2 Jo = 2. Johannes
3 Jo = 3. Johannes
Hbr = Hebräer
Jak = Jakobus
Jud = Judas
Offb = Offenbarung des Johannes

Vgl. W. Stb. Matth. S ... = Vergleiche Wuppertaler Studienbibel Matthäus-Band Seite ..
Vgl. W. Stb. Mark. S ... = Vergleiche Wuppertaler Studienbibel Markus-Band Seite ... usw.

INHALTSVERZEICHNIS

Seite

Vorwort 5

Einleitung

I. Der Verfasser 13

II. Der Briefempfänger 19

III. Aufbau und Anliegen des Briefes 22

Briefeingang, Jak 1, 1 23

1. *Spruchreihe:* Über die Anfechtung, Jak 1, 2—18 24

I. Der Christ in den Wechselfällen des Lebens, Jak 1, 2—4 24

II. Das Gebet um Weisheit, Jak 1, 5—8 29

III. Die Anfechtung aus den sozialen Unterschieden der Gemeinde, Jak 1, 9—12 36

IV. Gott und die Versuchungen, Jak 1, 13—18 42

2. *Spruchreihe:* Über das rechte Hören, Jak 1, 19—27 52

I. Das Hören und Reden des Christen, Jak 1, 19—21 53

II. Das Hören und Tun des Christen, Jak 1, 22—27 59

3. *Spruchreihe:* Der Umgang mit arm und reich, Jak 2, 1—13 66

I. Der Glaubende im Umgang mit arm und reich, Jak 2, 1—7 66

II. Alle Lebensbereiche unter der Herrschaft Jesu Christi, Jak 2, 8—13 . 75

4. *Spruchreihe:* Über Glaube und Werke, Jak 2, 14—26 82

I. Glaube ohne Werke ist tot, also kein Glaube, Jak 2, 14—17 . . . 83

II. Glaube und Werke lassen sich nicht trennen, Jak 2, 18—26 . . . 89

5. *Spruchreihe:* Über den rechten Gebrauch der Gabe zu reden, Jak 3, 2—8 . 95

I. Es nicht leicht nehmen, Lehrer in der Gemeinde zu sein, Jak 3, 1 . . 96

II. Unsere Zunge (unser Reden) spielt in unserem ganzen Leben die entscheidende Rolle, Jak 3, 2—8 100

III. Die Doppelzüngigkeit, Jak 3, 9—12 105

6. *Spruchreihe:* Über die wahre Weisheit, Jak 3, 13—18 110

I. Wie den Weg finden? Jak 3, 13 111

II. Merkmale der falschen Weisheit und des falschen Geistes, deren Führung wir uns nicht anvertrauen dürfen, Jak 3, 14—16 114

III. Die Merkmale des rechten Geistes und der Wahrheit, Jak 3, 17 . . 117

IV. Wie kommen wir zu diesem Geist, dieser Weisheit und dieser Fruchtbarkeit? Jak 3, 18 119

Seite

7. Spruchreihe: Über unsere Gefährdung durch den alten Geist, Jak 4, 1—12 120
I. Die böse Wurzel — unsere Eigensucht, Jak 4, 1—3 120
II. Die gefährlichen Bündnisse, Jak 4, 4—10 126
III. Gegen den Richtgeist in der Gemeinde, Jak 4, 11—12 136

8. Spruchreihe: Über das selbstsichere Plänemachen, Jak 4, 13—17 139
Exkurs 145

9. Spruchreihe: Über den nahenden Tag des Herrn, Jak 5, 1—12 147
I. Gerichtswort im Blick auf den Tag Jesu Christi, Jak 5, 1—6 147
II. Trostwort im Blick auf den Tag Jesu Christi, Jak 5, 7—12 155

10. Spruchreihe: Miteinander auf dem Weg zum Ziel, Jak 5, 13—20 166
I. „Mach aus allem ein Gebet!" Jak 5, 13 166
II. Die Aufgabe an kranken Mitchristen, Jak 5, 14—18 168
III. Die Aufgabe an irrenden Mitchristen, Jak 5, 19—20 176

Auslegungen des Jakobusbriefes 182

EINLEITUNG

I. Der Verfasser

A. Die Ausgangslage

1. Der Jakobusbrief selbst enthält keinen unmittelbaren Hinweis darauf, wer der Verfasser ist.

2. Die altkirchliche Überlieferung bezeichnet den ältesten Bruder des Herrn, Jakobus, als den Verfasser. Auffallend ist allerdings, daß der Jakobusbrief verhältnismäßig lange nicht als kanonische, das heißt als zum Kreis der ntst Bücher gehörige Schrift anerkannt wurde. So Origenes (gestorben um 254) und Euseb (4. Jahrhundert). Dieser sagt jedoch, daß der Brief in den meisten Kirchen öffentlich vorgelesen wurde. Erst im Lauf des 4. Jahrhunderts hat er sich in der östlichen und westlichen Kirche endgültig durchgesetzt (Cyrill, Athanasius, Hieronymus, Augustinus). Doch ist nicht bekannt, daß in der alten Kirche auch ein anderer als der Herrenbruder Jakobus als Verfasser des Jakobusbriefes genannt wurde.

3. Aus dem Kreis der Träger des Namens Jakobus im NT kommt kaum ein anderer als der Herrenbruder als Verfasser des Briefes in Frage. Im Kreis der Jünger Jesu tragen zwei Männer den Namen Jakobus: Jakobus, der Sohn des Zebedäus und Bruder des Johannes, und Jakobus, der Sohn des Alphäus (vgl. Mt 4, 21 und die beiden Apostelverzeichnisse Mt 10, 2 ff und Lk 6, 14 ff). Auch andere Männer tragen im NT den Namen Jakobus: Im Unterschied zu Judas Ischariot wird ein anderer Judas im Jüngerkreis als Sohn des Jakobus bezeichnet (Lk 6, 16). Und unter den Frauen, die von ferne das Geschehen von Golgatha beobachteten, wird Maria, die Mutter von „Jakobus dem Kleinen", genannt (Mk 15, 40). Aus dem Kreis dieser Männer wird im NT lediglich im Blick auf Jakobus, den Sohn des Zebedäus, mehr als nur der Name erwähnt. Er gehörte zu den drei Jüngern, die Jesus in das Haus des Jairus, auf den Berg der Verklärung und in den Kampf von Gethsemane mitnahm. Bereits im Jahr 44 wurde Jakobus durch Herodes enthauptet, während Petrus durch das Eingreifen eines Engels eine wunderbare Errettung erfuhr (Apg 12, 2 ff). So kommt dieser Jakobus, der Sohn des Zebedäus, als Verfasser des Jakobusbriefes kaum in Frage; denn in diesem Brief hat eine längere und reichere Erfahrung mit der christlichen Gemeinde den Niederschlag gefunden. Die andern sind zu unbekannt geblieben, als daß sich

---

Die oben erwähnten Schriftstellen:

Mt 4, 21: Und als Jesus von dannen weiterging, sah er zwei andere Brüder, Jakobus, den Sohn des Zebedäus, und Johannes, seinen Bruder, im Schiff mit ihrem Vater Zebedäus.

Mt 10, 2. 3: Die Namen aber der zwölf Apostel sind diese: . . . Jakobus, des Zebedäus Sohn, und Johannes, sein Bruder; . . . Jakobus, des Alphäus Sohn.

Lk 6, 16: Judas, des Jakobus Sohn, und Judas Ischarioth, welcher ihn hernach verriet.

Mk 15, 40: . . . unter welchen war Maria Magdalena und Maria, die Mutter Jakobus des Kleinen und des Joses, und Salome.

einer von ihnen in einem Gemeindebrief nur als „Jakobus, Knecht Gottes und des Herrn Jesus Christus" hätte vorstellen können. So kommt unter den im NT aufgeführten Trägern des Namens Jakobus eigentlich nur der Bruder des Herrn in Frage.

B. Gründe gegen die Verfasserschaft des Herrenbruders

In der kritischen Forschung wurde eine Reihe von Gründen dagegen genannt, daß Jakobus, der Bruder Jesu, den Brief verfaßt habe. Insbesondere wurde eingewendet:

1. Das Griechisch, in dem der Brief verfaßt ist, ist das eines Gebildeten, gewandt und mit Kunstformen der Rede wie Wortspielen usw. Es ist das Griechisch eines Mannes, der diese Sprache wahrscheinlich als Muttersprache redete. Dagegen war Jakobus, der Herrenbruder, Palästinenser und ein schlichter Mann. Er sprach als Muttersprache aramäisch und war wohl kaum je einmal im Ausland.

2. Jak 2, 44 ff, so wurde gesagt, setze sich mit einem offenbar verbreiteten Mißverständnis paulinischer Theologie auseinander. Der Jakobusbrief sei deshalb wahrscheinlich später verfaßt worden als zur Zeit des Herrenbruders Jakobus.

3. Das Problem der kultisch-rituellen Gebote, das für die Urgemeinde besonders wichtig gewesen sei, wird nirgends erwähnt; der Herrenbruder Jakobus könne kaum so geschrieben haben. Es wurde auch gesagt, die Auseinandersetzung zwischen den Heiden- und Judenchristen um das kultisch-rituelle Gesetz müsse bei Abfassung des Briefes längst durchschritten und kaum noch bekannt gewesen sein; das spreche für eine Abfassung des Briefes etwa hundert Jahre nach dem Tod des Herrenbruders Jakobus.

4. Die Tatsache, daß der Jakobusbrief erst spät als ntst Schrift anerkannt wurde, beweise, daß die alte Kirche sich über eine Verfasserschaft des Briefes durch den Herrenbruder nicht einig gewesen sei. (Nach Origenes gehörte der Jakobusbrief nicht zu den allgemein anerkannten Schriften. Und auch Euseb rechnet ihn zu den Antilegomena, d. h. zu den Schriften, denen „widersprochen" wird.)

C. Stellungnahme zu diesen Gegengründen

1. Petrus hat seinen ersten Brief „durch Silvanus, den treuen Bruder, geschrieben" (1 Pt 5, 12). So hat möglicherweise auch Jakobus, der Leiter der Urgemeinde in Jerusalem (siehe D), seinen Brief an auswärtige Gemeinden, die vor allem aus grie sprechenden Auslandsjudenchristen bestanden haben mochten, durch einen grie sprechenden Jerusalemer Auslandsjudenchristen schreiben lassen (so Wilhelm Michaelis: „Einleitung in das NT", 1946 BEG-Verlag, Bern), der die Denkweise der Empfänger genau kannte. Der Kreis solcher Judenchristen in Jerusalem war nicht klein (Apg 6, 1). Die sogenannten „Almosenpfleger", voran Stephanus, mögen im wesentlichen aus ihm

---

Die oben erwähnten Schriftstellen:

1 Pt 5, 12: Durch Silvanus, den treuen Bruder — wie ich meine —, habe ich euch wenige Worte geschrieben.

Apg 6, 1: In den Tagen aber, da der Jünger viel wurden . . .

gewählt worden sein; die Almosenpfleger hatten alle grie Namen. Der Jakobusbrief ist zwar, was die Sprache betrifft, in gewandtem Griechisch geschrieben, inhaltlich aber ist er hebräisch gedacht und gleicht atst-jüdischen Weisheitsspruchsammlungen. – Der Brief, in dem den Gemeinden der Entscheid des „Apostelkonzils" (Apg 15) mitgeteilt wurde (Apg 15, 23 ff), enthält denselben, sonst im NT nicht vorkommenden hellenistischen Gruß, der im Griechischen auch in Jak 1, 1 steht. Der Brief ist möglicherweise von Jakobus konzipiert worden, der ja nach Apg 15 den entsprechenden Vergleichsvorschlag machte. Vielleicht war dann auch der gleiche Dolmetscher und Schreiber am Werk wie bei der Abfassung des Jakobusbriefes. Manche Forscher meinen auch, daß die ersten Empfänger des Jakobusbriefes (vgl. auch die Mitteilung in Apg 15, 23) Gemeinden in Syrien und Cicilien gewesen seien.

2. Der Jakobusbrief hat, was den Inhalt und die Form betrifft, starke Ähnlichkeit mit der Bergpredigt und anderer Verkündigung Jesu (vgl. z. B. Jak 1, 22 mit Mt 7, 21. 26; Jak 2, 10 mit Mt 5, 19; Jak 2, 13 mit Mt 5, 7; Jak 3, 18 mit Mt 5, 9; Jak 4, 5 mit Mt 6, 24; Jak 4, 12 mit Mt 7, 1; Jak 5, 2 mit Mt 6, 19; Jak 5, 12 mit Mt 5, 34. 37. – Vgl. auch die ähnliche Stellung Jesu und des Jakobus zu arm und reich, Lk 6, 24. 25; 16, 19–25; Jak 5, 1–6). Er gleicht wie diese der Darstellungsform atst Spruchweisheit. Das läßt vermuten, daß der Brief auch in *zeitlicher Nähe* zu der Verkündigung Jesu entstanden ist. Mehrere Forscher wie Adolf Schlatter, Gerhard Kittel und Wilhelm Michaelis vermuten, daß der Jakobusbrief eine der frühesten ntst Schriften ist.

Wie in der Auslegung zu Jak 2, 14 ff gezeigt wird, enthält dieser Briefabschnitt nur eine scheinbare Auseinandersetzung mit der Theologie des Apostels Paulus. Der entscheidende Begriff „Werke" hat bei Jakobus und bei Paulus verschiedene Bedeu-

Die oben erwähnten Schriftstellen:

Mt 7, 21. 26: Es werden nicht alle, die zu mir sagen: Herr, Herr! in das Himmelreich kommen, sondern die den Willen tun meines Vaters im Himmel. – Und wer diese meine Rede hört und tut sie nicht, der ist einem törichten Mann gleich, der sein Haus auf den Sand baute.

Mt 5, 19: Wer nun eines von diesen kleinsten Geboten auflöst und lehrt die Leute so, der wird der Kleinste heißen im Himmelreich; wer es aber tut und lehrt, der wird groß heißen im Himmelreich.

Mt 5, 7: Selig sind die Barmherzigen; denn sie werden Barmherzigkeit erlangen.

Mt 5, 9: Selig sind die Friedfertigen; denn sie werden Gottes Kinder heißen.

Mt 6, 24: Niemand kann zwei Herren dienen: entweder er wird den einen hassen und den andern lieben, oder er wird dem einen anhangen und den andern verachten. Ihr könnt nicht Gott dienen und dem Mammon.

Mt 7, 1: Richtet nicht, auf daß ihr nicht gerichtet werdet.

Mt 6, 19: Ihr sollt euch nicht Schätze sammeln auf Erden, wo sie die Motten und der Rost fressen und wo die Diebe nachgraben und stehlen.

Mt 5, 34. 37: Ich aber sage euch, daß ihr überhaupt nicht schwören sollt, weder bei dem Himmel, denn er ist Gottes Thron . . . – Eure Rede aber sei: Ja, ja; nein, nein. Was darüber ist, das ist vom Übel.

Lk 6, 24. 25: Weh euch Reichen! denn ihr habt euren Trost dahin. Weh euch, die ihr hier satt seid! denn euch wird hungern. Weh euch, die ihr hier lachet! denn ihr werdet weinen und heulen.

tung. Die Worte des Jakobusbriefs können sich auch auseinandersetzen mit einem allgemeinen Stolz auf den Besitz der Wahrheit, der nicht zum Gehorsam gegenüber dieser Wahrheit bereit ist. Und sie können sich auseinandersetzen mit dem Fehler, die uns durch Jesus verschaffte und verkündigte Gnade, wie sie auch in den Evangelien zum Ausdruck kommt (Lk 15, 22—24; 18, 14; 23, 43; Jo 8, 11), zu einem Ruhekissen zu machen. Gottes Gnade und Geist und das Heilswerk Jesu Christi zielen nicht auf Gott ungehorsame, sondern Gott gehorsame Kinder Gottes hin.

3. Möglicherweise hat Jakobus, der Bruder Jesu, seinen Brief schon geschrieben, ehe die Auseinandersetzung um das kultisch-rituelle jüdische Gesetz überhaupt recht hervortrat. Jakobus könnte deshalb wie sein Herr und Meister Jesus Christus vor allem den uns ethisch in Anspruch nehmenden Willen Gottes verkündigt haben, ebenso wie es auch schon die atst Propheten taten. Auch Jesus hat von den kultisch-rituellen Gesetzen erst ausführlich gesprochen, nachdem es die Auseinandersetzung mit den Pharisäern und Schriftgelehrten erforderte. Wenn Jakobus „Knecht Jesu Christi" (Kap. 1, 1) war, so ist anzunehmen, daß auch Jakobus, wie seinem Herrn, vor allem an dem unser ganzes Leben sittlich in Anspruch nehmenden Gotteswillen lag.

Und auch dann, wenn Jakobus erst nach der Apostelversammlung von Apg 15 geschrieben hat, so dürfte doch für ihn, wie auch für die Gemeinden, denen der Entscheid bekanntgemacht wurde und die möglicherweise auch die ersten Empfänger des Jakobusbriefes waren, nach dem von Jakobus vorgeschlagenen Kompromiß die Sache klar gewesen sein, so daß er darauf nicht mehr eingehen mußte.

4. Daß der Jakobusbrief verhältnismäßig lange nicht voll in den Kreis der ntst Schriften aufgenommen wurde, könnte zwei Gründe haben:

a) Der Jakobusbrief hatte möglicherweise zunächst einen verhältnismäßig kleinen, vornehmlich judenchristlichen Leserkreis; erst später wurde er allgemein bekannt.

b) Manche hielten den Jakobusbrief vielleicht für eine Schrift der judenchristlichen Gemeinden, die sich ziemlich stark gegenüber der übrigen, vor allem der heidenchristlichen Kirche isolierten und deren Schrifttum nicht in der allgemeinen Tradition

---

Die oben erwähnten Schriftstellen:

Lk 15, 22—24: Aber der Vater sprach zu seinen Knechten: Bringt schnell das beste Kleid hervor und tut es ihm an und gebet ihm einen Fingerreif an seine Hand und Schuhe an seine Füße und bringt das Kalb, das wir gemästet haben, und schlachtet's; lasset uns essen und fröhlich sein! Denn dieser mein Sohn war tot und ist wieder lebendig geworden; er war verloren und ist gefunden worden. Und sie fingen an, fröhlich zu sein.

Lk 18, 14: Ich sage euch: Dieser ging hinab gerechtfertigt in sein Haus, nicht jener. Denn wer sich selbst erhöht, der wird erniedrigt werden; und wer sich selbst erniedrigt, der wird erhöht werden.

Lk 23, 43: Jesus sprach zu ihm: Wahrlich, ich sage dir: Heute wirst du mit mir im Paradiese sein.

Jo 8, 11: Jesus aber sprach: So verdamme ich dich auch nicht; gehe hin und sündige hinfort nicht mehr.

der frühchristlichen Schriften stand. Auf jeden Fall sehen wir darin Gottes Geist am Werk, daß die alte Kirche schließlich doch den so wichtigen, das andere ntst Zeugnis in mancherlei Hinsicht ergänzenden, praktischen und beunruhigenden Brief in den ntst Kanon aufgenommen hat. –

Wir halten es für sehr wahrscheinlich, daß der Jakobusbrief von dem Herrenbruder Jakobus stammt (so Adolf Schlatter, Gerhard Kittel, Wilhelm Michaelis, Kurt Hennig, Walter Warth). Der einzige bekannte führende Christ in der ersten Christenheit, der den Namen Jakobus trug, war Jakobus der Herrenbruder. Der Verfasser des Briefes nennt nur seinen Namen; er weiß, daß man ihn kennt. Schlicht und mit Selbstverständlichkeit nimmt der Brief die erforderliche Autorität für sich in Anspruch. Wenn etwa ein anderer, späterer, unter dem Namen des Herrenbruders hätte schreiben wollen – so wie es manche annehmen –, so hätte er sich gewiß ausdrücklich als den Bruder des Herrn bezeichnet. Gerade diese schlichte Verfasserangabe spricht entschieden dafür, daß hier tatsächlich kein anderer als Jakobus, der Bruder des Herrn, redet.

Doch entscheidend ist die Frage der Verfasserschaft durch den Bruder des Herrn gleichwohl nicht, umso weniger, als im Brief selbst ein solcher Anspruch nicht erhoben wird. Wir glauben ja an den bezeugten Herrn und sein Wort und nicht an die Zeugen.

D. Das Leben des Herrenbruders Jakobus

Nachdem wir eine Verfasserschaft durch Jakobus, den Herrenbruder, für wahrscheinlich halten, sei hier einiges über sein Leben gesagt:

1. Außer dem ältesten, sozusagen dem Halbbruder Jesus, hatte Jakobus noch drei jüngere Brüder, Joseph, Simon und Judas (Mt 13, 55) und mindestens noch zwei Schwestern (das Wort steht Mt 13, 56 in Mehrzahlform).

Zunächst glaubte Jakobus nicht an Jesus. Nachdem es zwischen Jesus und der mächtigen Pharisäerpartei, sowie den einflußreichen Schriftgelehrten zum Konflikt gekommen war, wollte ihn seine Familie zurückholen: „Sie gingen aus und wollten ihn halten, denn sie sprachen: Er ist von Sinnen!" (Mk 3, 21). Es erschien ihnen als eine Wahnsinnstat, diesen Kampf zu wagen. (Der tiefere Grund des Rückholversuches war wohl eben dieser Konflikt. Vgl. Mk 2, 18 – 3, 6.) Die Brüder wollten Jesus und der ganzen Familie die Schande der Steinigung oder des Kreuzes ersparen. Auch Maria, die Mutter, hatten sie bewogen mitzugehen (Mk 3, 31 ff). – Andererseits hatten die Brüder wohl auch die Hoffnung, sie könnten zusammen mit ihrem großen Bruder, der offenkundig etwas Besonderes war, selbst auch groß werden. So forderten sie ihn heraus, seine Wundermacht nicht nur im Winkel Galiläa, sondern auf der großen „Bühne" Jerusalems und des Laubhüttenfestes zu zeigen. Vielleicht hatten

---

Die oben erwähnten Schriftstellen:

Mt 13, 55: Heißt nicht seine Mutter Maria und seine Brüder Jakobus und Joseph und Simon und Judas?

Mt 13, 56: Und seine Schwestern, sind sie nicht alle bei uns?

sie die Hoffnung, daß er nun endlich gar als der Messias auftrete (Jo 7, 3. 4). In diesen beiden Unternehmungen, bei denen Jakobus, als der Älteste im Geschwisterkreis nach Jesus, führend gewesen sein mag, zeigt sich, wie die Brüder Jesu typisch menschlich dachten, „denn auch seine Brüder glaubten nicht an ihn" (Jo 7, 5).

2. Nach Ostern jedoch trat der große Wandel im Leben des Jakobus ein. Der auferstandene Herr war ihm erschienen (1 Ko 15, 7). Über diese Begegnung findet sich im NT kein ausführlicher Bericht, so wenig wie über die erste Begegnung des Petrus mit dem auferstandenen Herrn (1 Ko 15, 5; Lk 24, 34).

Nun hält sich Jakobus mit seiner Mutter und seinen Brüdern zum Kreis der Apostel (Apg 1, 14). Bald hatte er eine führende Stellung in der Urgemeinde, der judenchristlichen Gemeinde Jerusalems. Das wird in der ausdrücklichen Nennung des Jakobus in Apg 12, 17 erkennbar, wo Petrus sich von der Jerusalemer Gemeinde verabschiedet. Auch Gal 1, 19 führt Jakobus als einen der bestimmenden Männer in Jerusalem auf[1].

Die Bedeutung des Jakobus wurde besonders in der Art seiner Mitwirkung beim „Apostelkonzil" (Apg 15) deutlich. Er schlug den entscheidenden Ausgleich zwischen den Christen aus den Juden und denen aus den Heiden vor (Apg 15, 13—21). Dieser

1 Diese Zuordnung des Jakobus zu den „Aposteln" beweist nicht, daß es sich hier um „Jakobus, den Sohn des Alphäus", wie manche schon gemeint haben, handeln müsse. (Jakobus, der Sohn des Zebedäus, hatte ja damals nach Apg 12, 2 bereits den Märtyrertod erlitten.) Auch sonst werden Männer außerhalb des Zwölferkreises gelegentlich „Apostel" genannt (Rö 16, 7; Apg 14, 14). „Apostel", grie „apōstolos", heißt zunächst einfach „Bote", Abgesandter u. U. einer Gemeinde. In der Regel allerdings hat das Wort im NT die spezielle Bedeutung, daß einer zu den ersten in der Stafette gehört, die das Evangelium durch die Jahrhunderte trägt (Apg 1, 21. 22), also zum Kreis derer, die das Evangelium unmittelbar von dem auferstandenen Herrn empfangen haben (Gal 1, 1).

Die oben erwähnten Schriftstellen:

Jo 7, 3. 4: Da sprachen seine Brüder zu ihm: Mache dich auf von dannen und gehe nach Judäa, auf daß auch deine Jünger sehen die Werke, die du tust. Niemand tut etwas im Verborgenen und will doch gelten öffentlich. Willst du solches, so offenbare dich . . .

1. Ko 15, 7: Danach ist er gesehen worden von Jakobus, danach von allen Aposteln.

1 Ko 15, 5: . . . daß er gesehen worden ist von Kephas, danach von den Zwölfen.

Lk 24, 34: Und fanden die Elf versammelt und die bei ihnen waren, welche sprachen: Der Herr ist wahrhaftig auferstanden und Simon erschienen.

Apg 12, 17: Verkündet dies dem Jakobus und den Brüdern.

Gal 1, 19: Von den andern Aposteln aber sah ich keinen außer Jakobus, des Herrn Bruder.

Apg 12, 2: Er tötete aber Jakobus, des Johannes Bruder, mit dem Schwert.

Rö 16, 7: Grüßet den Andronikus und den Junias, meine Stammverwandten und Mitgefangenen, welche berühmte Apostel sind und vor mir in Christus gewesen.

Apg 14, 14: Da das die Apostel Barnabas und Paulus hörten, zerrissen sie ihre Kleider und sprangen unter das Volk.

Apg 1, 21. 22: So muß nun einer von diesen Männern, die bei uns gewesen sind, die ganze Zeit über, welche der Herr Jesus unter uns ein- und ausgegangen ist, von der Taufe des Johannes an bis auf den Tag, da er von uns genommen ist, ein Zeuge seiner Auferstehung mit uns werden.

Gal 1, 1: Paulus, ein Apostel nicht von Menschen, auch nicht durch einen Menschen, sondern durch Jesus Christus und Gott, den Vater, der ihn auferweckt hat von den Toten.

Ausgleich schloß gelegentliche Spannungen nicht aus. In Erscheinung traten sie nicht zwischen Paulus und Jakobus, sondern zwischen Paulus und der Anhängerschaft des Jakobus (Gal 2, 9. 12). In dem wichtigen Bemühen, für die junge Christenheit, die sich aus einer Gruppe innerhalb des Judentums zu einer eigenständigen Größe entwickelt hatte, nun den richtigen Weg zu finden, vertrat Jakobus im Miteinander von Judenchristen und Heidenchristen besonders die Anliegen der judenchristlichen Kreise. Sehr lag ihm der ernsthafte Gehorsam gegenüber dem bereits im AT offenbarten heiligen und heilsamen Willen Gottes am Herzen. Das wird auch in dem uns vorliegenden Brief deutlich, was für die Verfasserschaft des Herrenbruders spricht.

3. Außerbiblisch wird berichtet, daß Jakobus noch bis in die sechziger Jahre des ersten Jahrhunderts in Jerusalem lebte und von den Juden der „Gerechte" genannt wurde: Auch als Christ habe er in großer Treue das atst Gesetz gehalten und viel gebetet und gefastet. Das habe ihm beim Volk einen so großen Respekt eingetragen, daß er sich, im Unterschied zu andern führenden Christen, noch fast während einer ganzen Generation in Jerusalem halten konnte.

Über den Tod des Herrenbruders Jakobus gibt es zwei außerbiblische Berichte, die darin übereinstimmen, daß er den Märtyrertod gestorben sei: Der jüdische Geschichtsschreiber Josephus berichtet, Jakobus sei von dem Hohenpriester Hannas II. nach dem Tod des Statthalters Festus und vor der Ankunft eines neuen römischen Statthalters (also während eines gewissen Interregnums, das ihm einige Beweglichkeit verschaffte) im Jahr 62 der Steinigung übergeben worden. (Josephus hat den jüdisch-römischen Krieg – 66–70 n. Chr. – beschrieben und ist um 100 n. Chr. gestorben.) Der christliche Schriftsteller Eusebius (4. Jahrhundert) dagegen gibt einen Bericht von Hegesipp aus dem 2. Jahrhundert wieder, nach dem Jakobus kurz vor dem Ausbruch des jüdisch-römischen Krieges im Jahr 66 auf Anstiften der Pharisäer und Schriftgelehrten durch eine wütende Volksmenge von der Zinne des Tempels herabgestürzt und mit einer Keule erschlagen wurde. Der Mann, der mit seinem priesterlichen Dienst der Fürbitte für Israel das Unheil noch aufgehalten hatte, war beseitigt; es nahm nun seinen Lauf.

II. Die Briefempfänger

Kap 1, 1 sagt, daß „die zwölf Stämme in der Zerstreuung" (grie „diasporá") die Empfänger seien (vgl. 1 Pt 1, 1).

Die oben erwähnten Schriftstellen:

Gal 2, 9. 12: Da sie erkannten die Gnade, die mir gegeben war, Jakobus und Kephas und Johannes, die für Säulen angesehen werden, gaben sie mir und Barnabas die rechte Hand und wurden mit uns eins, daß wir unter den Heiden, sie aber unter den Juden predigten. – Denn zuvor, ehe etliche von Jakobus kamen, aß er (Kephas) mit den Heiden; als sie aber kamen, zog er sich zurück und sonderte sich ab, weil er die aus dem Judentum fürchtete.

1 Pt 1, 1: Petrus, ein Apostel Jesu Christi, den Fremdlingen in der Zerstreuung in Pontus, Galatien, Kappadozien, der Landschaft Asien und Bithynien.

1. Wer ist hier gemeint? Etwa die damaligen Auslandsjuden, die seit der Babylonischen Gefangenschaft zunächst in den östlichen Ländern und dann, wie wir insbesondere aus der Apg sehen, auch im Westen in vielen größeren Orten ihre Niederlassungen hatten? Doch die „zwölf Stämme" gab es damals längst nicht mehr; seit der assyrischen Gefangenschaft (722 v. Chr.) sind die zehn Stämme des Nordreiches nicht mehr vorhanden[2].

Der Jakobusbrief ist ein christlicher Brief, wenn auch der Name Jesu ausdrücklich nur an zwei Stellen (Kap 1, 1 und 2, 1) genannt ist; der ganze Brief ist offenkundig vom Geist und den Worten der Bergpredigt durchtränkt (vgl. z. B. Jak 1, 22 mit Mt 7, 21. 26; Jak 2, 10 mit Mt 5, 19; Jak 2, 13 mit Mt 5, 7; Jak 3, 18 mit Mt 5, 9; Jak 4, 5 mit Mt 6, 24; Jak 4, 12 mit Mt 7, 1; Jak 5, 2 mit Mt 6, 19; Jak 5, 12 mit Mt 5, 34. 37). Auch ist von der Ankunft des Herrn die Rede (Kap 5, 8), wobei Kap 2, 1 gesagt wird, wer der erwartete Herr ist. In Kap 5, 14 muß es sich um eine christliche Gemeinde handeln. Im Griechischen steht „ecclesia"; so wurden die christlichen Gemeinden genannt, nicht aber die jüdischen Synagogen. So kann es sich also nicht um eine jüdische Schrift handeln. Es wird hier das Leben der durch Jesus zu Gott heimgebrachten Schar gezeigt, ihr Verhalten untereinander und gegenüber der Umwelt.

2. Weiter wird die Frage gestellt: Sind nur judenchristliche Kreise die Adressaten des Jakobusbriefes und geht er demzufolge uns, die wir ja aus den Heidenvölkern kommen, nicht unmittelbar an? Aus verschiedenen Schriftstellen wird deutlich, wie die Männer, die sich nach Apg 15 zu einem „Apostelkonzil" versammelten (und damit die erste Christenheit überhaupt), die Gemeinde Jesu Christi verstanden.

a) Petrus schreibt Christengemeinden, zu denen offenkundig auch Heidenchristen gehörten, die „vormals in Unwissenheit nach den Lüsten lebten" (eine feststehende Formel des Urteils der Juden über die Heiden jener Zeit): „Ihr seid das auserwählte Geschlecht, das königliche Priestertum, das heilige Volk, das Volk des Eigentums" (1 Pt 1, 14; 2, 9). Wahl, Gabe und Aufgabe des atst Gottesvolkes (2 Mo 19, 6) galt also nun auch dem ntst Gottesvolk, der Gemeinde Jesu aus Israel und aus den Völkern.

b) Paulus schreibt: „Er hat aus beiden eines gemacht" (der Gemeinde aus Israel und aus den Völkern) „und den Zaun, der dazwischen war, abgebrochen" (Eph

[2] Manche Forscher haben gemeint, daß es sich beim Jakobusbrief eigentlich um eine jüdische Spruchsammlung oder Mahnrede handle, die eine allegorische Deutung der Namen, Eigenschaften und Schicksale der Söhne Jakobs enthalte, von denen ja die zwölf Stämme abstammen. Der Jakobusbrief sei dann nur eben mit einigen christlichen Namen und Worten dekoriert und der christlichen Kirche zugeeignet worden.

Die oben erwähnten Schriftstellen:

Jak 1, 1: Jakobus, ein Knecht Gottes und des Herrn Jesus Christus, den zwölf Stämmen in der Zerstreuung Freude zuvor!

Jak 2, 1: Liebe Brüder, haltet den Glauben an Jesus Christus, unsern Herrn der Herrlichkeit, frei von aller Ansehung der Person.

Mt 7, 21 usw. siehe S. 15

Jak 5, 8: Seid auch ihr geduldig und stärket eure Herzen; denn der Herr kommt bald.

2 Mo 19, 6: Und ihr sollt mir ein Königreich von Priestern und ein heiliges Volk sein.

2, 14). Und im Römerbrief sagt er, daß die Christen aus den Heiden unnatürlicherweise als wilde Ölzweige in den Ölbaum Israel eingepflanzt worden sind (Rö 11, 17). Das ntst Gottesvolk, die Gemeinde Jesu aus Israel und den Völkern, ist das durch Gottes Geist gezeugte und Gott dienende Volk (Jo 1, 13; 3, 3–6; Phil 3, 3) und bildet nun sozusagen die „zwölf Stämme in der Zerstreuung". Sie sind in der Welt in der Diaspora (so das grie Wort, sowohl in Jak 1, 1 als auch in 1 Pt 1, 1), auch bei uns im „christlichen Abendland".

Die so gesammelte Schar ist schon während dieser Weltzeit Anfang („Anbruch" Rö 11, 16), Vorhut der großen, guten Gottesherrschaft in Jesus Christus. Die Zwölf-Stämme-Ordnung Israels ist auch, nachdem äußerlich die zwölf Stämme nicht mehr vorhanden sind, der „Kader", der Rahmen für die große Schar der Heimgebrachten. Auch die jetzt gesammelten Christen aus den Heiden werden sozusagen in die zwölf „Astkränze" des großen Ölbaums Israel eingepflanzt, und am Tag Jesu Christi wird daran auch kein Blatt mehr fehlen; die von Gott vorgesehene Vollzahl aus den Völkern wird eingegangen sein (Lk 21, 24; Rö 11, 25). An der Schwelle zum Tausendjährigen Friedensreich Jesu Christi, dem nach unserem gegenwärtigen Äon nächsten großen Schritt Gottes zur Vollendung hin, wird dann „das ganze Israel", also Israel als Volk, gerettet (Rö 11, 26). Und in der Folge werden auch alle anderen Völker Gott die Ehre geben (Offb 15, 4; vgl. 20, 3). Siehe auch das zu Kap. 4, 4. 5 Gesagte[3].

c) Ähnlich wie Petrus und Paulus wird auch J a k o b u s die aus Israel und den Völkern gesammelte Gemeinde Jesu als das Israel des neuen Bundes, nun in die

---

[3] Auch Offb 7, 4 ff dürfte so zu verstehen sein: Es ist nun so weit, die Zahl ist voll, kein Platz ist mehr leer in der von Gott vorgesehenen Vollzahl aus Israel und den

Die oben erwähnten Schriftstellen:

Joh 1, 13: . . . welche nicht von dem Geblüt noch von dem Willen des Fleisches noch von dem Willen eines Mannes, sondern von Gott geboren sind.

Joh 3, 3–6: Jesus antwortete und sprach zu Nikodemus: Wahrlich, wahrlich, ich sage dir: Es sei denn, daß jemand von neuem geboren werde, so kann er das Reich Gottes nicht sehen. Nikodemus spricht zu ihm: Wie kann ein Mensch geboren werden, wenn er alt ist? Kann er auch wiederum in seiner Mutter Leib gehen und geboren werden? Jesus antwortete: Wahrlich, wahrlich, ich sage dir: Es sei denn, daß jemand geboren werde aus Wasser und Geist, so kann er nicht in das Reich Gottes kommen. Was vom Fleisch geboren wird, das ist Fleisch; und was vom Geist geboren wird, das ist Geist.

Phil 3, 3: Denn wir sind die rechte Beschneidung, die wir Gott in seinem Geiste dienen und rühmen uns Christi Jesu und verlassen uns nicht auf Fleisch.

Rö 11, 16: Ist das Erste vom Teig heilig, so ist auch der ganze Teig heilig; und wenn die Wurzel heilig ist, so sind auch die Zweige heilig.

Lk 21, 24: Jerusalem wird zertreten werden von den Heiden, bis daß der Heiden Zeit erfüllt ist.

Rö 11, 25: Ich will euch, liebe Brüder, nicht verhehlen dieses Geheimnis, auf daß ihr euch nicht auf eigene Klugheit verlaßt: Blindheit ist Israel zum Teil widerfahren solange, bis die Fülle der Heiden eingegangen ist.

Rö 11, 26: Und alsdann wird das ganze Israel gerettet werden.

Diaspora versetzt, angesehen haben. Demzufolge sind auch wir Christen aus den Heiden neben den Christen aus Israel die unmittelbaren Adressaten des Jakobusbriefes.

III. Aufbau und Anliegen des Briefes

Im Unterschied etwa zum Römerbrief entdecken wir im Jakobusbrief keinen großen, durchgehenden Gedankengang. Man tut dem Brief Gewalt an, wenn man ihn zu systematisieren versucht. In kurzen, prägnanten Worten vielmehr sagt er uns Entscheidendes für das Leben des Christen unter Mitchristen und inmitten einer so andersartigen Umwelt. Jakobus spricht zu Gemeinden, deren Gottesdienst zur Form und deren Reden vom Glauben zur Formel zu werden droht. Er weist auf konkrete Mißstände im Gottesdienst und im Christen- und Gemeindeleben überhaupt hin (Kap 2, 2—9; vgl. Kap 1, 27) und betont, daß ein lebendiger Glaube Früchte trägt (Kap 1, 22—25; 2, 14—26). Vgl. auch das Vorwort.

Der Jakobusbrief ist, ähnlich wie das Buch der Sprüche im AT, ein schöner Strauß von guten, hilfreichen Worten. Doch diese sind nicht einfach zusammenhanglos nebeneinander geordnet. Im vorausgehenden Abschnitt klingt vielmehr meist bereits das Thema an, daß dann im folgenden aufgenommen und ausgeführt wird. Jakobus hat die Fragen und Einwände seiner Leser im Ohr und geht auf sie ein. So wird der Brief zur lebendigen Zwiesprache. Der Briefeingang zum Beispiel endigt mit der Aufforderung zur Freude. Jakobus weiß aber um den bitteren Einwand mancher Leser: „Mein Leben jedoch sieht nicht gerade nach Freude aus!" So geht er nun gleich im ersten Sachabschnitt auf die Frage nach dem Verhältnis von Freude und Anfechtung ein. — Vgl. zum Aufbau des Briefes das Inhaltsverzeichnis.

Völkern; mit Lk 14, 15—24 gesprochen: von den „Gassen der Stadt" und von den „Landstraßen". Die Zeit ist erfüllt; das Fest kann beginnen (Lk 21, 24; Rö 11, 25). Die Zahlen 12 000 und 144 000 sind, wie so viele Zahlen in der Offb, keine Zählzahlen, sondern Symbolzahlen, Zahlen mit einer bestimmten göttlichen Botschaft: Die göttliche Vollzahl ist erreicht.

Das oben Gesagte ist keinesfalls eine Begründung für die Behauptung, daß auch die, die sich gegen Jesus entschieden haben bzw. sich noch gegen ihn entscheiden werden (vgl. Offb 20, 8. 9), schließlich auch noch gerettet werden.

Die oben erwähnten Schriftstellen:

Offb 15, 4: Ja, alle Völker werden kommen und anbeten vor dir, denn deine gerechten Gerichte sind offenbar geworden.

Offb 20, 8. 9: Und der Satan wird ausgehen, zu verführen die Völker an den vier Enden der Erde, den Gog und Magog, um sie zu versammeln zum Streit; deren Zahl ist wie der Sand am Meer. Und sie zogen herauf auf die Breite der Erde und umringten das Heerlager der Heiligen und die geliebte Stadt. Und es fiel Feuer vom Himmel und verzehrte sie.

BRIEFEINGANG

Jakobus 1, 1

1 **Jakobus, Knecht** (Leibeigener) **Gottes und des Herrn Jesus Christus, den zwölf Stämmen in der Zerstreuung zum Gruß** (zur Freude).

Zu Vers 1:
1 Pt 1, 1
Rö 1, 1
Apg 23, 26

Wir haben hier den üblichen hellenistischen Briefkopf vor uns: Absender, Empfänger, Gruß.

Der Absender: **„Jakobus“.** 1

Zur Verfasserfrage s. Einleitung I.

Zum Namen werden Beruf und Stellung des Briefschreibers hinzugefügt: **„Knecht Gottes und des Herrn Jesus Christus.“** Er ist „Sklave“, „Leibeigener“, wie das grie Wort „dúlos“ übersetzt werden kann. Er hat nichts, was ihm noch selber gehört: Zeit, Kraft, Gaben, Dienst gehören seinem Herrn. Dessen Wille ist im Leben des Jakobus allein bestimmend. Er selbst hat keinen eigenen Plan. Er ist kein selbständiger „Unternehmer“. Und er arbeitet auch nicht auf eigene Rechnung. Zugleich bedeutet seine Stellung als „Knecht“ Jesu Christi, daß, wo er steht, auch sein Herr steht: Jakobus hat Vollmacht. Auch Paulus nennt sich einen „Knecht Jesu Christi“ (Rö 1, 1), und Maria nennt sich eine „Magd des Herrn“ (Lk 1, 38). Diese Stellung haben nicht nur Christen mit großen Sonderaufträgen, sie gehört wesentlich zum Christsein überhaupt.

Jakobus ist „*Knecht* des Herrn Jesus Christus“. Er sagt nicht, daß er, wie wir annehmen, der Bruder des Herrn sei. Er hat ihn als den Auferstandenen geschaut. Er kennt ihn als den nun Verherrlichten. So hat er nicht mehr die gleiche Stellung zu ihm wie damals, als die beiden in Nazareth miteinander aufwuchsen[4].

Hier sehen wir, was es heißt: „Wir kennen Christus nicht mehr nach dem Fleisch“ (2 Ko 5, 16). Der falschen Vertraulichkeit ist ge-

[4] So hatte auch der Jünger Johannes in der Offb nicht mehr dieselbe Stellung zu Jesus wie einst, als sie miteinander auf den staubigen Straßen Palästinas wanderten (Offb 1, 17. 18). Durch Abgründe sah er sich von dem Hohen, Reinen, Verherrlichten geschieden. Doch dieser schlug in seiner Gnade die Brücke zu ihm mit seiner Geste und mit seinem Wort: „Er legte seine rechte Hand auf mich und sprach zu mir: Fürchte dich nicht!“

Die oben erwähnten Schriftstellen:

Rö 1, 1: Paulus, ein Knecht Jesu Christi, berufen zum Apostel.

Lk 1, 38: Maria aber sprach: Siehe, ich bin des Herrn Magd.

Offb 1, 17. 18: Und als ich ihn sah, fiel ich zu seinen Füßen wie ein Toter; und er legte seine rechte Hand auf mich und sprach zu mir: Fürchte dich nicht! Ich bin der Erste und der Letzte und der Lebendige. Ich war tot, und siehe, ich bin lebendig von Ewigkeit zu Ewigkeit und habe die Schlüssel der Hölle und des Todes.

wehrt. Über der Nähe und Liebe unseres Herrn darf nicht seine Größe und Heiligkeit vergessen werden.

Die Empfänger: **„Den zwölf Stämmen in der Zerstreuung."** Zur Frage der Briefempfänger s. Einleitung II.

Der Gruß:

Es ist ein Aufruf, sich zu freuen. So lautete die damals übliche Grußform. Auch der Standortkommandant von Jerusalem grüßt seinen Vorgesetzten so, den römischen Statthalter in Cäsarea am Meer (Apg 23, 26). In der Welt sind Grußworte oft leere Formeln, auch heute, „Worte ohne Deckung". Doch im Mund des glaubenden und fürbittenden Menschen gewinnen dieselben Worte von Gott her Füllung. Auch der alltägliche Gruß wird bei Christen zur Segnung, zum Angebot des Friedens (Mt 10, 12. 13). Der Bote Jesu nennt und bringt den Grund zur Freude, das große Angebot: Der Mensch wird von Gott angenommen. Er empfängt seinen Frieden. Er wird sein Kind. Gott ist ihm gut. In seinem Dienst wird das menschliche Leben sinnvoll. Er macht der großen, gewissen Hoffnung teilhaftig; der Glaubende darf in Ewigkeit an dem teilhaben, was Gott ist, hat und tut. Das ist Evangelium, gute Nachricht, Grund zur Freude.

1. Spruchreihe: ÜBER DIE ANFECHTUNG

Jakobus 1, 2—18

I. Der Christ in den Wechselfällen des Lebens

Jakobus 1, 2—4

Zu Vers 2:
Rö 5, 3—5
1 Pt 1, 6
Mt 5, 11. 12
Zu Vers 3:
1 Pt 1, 7
Hbr 12, 11
Zu Vers 4:
Eph 5, 27
Phil 1, 6
Rö 8, 18

2 **Erachtet es für lauter Freude, meine Brüder, wenn ihr in mancherlei**
3 **Proben geratet. * Ihr habt ja die Erkenntnis, daß die Echtheitsprobe**
4 **eures Glaubens Geduld bewirkt. * Die Geduld aber soll zu einem**
vollkommenen (zielentsprechenden) **Werk führen, damit ihr** (selbst)
vollkommen (zielentsprechend) **und tadellos seid und in keinem**
Stück einen Mangel zeigt.

1. Daß Erprobungen Freude sind (V. 2).

Jakobus sprach in seinem Gruß von der Freude (sein Grußwort ist nicht nur die damals übliche Redensart): Ihr sollt und könnt euch als

Die oben erwähnten Schriftstellen:

Apg 23, 26: Klaudius Lysias dem edlen Landpfleger Felix, Gruß zuvor!

Mt 10, 12. 13: Wenn ihr aber in ein Haus geht, so grüßet es; und wenn es das Haus wert ist, wird euer Friede auf sie kommen. Ist es aber nicht wert, so wird sich euer Friede wieder zu euch wenden.

Christen freuen (1). Doch er kann sich in die Lage der Briefempfänger hinein versetzen und weiß, daß diese sich angesichts ihrer Geschicke nur schwer diesem Gedanken erschließen können. So sagt er denn ausdrücklich und begründet es auch, daß gerade die Widrigkeiten Grund zur Freude sind.

„In mancherlei Proben": Da sind die Wechselfälle, die Not im eige- 2
nen Leben und im Leben der Nächsten, die wirtschaftlichen und beruflichen Schwierigkeiten (die Christen damals waren weitgehend kleine Leute, zum Teil Sklaven), die Menschen, mit denen man es täglich zu tun hat und die es einem schwer machen. – Dazu kommen die speziellen Nöte, die Christen noch zusätzlich treffen: Die Menschen ihrer Umwelt belächeln sie, lassen sie links liegen, beobachten sie mit dem Ziel, etwas an ihnen aussetzen zu können. Die Juden, mit denen sie doch so viel gemeinsam hatten, feindeten damals die Christen an. Und mehr und mehr begegneten ihnen auch die Träger der römischen Staatsmacht auf niederer und hoher Ebene mit Argwohn. Diese Anfechtungen sind „verschiedenartig", „vielgestaltig". Sie kommen von allen Seiten. Sie sind „bunt", wie man auch übersetzen kann. Und manchmal will's einem gar „zu bunt" werden.

„Geratet": Man gerät in solche Anfechtung wie in ein plötzliches Unwetter. Eben war noch freundlicher Sonnenschein. Arglos ging man seinen Weg. Doch plötzlich bricht's über einen herein, von einer Seite, von der man's nicht dachte. Man ist niedergestimmt und niedergeschlagen. Auch die Christen von damals mögen gedacht haben: Wie schön wäre das Leben, wenn es das nicht gäbe!

Zwar sagt uns die Bibel, daß wir es nicht verbergen müssen, wenn wir auch t r a u r i g sind in mancherlei Anfechtungen (1 Pt 1, 6). Ja, sie sagt uns, daß Jesus selbst in Anfechtung traurig war (Mt 26, 38; Hbr 5, 7). Aber Jakobus schreibt uns: Eigentlich dürft und könnt ihr euch über eure Anfechtungen freuen.

2. Warum Erprobungen Freude sind.

Das grie Wort für „Probe", „peirasmós", bedeutet einerseits „Versuchung", „Verlockung", andererseits „Prüfung", „Erprobung". Es geht hier um Situationen, in denen es nicht leicht ist, mit unserem Willen unter dem Willen Gottes zu bleiben. a) Der Feind sieht hier

Die oben erwähnten Schriftstellen:

1 Pt 1, 6: Darüber freuet euch, die ihr jetzt eine kleine Zeit, wenn es sein soll, traurig seid in mancherlei Anfechtungen.

Mt 26, 38: Da sprach Jesus zu ihnen: Meine Seele ist betrübt bis an den Tod; bleibet hier und wachet mit mir!

Hbr 5, 7: Und er hat in den Tagen seines Fleisches Gebet und Flehen mit starkem Geschrei und Tränen geopfert dem, der ihm von dem Tode konnte aushelfen.

eine Chance für sich: Er will uns dazu bringen, daß wir aus dem guten Gotteswillen ausbrechen. Insofern ist diese Lage für uns Versuchung, Verlockung. b) Gott dagegen will, daß wir gerade auch in dieser Lage Vertrauen und Gehorsam ihm gegenüber bewahren. Insofern wird die Situation für uns zur Prüfung und Bewährungsprobe. Es ist nicht von ungefähr, daß in der Ursprache des NT für „Versuchung" und „Erprobung" derselbe Ausdruck steht. Es handelt sich häufig um dieselbe Sachlage, die der Feind zur Versuchung machen will, in der wir zu Fall kommen, und die Gott zur Prüfung machen will, die wir bestehen.

Prüfungen müssen sein. Junge Leute etwa kommen nur weiter und in verantwortungsvolle Stellungen, wenn sie die Klassenarbeiten und die Examina nicht scheuen. So führt auch Gott uns in Prüfungen, um uns zu fördern und ans Ziel zu bringen. Im Blick auf viele Prüfungen muß man um Zulassung nachsuchen, und die Antragsteller freuen sich, wenn sie die Zulassung erhalten, nicht etwa, weil Prüfungen vergnügliche Zeiten wären, sondern weil sie die Voraussetzungen dafür sind, daß junge Leute weiterkommen. So können auch wir uns freuen, wenn uns Gott zu Prüfungen „zuläßt". Dagegen müßten wir beunruhigt sein, wenn er uns nicht in Bewährungsproben führte oder wenn sie so leicht wären, daß wir denken müßten, wir seien also noch „ABC-Schützen" im Glauben. Nicht das sind die geförderten Christen, bei denen alles glatt läuft, sondern die, bei denen die Prüfungen immer schwerer werden. Auch bei Abraham wurden die Prüfungen bis zu 1 Mo 22 von Mal zu Mal schwerer.

Unsere Anfechtungen und Versuchungen sind nur Nachhutkämpfe. Die Entscheidungsschlacht hat unser Herr selber geschlagen. Die ersten Menschen sind, als sie in die Erprobung geführt wurden, durchgefallen (1 Mo 3). Als dann später Jesus, der „neue Adam", erschien (Rö 5, 15 ff), hat er genau dort angefangen, den richtigen Weg zu gehen, wo der erste Adam damit aufhörte. So hat der „neue Adam" die Prüfung des ersten noch einmal gemacht. Es war Jesu erstes Werk, noch vor der ersten Jüngerberufung (Mt 4, 1—11). Und es geschah nach dem Willen des Vaters auf Weisung des Geistes (Mt 4, 1; vgl. 1 Ko 2, 10b). Doch wenn unser Herr auch das Entscheidende bereits getan hat und wir in der „Kiellinie" seines Sieges durch die Prüfungen gehen dürfen, so wäre es doch Vermessenheit, nun in menschlicher Selbstsicherheit in die uns noch verbliebenen Kämpfe hineinzugehen.

Die oben erwähnten Schriftstellen:

Mt 4, 1: Da ward Jesus vom Geist in die Wüste geführt, auf daß er von dem Teufel versucht würde.

1 Ko 2, 10b: . . . denn der Geist erforscht alle Dinge, auch die Tiefen der Gottheit.

Paulus warnt: „Wer sich läßt dünken, er stehe, mag wohl zusehen, daß er nicht falle" (1 Ko 10, 12). Ja, Jesus lehrt uns bitten: „Führe uns nicht in Versuchung."

Andererseits ist auch kein Grund zur Furcht. Gott überfordert uns nicht. Während es bei den menschlichen Prüfungen zur Gerechtigkeit gehört, daß jeder die gleiche Prüfungsaufgabe erhält, ist es hier ein Zeichen der Barmherzigkeit Gottes, daß jeder eine ihm angemessene Prüfungsaufgabe gestellt bekommt. Gott will nicht, daß wir durchfallen, sondern daß wir durchkommen. „Gott ist treu, der euch nicht läßt erproben über eure Kraft, sondern macht, daß die Proben so ein Ende gewinnen, daß ihr's ertragen könnt" (1 Ko 10, 13).

3. Was die Erprobungen wirken (V. 3. 4).

a) Wir lernen Geduld. **„Ihr habt ja die Erkenntnis, daß die Echtheits-** 3
probe eures Glaubens Geduld bewirkt." Das grie Wort für „Geduld", „hypomonè", bedeutet auch „Ausdauer", „Standhaftigkeit", wörtlich „drunterbleiben" unter schwierigen Verhältnissen, belastenden Aufgaben, körperlichen und seelischen Leiden usw., drunterbleiben unter Gott und seinem Willen an dem Platz, an den er uns gestellt hat. Unser natürlicher Mensch verliert gerade über den Widerwärtigkeiten die Geduld. Inwiefern sollen denn bei Christen gerade die Anfechtungen Standhaftigkeit wirken?

Paulus schreibt: „Seid gewurzelt in ihm", in Christus (Kol 2, 7). Die Anfechtungen vermögen uns den Dienst zu tun, daß wir es unter ihnen lernen, immer tiefer in Gott zu wurzeln, uns immer fester an ihn zu klammern. Es ist wie in der Natur mit den Bäumen: Die flach wurzelnden Fichten werden vom Sturm reihenweise umgeworfen. Die einsamen Hainbuchen auf den Bergen umklammern unter den Stürmen die Felsen immer nur noch fester. So erstarkt unter den Echtheitsproben unsere Standhaftigkeit immer mehr. — Auch machen wir Erfahrungen mit unserem Herrn, etwa die: „Er tötet u n d macht lebendig, er führt in die Hölle u n d wieder heraus, er macht arm u n d macht reich, er erniedrigt u n d erhöht" (1 Sam 2, 6. 7). Wir wissen dann bei neuen Erprobungen aus Erfahrung: Es ist kein Grund zur Resignation. Wir wissen, was wir bei Erprobungen von Gott zu erwarten haben, was die Weise unsres Gottes ist: Er hilft i n der Not und, wenn seine Stunde gekommen ist, auch a u s der Not. Andere, die noch Anfänger im Glauben sind, können unter Umständen etwas von der Ruhe, Gelassenheit und Gewißheit derer lernen, die schon lange mit ihrem Herrn leben und in vielen Proben schon viele Erfahrungen mit ihm gemacht haben. „. . . die dadurch geübt sind" (Hbr 12, 11). Dabei ist es wichtig, daß wir die Erfahrungen aus früheren Anfechtungen für die Gegenwart und die Zukunft, für uns und andere

festhalten (Ps 77, 12) und bei gegebenen Anlässen fruchtbar machen.
4 b) Wir kommen zu einem ganzen und runden Werk. **„Die Geduld aber soll zu einem vollkommenen Werk führen":** Wir meinen oft, wenn wir vor den täglichen Widerwärtigkeiten bewahrt blieben, dann würden wir zu einer ungestörten, vollkommenen Lebensarbeit kommen. Hier hören wir das Gegenteil: Gerade unter den vielen Schwierigkeiten soll's und kann's geschehen (Gottes Weisungen sind zugleich Verheißungen), daß wir bis ans Ziel zu einem runden, ganzen, Gott wohlgefälligen Lebenswerk kommen. Gerade die, die „mit Tränen säen, werden mit Freuden ernten" und ihre Garben bringen (Ps 126, 5. 6). Wo wir in der Gemeinschaft mit unserem Herrn gegründet sind und aus seinen Quellen die Kräfte schöpfen, vermögen wir durchzuhalten und unter den Lasten zu bleiben bis zum Ziel. Daß hier vom „Werk" die Rede ist, bedeutet, daß Geduld nicht nur Passivität ist. Bei unserem Herrn war die Passion die höchste Aktion. — Das Wort „vollkommen" hängt im Grie mit dem Wort „télos", „Ziel", zusammen. Das Werk ist also zugleich „zielgerecht". Das bedeutet, daß unsere Lebensarbeit zwar nicht ohne weiteres etwas sein wird fürs Schaufenster vor Menschen oder für ein „christliches Lebensbild", aber daß unser Herr, dessen Urteil allein gilt, einmal in seiner Gnade zu uns sagen wird: „Ei, du frommer und getreuer Knecht, du bist über wenigem getreu gewesen; ich will dich über viel setzen; geh ein zu deines Herrn Freude!" (Mt 25, 21).

c) Und wir selbst werden für das Ziel termingerecht ganze Leute. **„Damit ihr** (selbst) **vollkommen** (zielentsprechend) **und tadellos seid und in keinem Stück einen Mangel zeigt":** Es geht vor Gott nicht nur um das, was wir tun, sondern auch um das, was wir sind. Unser Herr will an seinem Tage die Menschen, die ihm sein Vater anvertraut hat, sich selbst und dann dem Vater fehlerlos vorstellen (wie schließlich auch die ganze Schöpfung), als ganze Leute. Bis dahin muß es dann mit uns so weit sein (Eph 5, 27; 1 Ko 15, 23—28). Termingerecht will

Die oben erwähnten Schriftstellen:

Ps 77, 12: Darum denke ich an die Taten des Herrn, . . . an deine früheren Wunder.

Eph 5, 27: . . . auf daß er sie (die Gemeinde) sich selbst darstellte als eine Gemeinde, die herrlich sei, die nicht habe einen Flecken oder Runzel oder etwas dergleichen, sondern daß sie heilig sei und unsträflich.

1 Ko 15, 23—28: Ein jeglicher aber in seiner Ordnung: der Erstling Christus; danach die Christus angehören, wenn er kommen wird; danach das Ende, wenn er das Reich Gott, dem Vater, überantworten wird, wenn er vernichtet haben wird alle Herrschaft und alle Obrigkeit und Gewalt. Denn er muß herrschen, bis daß er alle Feinde unter seine Füße lege. Der letzte Feind, der vernichtet wird, ist der Tod. Denn alles hat er unter seine Füße getan. Wenn er aber sagt, alles sei untertan, ist's offenbar, daß ausgenommen ist der, der ihm alles untergetan hat. Wenn aber alles ihm untertan sein wird, alsdann wird auch der Sohn selbst untertan sein dem, der ihm alles untergetan hat, auf daß Gott sei alles in allem.

er sein Werk vollenden. In keinem Stück darf dann noch ein Mangel vorhanden sein, in keinem Prüfungsfach ein „mangelhaft". Unser Herr selbst hat dafür die Gewähr übernommen, daß wir auf den Termin des großen Festes (Offb 19, 7; Mt 22, 2–14; Lk 14, 16—24), den Tag Jesu Christi, fertig sind. „Ich bin der guten Zuversicht, daß, der in euch angefangen hat das gute Werk, der wird's auch vollführen bis auf den Tag Jesu Christi" (Phil 1, 6). „Der Gott des Friedens heilige euch durch und durch, daß euer Geist ganz samt Seele und Leib müsse bewahrt werden rein und unsträflich auf die Zukunft unsres Herrn Jesus Christus. Getreu ist er, der euch ruft; er wird's auch tun" (1 Th 5, 23. 24).

„Tadellos" heißt im Grie wörtlich „als ganzes Los". Israel war im Alten Bund das „Los" oder „Erbe" des Herrn, es gehörte Gott in besonderer Weise (2 Mo 19, 1—9). Dazu ist nun die Gemeinde Jesu bestimmt, das ntst Gottesvolk aus Israel und aus den Völkern (vgl. das in der Einleitung zur Frage der Briefempfänger Gesagte). Infolge des Werkes, das der Vater durch den Sohn und den Geist tut, kann und darf die Gemeinde Gottes ein ihm wohlgefälliges Los und Erbe sein (wie seinerseits der Herr ihr Los und Erbe ist — Ps 16, 5. 6; vgl. 5 Mo 18, 2). Gerade beim Durchschreiten der Prüfungszeiten geht es um ein ganz großes Ziel: „Die Leiden dieser Zeit sind nicht wert der Herrlichkeit, die an uns soll offenbart werden" (Rö 8, 18; vgl. 2 Ko 4, 17. 18). Deshalb: „Erachtet es für lauter Freude, meine Brüder, wenn ihr in mancherlei Proben geratet."

II. Das Gebet um Weisheit

Jakobus 1, 5—8

Zu Vers 5:
Spr 2, 3—6
Eph 4, 18
1 Ko 1, 19. 27
Mt 7, 7. 8
Zu Vers 6:
Mk 11, 24
1 Tim 2, 8

5 **Wenn aber jemand unter euch an Weisheit Mangel hat, so bitte er**
Gott, der willig und ohne Vorwürfe gibt, so wird sie ihm gegeben
6 **werden. * Er bitte aber im Glauben und ohne im geringsten zu**

Die oben erwähnten Schriftstellen:

Offb 19, 7: Lasset uns freuen und fröhlich sein und ihm die Ehre geben, denn die Hochzeit des Lammes ist gekommen, und seine Braut hat sich bereitet!

Ps 16, 5. 6: Der Herr ist mein Gut und mein Teil; du erhältst mir mein Erbteil. Das Los ist mir gefallen auf liebliches Land; mir ist ein schönes Erbteil geworden.

5 Mo 18, 2: Darum sollen sie kein Erbe unter ihren Brüdern haben; der Herr ist ihr Erbteil, wie er ihnen zugesagt hat.

2 Ko 4, 17. 18: Denn unsre Trübsal, die zeitlich und leicht ist, schafft eine ewige und über alle Maßen wichtige Herrlichkeit uns, die wir nicht sehen auf das Sichtbare, sondern auf das Unsichtbare. Denn was sichtbar ist, das ist zeitlich; was aber unsichtbar ist, das ist ewig.

Zu Vers 7:
Jak 4, 3
Mt 13, 58
16, 4

zweifeln. Denn der Zweifler gleicht der Meereswoge, die vom Wind
7 **bewegt und getrieben wird. * Ein solcher Mensch meine nicht, daß**
8 **er etwas vom Herrn empfangen werde. Er ist ein zwiespältiger**
Mann, unbeständig in allen seinen Wegen.

Von den Prüfungen und unsern möglichen Mängeln war die Rede. Wenn wir die Prüfung, die unser ganzes Christenleben bedeutet, recht bestehen wollen, dürfen wir vor allem keinen Mangel an **Weisheit** haben, an Klarheit darüber, was wir heute und hier nach Gottes Willen zu tun haben.

So war das bei den Christen in den Tagen des Jakobus inmitten ihrer heidnischen Umwelt. Sie wurden von den einflußreichen und mächtigen Kreisen Israels angefeindet und von den staatlichen Stellen mit Mißtrauen beobachtet. Viel Weisheit ist auch heute nötig angesichts der großen Fragen der Gemeinde Jesu in der Welt von heute und angesichts unseres Alltags, in dem wir uns als Christen zu bewähren haben: wie soll ich mich verhalten in meinem Berufsleben, in der Kindererziehung, in meiner nichtchristlichen Nachbarschaft?

5 Hier setzt Jakobus mit seinem nächsten Wort ein: **„Wenn aber jemand unter euch an Weisheit Mangel hat"**: Das sind keineswegs nur die Minderbegabten, die im allgemeinen Sinn „Zurückgebliebenen" (so wörtlich). Hier hat jeder von uns Bedarf. Dieser „jemand" ist hier „jedermann". Es wäre ein gefährlicher Irrtum zu meinen, man werde sich da „schon selber zu helfen wissen".

1. Was ist hier mit dem Wort „Weisheit", grie „sophía", gemeint? Nicht zu denken ist hier an die menschliche Weisheit, die Philosophie, vor allem nicht angesichts der letzten Fragen: wer über dem Weltlauf steht und was Ursprung, Sinn und Ziel des Menschenlebens und der ganzen Völkergeschichte ist. Hier urteilt die Schrift, daß infolge der Rebellion des Menschen gegen Gott das menschliche Denken „verfinstert" sei (Rö 1, 21; Eph 4, 18), weil die Sünde wie eine Wolkenwand zwischen uns und Gott steht. Das von Gott gelöste, eigenmächtige und selbstherrliche Denken des Menschen ist in dieser

Die oben erwähnten Schriftstellen:

Rö 1, 21: Sie wußten, daß ein Gott ist, und haben ihn nicht gepriesen als einen Gott noch ihm gedankt, sondern haben ihre Gedanken dem Nichtigen zugewandt, und ihr unverständiges Herz ist verfinstert.

Eph 4, 18: Ihr Verstand ist verfinstert . . . durch die Unwissenheit, die in ihnen ist, durch die Verstockung ihres Herzens.

Hinsicht jedenfalls auf dem Holzweg (Rö 1, 22; 1 Ko 1, 19. 27; 1 Ko 2, 14). Nicht allein das Wollen des natürlichen Menschen, sondern auch sein Denken ist durch das Kreuz Jesu, das ja das Urteil Gottes über uns ist, verurteilt und „durchkreuzt".

Unter der neuen „geistlichen" Weisheit versteht die Bibel dagegen die durch Gottes Geist geschenkte und gewirkte Erkenntnis: die Erkenntnis dessen, was Gott tut und was er vom Menschen getan haben will (1 Ko 1, 24; 2, 6. 7; 12, 8; Eph 1, 17; Kol 1, 9; Jak 3, 13. 17).

a) Der Durchblick, das Verständnis für das, was Gott tut. Gott hat uns durch Jesus Christus, seinen Sohn, im Blick auf seinen Plan, seine Wege und seine Ziele ins Vertrauen gezogen (Jo 15, 15). Besonders 1 Ko 2 wird uns das hohe Ziel der göttlichen Weisheit gezeigt, unsere Herrlichkeit (1 Ko 2, 7).

„Herrlichkeit ist enthüllte Göttlichkeit" (F. Oetinger). Die Schrift sagt nicht nur, daß wir einmal in der Herrlichkeit, sondern daß wir selbst Herrlichkeit sein werden (so auch wörtlich Kol 3, 4). Es ist für uns eine „Weisheit im Staube", wie die Väter des schwäbischen Pietismus gesagt haben, bei der der Mensch klein wird und Gott groß. Das ist im echten Sinn Theologie, zu der jeder denkende Christ berufen ist: die großen, uns in Jesus Christus offenbarten Gedanken

Die oben erwähnten Schriftstellen:

Rö 1, 22: Da sie sich für weise hielten, sind sie zu Narren geworden.

1 Ko 1, 19. 27: Denn es steht geschrieben: Ich will zunichte machen die Weisheit der Weisen, und den Verstand der Verständigen will ich verwerfen. — Sondern was töricht ist vor der Welt, das hat Gott erwählt, damit er die Weisen zuschanden mache . . .

1 Ko 2, 14: Der natürliche Mensch aber vernimmt nichts vom Geist Gottes; es ist ihm eine Torheit, und er kann es nicht erkennen; denn es muß geistlich verstanden sein.

1 Ko 1, 24: Denen aber, die berufen sind, Juden und Griechen, predigen wir Christus als göttliche Kraft und göttliche Weisheit.

1 Ko 2, 6. 7: Wovon wir aber reden, das ist dennoch Weisheit bei den Vollkommenen; nicht eine Weisheit dieser Welt, auch nicht der Herrscher dieser Welt, welche vergehen. Sondern wir reden von der heimlichen, verborgenen Weisheit Gottes, welche Gott verordnet hat vor der Zeit der Welt zu unserer Herrlichkeit.

1 Ko 12, 8: Einem wird gegeben durch den Geist, zu reden von der Weisheit; dem andern wird gegeben, zu reden von der Erkenntnis, nach demselben Geist.

Eph 1, 17: . . . daß der Gott unsers Herrn Jesus Christus, der Vater der Herrlichkeit, euch gebe den Geist der Weisheit und der Offenbarung, ihn zu erkennen.

Kol 1, 9: . . . lassen wir nicht ab, für euch zu beten und zu bitten, daß ihr erfüllt werdet mit Erkenntnis seines Willens in aller geistlichen Weisheit und Einsicht.

Jak. 3, 13. 17: Wer ist weise und klug unter euch? Der erzeige mit seinem guten Wandel seine Werke in Sanftmut und Weisheit. Die Weisheit aber von oben her ist aufs erste lauter, danach friedsam, gelinde, läßt sich etwas sagen, voll Barmherzigkeit und guter Früchte, unparteiisch, ohne Heuchelei.

Jo 15, 15: Euch aber habe ich gesagt, daß ihr Freunde seid; denn alles, was ich habe von meinem Vater gehört, habe ich euch kundgetan.

Kol 3, 4: Wenn aber Christus, unser Leben, sich offenbaren wird, dann werdet ihr auch offenbar werden mit ihm in Herrlichkeit.

Gottes demütig, staunend und dankbar nachzudenken und sich von ihnen zu Gottes Zielen mitnehmen zu lassen. Bekehrung zu Jesus Christus erfordert keinen Verzicht auf das Denken. Im Gegenteil, nun ist der Mensch befreit und erleuchtet zu einem neuen Denken. Unser Denken ist „getauft", in Christi Tod gegeben und mit ihm lebendig gemacht und in seinem Gehorsam stehend (2 Ko 10, 5). Unser Herr Jesus Christus ist uns gerade dazu gegeben, daß wir von unserem falschen Denken (und so auch Leben) befreit werden zu richtigem Denken (und Leben). „Jesus Christus ist uns von Gott gemacht zur Weisheit" (1 Ko 1, 30). Ja, in unserem Herrn Jesus Christus, in dem Evangelium von ihm, ist uns die unerschöpfliche Quelle der Weisheit Gottes, Weg und Ziel, eröffnet: Die Erkenntnis dessen, was Gott mit dem einzelnen Menschen, seiner Gemeinde und mit seiner ganzen Welt tut und tun wird. Und auch die Erkenntnis dessen, was er von uns in einem Jesus gemäßen Leben erwartet – von uns als solchen, die dem Bild des Erstgeborenen durch seinen Geist gleichgestaltet werden. „In Christus liegen verborgen alle Schätze der Weisheit und der Erkenntnis" (Kol 2, 3)[5].

b) Zum andern meint Weisheit im Sinne der Schrift – was eben schon anklang – das Verständnis für das, was Gott von uns, den Seinen, getan haben will. Darum geht es Jakobus vor allem, um die Frage: Wie verhalten wir uns in unserem Alltag, im bunten Wechsel der Lage, insbesondere in Widerwärtigkeiten, in Zwischenfällen, in Proben – Gott wohlgefällig und so, daß wir auch vor unserer Umwelt mit Wort, Tat und Wesen ein Christus-Zeugnis sind?

2. Daß wir bitten dürfen.

„Der bitte Gott": Jakobus war bei seinem Herrn und Meister in der Lehre. Er hat uns die große, wunderbare Möglichkeit gezeigt, den Ausweg aus aller Ratlosigkeit: „Bittet, so wird euch gegeben; suchet, so werdet ihr finden; klopfet an, so wird euch aufgetan" (Mt 7, 7). Die Bitte um die göttliche Weisheit ist die Bitte um den Geist Gottes, denn die Weisheit ist eine der Wirkungen des Geistes (Eph 1, 17). Unser Herr hat der Bitte um den Geist eine besondere Verheißung

[5] Daß der Mensch für die Dinge dieser Welt trotz seiner Sünde erhebliche Geisteskräfte besitzt, ist nicht ein Zeichen dafür, daß „es also auch ohne Gott gehe", sondern für die Langmut Gottes, die die Welt erhält, um sie doch noch zu heilen.

Die oben erwähnten Schriftstellen:

2 Ko 10, 5: Wir zerstören damit Anschläge und alles Hohe, das sich erhebt wider die Erkenntnis Gottes, und nehmen gefangen alle Gedanken unter den Gehorsam Christi.

Eph 1, 17: Der Gott unseres Herrn Jesus Christus, der Vater der Herrlichkeit, gebe euch den Geist der Weisheit und der Offenbarung, ihn zu erkennen.

gegeben (Lk 11, 13). Die äußeren Gaben gibt Gott auch denen, die ihn nicht darum bitten (Mt 5, 45). Doch seinen Geist, sich selbst, sein Heil wirft er nicht einfach pauschal über die Köpfe. Die inneren Gaben drängt er niemandem auf. Hier will er gebeten sein. „Er will, daß wir unsere Hände ausstrecken nach seinem gnädigen Tun" (J. Ch. Blumhardt). – Wie haben wir uns die Erhörung der Bitte um Weisheit zu denken? Der Geist Gottes bindet sich an das Wort Gottes. Jesus sagt vom Geist: „Aus dem Meinen wird er's nehmen" (aus dem ein für allemal gegebenen Wort) „und euch erinnern all des, was ich euch geredet habe" (Jo 14, 26; 16, 14). Darum, im Hören auf Gottes Wort und im Gebetsumgang fällt durch Gottes Geist Licht auf unsere Lage und Frage. Es wird Einsicht in das jetzt Gebotene geschenkt und auch die Gabe, anderen ein klärendes, wegweisendes, helfendes Wort zu sagen (vgl. 1 Ko 12, 8).

„Gott gibt jedermann", übersetzt Luther nach dem Gesamtsinn: Die göttliche Weisheit ist keineswegs das Reservat einiger Theologen, „Gottesmänner", Hauptamtlicher, Führender in der Gemeinde, Begabter. Jedermann hat die Verheißung.

„Gott gibt willig." Das grie Wort für die Art des Gebens Gottes bedeutet „einfach", „schlicht", „ohne Nebenabsichten", „einfältig" übersetzt Luther. Gott ist in seinem Geben rückhaltlos und von lauterer Güte. Er verhält sich nicht so wie die Menschen und nicht so, wie sich die Heiden ihre Götter dachten. – **„Er gibt, ohne Vorwürfe"** zu machen: Wir sind an die Verdeutschung Luthers gewöhnt: „Er rückt's niemand auf." Er enthält es niemand vor. Er hängt nicht den Brotkorb hoch (etwa um zu zeigen, wer Herr im Haus ist). Wörtlich heißt es: „Er schilt nicht." Wir geben auch, aber nicht selten schelten wir dazu, angefangen bei unsern eigenen Kindern, zum Beispiel so: „Nun kommst du, nachdem du in der Patsche sitzt. Das hättest du dir vorher überlegen müssen." Oder: „Nach all dem, wie du dich verhalten hast, sollte ich dir ja nichts mehr geben!" Gott macht keine Vorhaltungen und Vorwürfe. Er behaftet uns nicht mit Vergangenem. „Seine Barmherzigkeit ist alle Morgen neu" über uns „und seine Treue ist groß" (Kla 3, 22. 23).

Die oben erwähnten Schriftstellen:

Lk 11, 13: . . . wieviel mehr wird der Vater im Himmel den Heiligen Geist geben denen, die ihn bitten!

Mt 5, 45: Er läßt seine Sonne aufgehen über die Bösen und über die Guten und läßt regnen über Gerechte und Ungerechte.

1 Ko 12, 8: Einem wird gegeben durch den Geist, zu reden von der Weisheit; dem andern wird gegeben, zu reden von der Erkenntnis, nach demselben Geist.

3. Wie recht bitten?

6 **„Er bitte aber im Glauben"**: Gott kann und Gott will geben. Er schenkt in lauterer Güte, ohne seine Willigkeit zu geben durch unser vergangenes Verhalten beeinträchtigen zu lassen. Dem entspricht nun von unserer Seite das lautere, uneingeschränkte Vertrauen. Der grenzenlosen Güte Gottes kann man – will man sie nicht in Frage stellen, beleidigen und verletzen – nur mit grenzenlosem Vertrauen begegnen. – **„Und ohne im geringsten zu zweifeln"**: Der Zweifel stellt Gott und seine Güte in Frage. Er zerstört unsre Gemeinschaft mit Gott und ist die Ursünde (1 Mo 3, 4. 5: Gott meint es gar nicht gut mit euch; er will euch bloß „druntenhalten"). – **„Denn der Zweifler gleicht der Meereswoge, die vom Wind bewegt und getrieben wird"**: Er ist hin und her gerissen: jetzt vertraut er Gott einen Augenblick lang und dann ist er wieder voll Mißtrauen: „Ich empfang ja doch nichts." Luther hat gesagt, der Zweifler gleiche einem Bettler, der einen Augenblick sein Gefäß darbietet und es dann gleich wieder zurückzieht in der Furcht, ja doch nichts zu erhalten; einem solchen Menschen
7 könne man ja nichts ausschöpfen. **„Ein solcher Mensch meine nicht, daß er etwas vom Herrn empfangen werde"**: Schon unter Menschen ist es beleidigend, wenn man dem, den man um eine Hilfe bittet, nichts zutraut. Wieviel mehr gilt das gegenüber dem allmächtigen und allgütigen Gott! Bei Menschen mindert der Mangel an Vertrauen die Willigkeit, eine Bitte zu erhören. Jakobus sagt, daß es ebenso auch bei Gott ist. Zweifel, Mißtrauen und Unglauben verschließen sich selbst für Gott und seine Gaben (vgl. Mt 13, 58; 16, 4). Wir wollen unser ganzes Leben sozusagen zum Gefäß machen, das wir als Beter demütig, geduldig und vertrauensvoll Gott darbieten[6].

[6] Im Blick auf einen Menschen, von dem man nicht weiß, wie er gesonnen ist, kann man durchaus innerlich hin und her gerissen sein. Etwa wenn einer nicht weiß, ob seine Bewerbung überhaupt im Ernst geprüft wird oder ob die Stelle bereits einem andern mit guten Beziehungen zugesagt wurde. Gott gegenüber aber ist der Zweifel etwas ganz und gar Verkehrtes. Wir sind in der Lage eines Menschen in großer Not, der an eine einflußreiche Persönlichkeit eine Bittschrift gerichtet hat, dann aber von dem bitteren Gedanken umgetrieben wird: „Ach, was wird der sich schon um einen kleinen Mann kümmern? Mein Brief ist gewiß längst schon im Papierkorb gelandet." Dann aber wird er durch die Feststellung beschämt, wie ernst sein Gesuch genommen worden und wie viel da nun im Lauf ist. Noch viel ernster nimmt Gott unser armseliges und

Die oben erwähnten Schriftstellen:

1 Mo 3, 4. 5: Da sprach die Schlange zum Weibe: Ihr werdet keineswegs des Todes sterben, sondern Gott weiß: an dem Tage, da ihr davon esset, werden eure Augen aufgetan, und ihr werdet sein wie Gott und wissen, was gut und böse ist.

Mt 13, 58: Und Jesus tat daselbst nicht viel Zeichen um ihres Unglaubens willen.

Mt 16, 4: Dieses böse und abtrünnige Geschlecht sucht ein Zeichen; und soll ihm kein Zeichen gegeben werden denn das Zeichen des Jona. Und er ließ sie und ging davon.

Ein Zweifler **„ist ein zwiespältiger Mann"**, ein Mann mit „zwei 8
Seelen", wie es wörtlich heißt, „dípsychos". Ein Zweifler ist ganz unnatürlicherweise einmal im Vertrauen Gott zugewandt und ein andermal im Mißtrauen von Gott abgewandt, einmal offen für den Geist von oben und ein andermal offen für den Geist von unten. Im Vertrauen zu Gott wird der Mensch heil, im Mißtrauen ist er heillos (1 Mo 3). **„Er ist unbeständig in allen seinen Wegen"**: Nicht nur im Blick auf das Gebet, sondern im Blick auf alle Lebensbereiche ist der Zweifler hin und her gerissen, auch in der Frage, ob Gottes Wort zuverlässig ist, ob er seines Heiles gewiß sein kann, ob seine Arbeit nicht umsonst ist u. a. m.? Der Gott Vertrauende dagegen geht einen klaren, gewissen Gang, nicht in Selbstsicherheit, aber im fröhlichen und getrosten Glauben an Gott und seine Zusagen[7].

oft verwirrtes und unkonzentriertes Gestammel, das wir Gebet nennen. Er beachtet unsere „Eingaben" aufs sorgfältigste. Er „neigt sein Ohr zu uns" (Ps 116, 2), wie sich ein Vater liebevoll zu seinem kleinen Kind niederbeugt. Gewiß werden unsere Bitten oft anders und zu einer anderen Zeit erhört, aber besser und rechtzeitiger als wir das denken und übersehen können. Kein bußfertiges, vertrauensvolles und in der Hingabe an Gott geschehendes Gebet bleibt unerhört. Das gilt im besonderen auch dann, wenn wir um Weisheit bitten, um Erkenntnis der Wege Gottes mit den einzelnen und der Welt, mit seiner Gemeinde und mit Israel, und nicht zuletzt auch, wo wir bitten um eine klare Sicht dessen, was unsere nächsten Schritte sein müssen und auch die Schritte derer, die fragend ihren Blick auf uns richten.

[7] Außer dem Zweifel nennt die Schrift noch andere Hindernisse der Erhörlichkeit unserer Gebete: a) unvergebene Schuld aus der Vergangenheit. „Deine Sünde scheidet dich und deinen Gott voneinander" (Jes 59, 2). Aber: „Das Blut Jesu Christi, des Sohnes Gottes, macht uns rein von aller Sünde" (1 Jo 1, 7). b) Die unaufgegebene Liebe zur Sünde in der Gegenwart. „Wo ich Unrechtes vorhätte in meinem Herzen, so würde der Herr nicht hören" (Ps 66, 18; vgl. Jak 4, 3). c) Die verweigerte Lebenshingabe. „Bittet, so wird euch gegeben", sagt Jesus seinen Jüngern, das heißt den Menschen, die ihm folgen und ihm die volle Herrschaft über ihr Leben einräumen. Gott läßt sich dagegen nicht vom Menschen „einsetzen" wie ein Gepäckträger, den man geschwind herbeiwinkt, wenn man ihn gerade braucht, und der nachher wieder abtreten soll. Rechtes Beten schließt die immer wieder neue Hingabe unseres Lebens an Gott ein, auch die Bitte: „Erforsche mich, Gott, und erfahre mein Herz; prüfe mich und erfahre, wie ich's meine. Und siehe, ob ich auf bösem Wege bin, und leite mich auf ewigem Wege" (Ps 139, 23. 24).

Die oben erwähnten Schriftstellen:

Jak 4, 3: Ihr bittet und empfanget nicht, darum daß ihr übel bittet, nämlich darum, daß ihr's in euren Lüsten verzehren wollt.

III. Die Anfechtung aus den sozialen Unterschieden in der Gemeinde

Jakobus 1, 9–12

Zu Vers 9:
Mt 8, 20
2 Ko 8, 9
Jak 2, 5. 6
Mt 25, 21
Rö 8, 17
Zu Vers 10:
Jes 40, 6. 7
Ps 90, 6
Zu Vers 11:
Lk 12, 20. 21
Zu Vers 12:
Lk 19, 17
Rö 6, 23
2 Tim 4, 8
Offb 2, 10

9 **Der Bruder, der niedrig ist, rühme sich seiner Hoheit, der reiche**
10 **dagegen seiner Niedrigkeit, * da er wie die Blume des Grases ver-**
11 **gehen wird. * Denn die Sonne geht zusammen mit dem Glutwind**
auf und läßt das Gras verdorren, seine Blume fällt ab, und die
Schönheit seiner Gestalt geht zugrunde. So wird auch der Reiche
12 **in seinen Wegen hinschwinden. * Glückselig ist der Mann, der die**
Anfechtungen standhaft erträgt, denn nachdem er sich bewährt
hat, wird er den Kranz des Lebens empfangen, welchen er (Gott)
denen verheißen hat, die ihn lieben.

Von Vers 2 an kreisen die Worte des Jakobus um die Anfechtungen, in denen wir als Christen stehen. Nun kommt er auf d i e Anfechtung zu sprechen, die es bedeutet, wenn einer gering erscheint, Anfechtung sowohl im Sinn der Erprobung durch Gott als auch im Sinn der Versuchung durch den Feind und seine eigene natürliche Art. Und ebenso kommt Jakobus auf die Echtheitsprobe des Christseins und die Versuchung zu sprechen, in die einer gerät, wenn er reich ist.

1. Die Prüfung, die die Niedrigkeit bedeutet (V. 9).

9 **„Der Bruder"**: Es geht also um die Frage des Verhältnisses innerhalb der christlichen Gemeinde. In der umgebenden Welt von damals war der Gegensatz zwischen reich und arm groß und für viele eine Selbstverständlichkeit. Wie aber war das nun in der Gemeinde Jesu Christi, der durch Verkündigung, Glaube und Taufe gesammelten Schar, der Familie der Kinder Gottes, der nachgeborenen Geschwister des großen Bruders Jesus Christus, in dem „kommenden Geschlecht", der Vorhut des erwarteten Friedensreiches Jesu Christi? Wie wird es bewältigt, wenn sich innerhalb der Gemeinde Menschen verschiedener sozialer Rangstufen befinden? Werden die Niedrigen nun mit Minderwertigkeitsgefühlen oder mit Groll und Bitterkeit erfüllt? Bereiten sie eine soziale Revolution vor? Und die Reichen? Ist ihr bürgerlicher Vorzug nun auch Basis ihres Selbstbewußtseins und Wertgefühls und ihrer Stellung innerhalb der Gemeinde? Gilt das, was der Reichtum gibt, mehr als das, was der Herr im Evangelium gibt?

Wird grundsätzlich das Privateigentum aufgehoben? Davon ist hier nicht die Rede und offenkundig vom Evangelium her kein Zwang (auch Apg 4, 32 ist nicht so zu verstehen). Jakobus zeigt ganz einfach die neue Wertung des Menschen infolge des Evangeliums.

„Der Bruder, der niedrig ist": Die Niedrigkeit wird nicht einfach geleugnet. Sie bleibt zunächst bestehen; die Verhältnisse werden nicht revolutionär geändert. Die „Niedrigkeit" konnte und kann vieles einschließen: Zugehörigkeit zum Sklavenstand, minimale Bildung, etwa Analphabetentum, schwache Begabung, geringes Einkommen, kleiner Besitz, einfache Berufsstellung, Einflußlosigkeit. — **„Der rühme sich seiner Hoheit"**: Unser Herr Jesus Christus, der „arm geworden ist um unsretwillen" (2 Ko 8, 9), der „nicht hatte, da er sein Haupt hinlegte" (Mt 8, 20), ist gerade ihm besonders nah. Durch Jesu Armut wird er reich (2 Ko 8, 9). Durch ihn ist er Gottes Kind, „Miterbe", Mitteilhaber all dessen, was Jesus ist, hat, und so auch dessen, was Gott ist und hat (Rö 8, 17). Er hat einen hohen Adel; bei dem König aller Könige kann er täglich aus- und eingehen. Sein Herr gibt ihm teil an seiner Herrlichkeit in Ewigkeit (1 Ko 2, 7; Rö 8, 18; Kol 3, 4) und auch an seinem Werk und seiner Herrschaft (Mt 25, 21; Offb 3, 21). — **„Der rühme sich"**: Der denke mit Loben und Danken gern daran, der sei voll von diesen Gedanken, der rede zur Ehre seines Herrn viel davon. So wird ein Christ mit der eigenen Niedrigkeit fertig, mit der schicksalhaften und mit der, die er um Jesu willen erleidet. Er muß sich nicht um seine Ehre und Geltung verkämpfen und „verkrampfen"; er hat bereits eine Ehre ohnegleichen. So erdrückt ihn das Gefühl der Niedrigkeit nicht und es macht ihn auch nicht bitter; es vergiftet und zerstört ihn nicht. Der Christ kann in Freiheit den Menschen und Verhältnissen gegenübertreten; er ist damit eigentlich kein „Niedriger" mehr.

2. Die Prüfung, die die Hoheit bedeutet (V. 10. 11).
„Der reiche dagegen rühme sich seiner Niedrigkeit": Reich ist wohl 10
als Eigenschaftswort, nicht als Hauptwort gebraucht; es bezieht sich

Die oben erwähnten Schriftstellen:

2 Ko 8, 9: Ihr wisset die Gnade unsers Herrn Jesus Christus, daß, ob er wohl reich ist, ward er doch arm um euretwillen, auf daß ihr durch seine Armut reich würdet.

Rö 8, 17: Sind wir aber Kinder, so sind wir auch Erben, nämlich Gottes Erben und Miterben Christi, wenn anders wir mit leiden, auf daß wir auch mit zur Herrlichkeit erhoben werden.

1 Ko 2, 7: Wir reden von der heimlichen, verborgenen Weisheit Gottes, welche Gott verordnet hat vor der Zeit der Welt zu unsrer Herrlichkeit.

Rö 8, 18: Denn ich halte dafür, daß dieser Zeit Leiden der Herrlichkeit nicht wert sei, die an uns soll offenbart werden.

Kol 3, 4: Wenn aber Christus, unser Leben, sich offenbaren wird, dann werdet ihr auch offenbar werden mit ihm in Herrlichkeit.

Mt 25, 21: Da sprach sein Herr zu ihm: Ei, du frommer und getreuer Knecht, du bist über wenigem getreu gewesen, ich will dich über viel setzen; gehe ein zu deines Herrn Freude!

Offb 3, 21: Wer überwindet, dem will ich geben, mit mir auf meinem Throne zu sitzen.

auf das Wort „Bruder". Es ist an die Reichen in der G e m e i n d e zu denken. (Von den Reichen in der Umwelt redet Jakobus Kap. 2, 6. 7.)

Solche „Reiche" in der Gemeinde waren Wohlhabende, Leute in angesehener Stellung, Glieder von einflußreichen Familien, Begabte und bildungsmäßig Überlegene. Und nun redet Jakobus von der **„Niedrigkeit"** der Reichen und begründet sie mit der Vergänglichkeit des Reichtums, damit auch dieser Basis ihres Wertgefühls und Selbstbewußtseins: **„da er wie die Blume des Grases vergehen wird"**. Bereits Jes 40, 6. 7 wird von der menschlichen Macht und Größe im Bild des Grases gesprochen, das im Orient unter dem Glutwind aus der Wüste von einem Tag auf den andern dahinwelkt. Dieses Bild nimmt Jakobus auf, um die Vergänglichkeit dessen zu verdeutlichen,
11 was den Reichen zum Reichen macht: **„Die Sonne geht zusammen mit dem Glutwind auf und läßt das Gras verdorren, seine Blume fällt ab, und die Schönheit seiner Gestalt geht zugrunde. So wird auch der Reiche in seinen Wegen hinschwinden** (11): Der Besitz bleibt in der Todesstunde zurück (Lk 12, 20. 21). Oft zerrinnt er schon vorher in Wirtschaftskrisen, Fehlspekulationen, Kriegen mit ihren Folgen oder infolge von Veruntreuungen durch Menschen; der Reiche kommt aus den Sorgen nicht heraus. Gute Positionen können einem durch Alter, Krankheit, Veränderung der Verhältnisse, politische Umstürze rasch weggenommen werden. Schönheit kann schnell verblühen, Geistesschärfe durch Unfall oder Krankheit verlorengehen. Nichts ist uns sicherer als dies: **„So wird auch der Reiche in seinen Wegen hinschwinden."**

Dies sieht Jakobus nun als Anlaß, froh zu sein; der Reiche soll sich seiner Niedrigkeit **„rühmen"** (10), also gern dran denken und gern davon sprechen. Wie ist das zu verstehen und praktisch durchführbar? „Sie haben, als hätten sie nicht" (1 Ko 7, 29–31). Sie hängen an das alles ihr Herz nicht (Mt 6, 19–24). Mit dem, was sie besitzen, sind sie Haushalter Gottes. Es ist anvertrautes Gut (vgl. Mt 25, 14 ff); sie nehmen seine Verwaltung ernst und wollen damit treu sein. Sie freuen sich, wo sie's empfangen, und sie sind willig, es auch wieder

Die oben erwähnten Schriftstellen:

Jak 2, 6. 7: Ihr aber habt dem Armen Unehre getan. Sind es nicht die Reichen, die Gewalt an euch üben und ziehen euch vor Gericht? Verlästern sie nicht den guten Namen, der über euch genannt ist?

Jes 40, 6. 7: Alles Fleisch ist Gras, und alle seine Güte ist wie eine Blume auf dem Felde. Das Gras verdorrt, die Blume verwelkt; denn des Herrn Odem bläst darein. Ja, Gras ist das Volk!

Lk 12, 20. 21: Aber Gott sprach zu ihm: Du Narr! Diese Nacht wird man deine Seele von dir fordern; und wes wird's sein, das du bereitet hast? So geht es dem, der sich Schätze sammelt und ist nicht reich für Gott.

herzugeben (Hio 1, 21b). So sind sie dem ruhelosen, ängstlichen Sorgen, das die Reichen in dieser Welt oft so sehr umtreibt, entnommen. Sie kleben nicht an ihrem Besitz. Etwas anderes ist's, was sie im Leben und Sterben, in der Zeit und in der Ewigkeit froh und gewiß macht: „An mir und meinem Leben ist nichts auf dieser Erd'; was Christus mir gegeben, das ist der Liebe wert" (P. Gerhardt). Das stellt die sozial verschiedenrangigen Glieder der Gemeinde auf die gleiche Stufe und rückt sie nah zusammen. Die Armut erniedrigt nicht, und der Reichtum erhöht nicht. — Wenn das mit dem Reichtum nicht mehr so schrecklich wichtig erscheint, dann sind auch die Voraussetzungen für den sozialen Ausgleich gegeben; er erfolgt dann, ohne daß viel Aufhebens daraus gemacht wird. Neue Menschen ergeben neue Verhältnisse. Auf diese Weise wird der Reichtum auch nicht mehr so sehr zur Versuchung und Gefahr. Man weiß, er ist nichts im Vergleich zu der allen gleich geschenkten Gnade Gottes. Vor Gott sind wir alle Bettler und alle königlich Beschenkte[8].

In diesem Zusammenhang mag auch gesagt werden, daß auch die besonderen Gaben (grie „charísmata") und Dienste (Ämter) in der Gemeinde nicht die einen über die andern erhöhen. Das wäre überhaupt der Weise Jesu entgegen (Mt 18, 1—4; 20, 25—28). Die Geistesgaben sind weder ein Sockel für die Erhöhung ihres Trägers noch Auszeichnungen für besonderes Wohlverhalten, sondern lediglich Ausrüstung zu bestimmten Diensten (1 Ko 12, 7). Wir sollen uns nicht in das vergaffen, was wir durch Gottes Gabe vermögen, sondern uns des unverdienten Geschenkes freuen, das uns mit der Gotteskindschaft gegeben ist (Lk 10, 20). Auch hier gilt und hier erst recht: „An mir und meinem Leben ist nichts auf dieser Erd'; was Christus mir gegeben, das ist der Liebe wert." „Durch Gottes Gnade bin ich, was ich

[8] Ein schönes Beispiel vom Wandel im Verständnis und in der Ordnung der Sozialverhältnisse unter der Herrschaft des Evangeliums ist der Philemonbrief: Taktvoll und nicht ohne Humor legt Paulus eine Fürsprache ein für einen entlaufenen Sklaven des Philemon, der inzwischen durch Paulus zum Glauben kam und ihm einen guten Dienst tat. Der Brief gipfelt in dem Wort, daß er ihn nun nicht mehr als seinen Sklaven, sondern als seinen lieben B r u d e r zurückschicke (V. 16). Diese neue Gemeinschaft auf dem Grund der Gnade Gottes ist Anlaß zur Freude und läßt die sozialen Unterschiede zurücktreten.

Die oben erwähnten Schriftstellen:

Hio 1, 21b: Der Herr hat's gegeben, der Herr hat's genommen; der Name des Herrn sei gelobt!

1 Ko 12, 7: In einem jeglichen offenbaren sich die Gaben des Geistes zu gemeinem Nutzen.

Lk 10, 20: Doch darüber freuet euch nicht, daß euch die Geister untertan sind. Freuet euch aber, daß eure Namen im Himmel geschrieben sind.

bin" (1 Ko 15, 10). Schließlich sind uns Gabe (1 Ko 13, 8) und Aufgabe nur vorläufig zugeteilt; am großen Tag unsres Herrn ist mit einer Neuverteilung zu rechnen (Lk 19, 17).

3. Der Preis der Bewährten (V. 12).

In diesem Zusammenhang steht das bekannte Wort Jak 1, 12, in diesem Zusammenhang ist es auch zu verstehen.

12 **„Glückselig"**: Das Wort ist sozusagen eine Fortsetzung der Seligpreisungen Jesu (Mt 5, 3–11). Es sind nicht allgemeine Wahrheiten. Sie sind nicht „an sich" wahr, sondern nur bei und durch Jesus Christus wahr, durch den Vater unsres Herrn Jesus Christus. Gott in seiner Gnade schenkt unsrem bißchen Bewährung, das ja jeden Augenblick nur von seiner Treue lebt, den wundervollen Preis.

a) Wer ist „glückselig"? **„Der Mann, der die Anfechtungen standhaft erträgt"** oder „erduldet". Es ist ein Zeitwort, das aus dem grie „Geduld", „drunterbleiben", „hypomoné" kommt (vgl. zu Jak 1, 3). Es ist also wichtig, nicht aus den vielgestaltigen Bewährungsproben Gottes ausbrechen zu wollen, sondern ihm zulieb und zu Lob darin auszuhalten: Unter der Belastung, die es bedeutet, um des Glaubensgehorsams willen bedrängt zu sein – unter der Anfechtung durch notvolle Verhältnisse, schwierige Aufgaben, Not machende Menschen, scheinbar nicht erhörte Gebete – und (nach dem Zusammenhang unsres Wortes) unter der Anfechtung, in irgendeiner oder gar in mehrfacher Hinsicht menschlich auf der Schattenseite des Lebens zu stehen.

b) Inwiefern „glückselig"? Schon jetzt, weil das Wohlgefallen Gottes auf uns ruht, wenn wir, was uns verordnet ist, als Gottes Kinder unserem Vater zulieb tragen. Und vor allem schenkt Gott in seiner Gnade am Ziel den großen Siegespreis: **„Denn nachdem er sich bewährt hat, wird er den Kranz des Lebens empfangen."** Das grie Wort „stéphanos" bezeichnet den Siegeskranz beim Sportwettkampf. Wie werden wir staunen, wenn Gott unsern Christenlauf, bei dem es doch nach dem Wort ging: „Du hast mir Arbeit gemacht mit deinen Sünden und Mühe mit deinen Missetaten" (Jes 43, 24), so wunderbar beantwortet. „Dort wird's tönen bei dem Krönen: Gott ist's, der es schafft" (Ph. F. Hiller). – **„Das Leben"** ist inhaltliche Bestimmung dessen, was der Kranz bedeutet. Es kann deshalb übersetzt werden: „Er wird den Kranz, nämlich das Leben, empfangen." Das, was allein Leben heißt, unsern Herrn Jesus Christus, den großen Gott, seine

Die oben erwähnten Schriftstellen:

1 Ko 13, 8: Die Liebe höret nimmer auf, so doch die Weissagungen aufhören werden und das Zungenreden aufhören wird und die Erkenntnis aufhören wird.

Lk 19, 17: Und er sprach zu ihm: Ei, du frommer Knecht, weil du bist im Geringsten treu gewesen, sollst du Macht haben über zehn Städte.

Gemeinschaft in Ewigkeit. „Wir werden beim Herrn sein allezeit" (1 Th 4, 17). Wer ihn hat, hat alles. „Bei dir ist die Quelle des Lebens, und in deinem Licht sehen wir das Licht" (Ps 36, 10). „Der Herr ist mein Gut und mein Teil" (Ps 16, 5; vgl. auch 1 Jo 1, 2).

„Welchen Gott verheißen hat": Vgl. Jo 3, 16. 36; 10, 28; Rö 6, 23; Kol 3, 4; 1 Th 4, 17b. Gott hat Versprechungen gegeben. Er hat sein Wort verpfändet. Er wird es einlösen, auch dort, wo er in Verzug zu geraten scheint (Hab 2, 3; 2 Pt 3, 9). „Des Herrn Wort ist wahrhaftig; und was er zusagt, das hält er gewiß" (Ps 33, 4).

„Denen, die ihn lieben": An Jesus sehen wir, was es heißt, Gott zu lieben; dem Vater zulieb ist er jeden Weg gegangen, auch den rätselvollsten: Auf seinen Wink ist er Mensch geworden, „um zu suchen und zu retten, was verloren ist" (vgl. Phil 2, 6 ff; Lk 19, 10). Er hat es bejaht, daß nach dem Ratschluß des Vaters sich die Namhaften von ihm abwandten und nur die Namenlosen ihm folgten. „Ich preise dich, Vater, ... Ja, Vater; denn also ist es wohlgefällig gewesen vor dir" (Mt 11, 25. 26). Auch Schmerz und Tränen des unsagbar schweren und rätselvollen Weges ans Kreuz hat er seinem Vater als Opfer dargebracht (Hbr 5, 7). Gott lieben, dazu gehört auch bei uns nicht zuletzt eben dies, daß wir durch den Geist Jesu in seinem Sinn dem Vater zulieb rätselvolle Wege gehen und scheinbar sinnwidrige Geschicke tragen: „Ja, Vater, ja von Herzensgrund, leg auf, ich will dir's tragen" (P. Gerhardt).

Die oben erwähnten Schriftstellen:

1 Jo 1, 2: Das Leben ist erschienen, und wir haben gesehen und bezeugen und verkündigen euch das Leben, das ewig ist, welches war bei dem Vater und ist uns erschienen.

Jo 3, 16. 36: Also hat Gott die Welt geliebt, daß er seinen eingebornen Sohn gab, auf daß alle, die an ihn glauben, nicht verloren werden, sondern das ewige Leben haben. — Wer an den Sohn glaubt, der hat das ewige Leben.

Jo 10, 28: Ich gebe ihnen das ewige Leben, und sie werden nimmermehr umkommen, und niemand wird sie aus meiner Hand reißen.

Rö 6, 23: Der Sünde Sold ist Tod; Gottes Gabe aber ist ewiges Leben in Christus Jesus, unserm Herrn.

Kol 3, 4: Wenn aber Christus, unser Leben, sich offenbaren wird, dann werdet ihr auch offenbar werden mit ihm in Herrlichkeit.

1 Th 4, 17b: Wir werden bei dem Herrn sein allezeit.

Hab 2, 3: Die Weissagung wird ja noch erfüllt werden zu ihrer Zeit und wird endlich frei an den Tag kommen und nicht trügen. Wenn sie sich auch hinzieht, so harre ihrer; sie wird gewiß kommen und nicht ausbleiben.

2 Pt 3, 9: Der Herr verzögert nicht die Verheißung, wie es etliche für eine Verzögerung achten; sondern er hat Geduld mit euch und will nicht, daß jemand verloren werde, sondern daß sich jedermann zur Buße kehre.

Hbr 5, 7: Er (Christus) hat in den Tagen seines Fleisches Gebet und Flehen mit starkem Geschrei und Tränen geopfert dem, der ihm von dem Tode konnte aushelfen; und ist auch erhört, darum daß er Gott in Ehren hielt.

Zu Vers 13:
1 Mo 50, 20
5 Mo 8, 2
Ps 11, 5
Mt 4, 1 ff
Zu Vers 14:
Rö 7, 7. 8
Jes 3, 8
Zu Vers 15:
1 Mo 3, 6
Rö 7, 10
Eph 2, 5
Zu Vers 17:
Am 3, 6
Ps 36, 10
Jes 14, 12. 13
Mt 7, 11
Jo 3, 19
1 Jo 1, 5
Zu Vers 18:
Jo 1, 13
1 Pt 1, 23
Lk 8, 11
Offb 14, 15

IV. Gott und die Versuchungen

Jakobus 1, 13–18

13 Niemand, der versucht wird, soll sagen: „Ich werde von Gott ver-
sucht." Denn Gott ist zum Bösen unversuchbar und versucht auch
14 selber niemand. * Vielmehr wird jeder zum Bösen dadurch ver-
sucht, daß er von seiner eigenen Begierde gelockt und geködert
15 wird. * Danach, wenn die Begierde empfangen hat, gebiert sie die
Sünde; die Sünde aber gebiert, wenn sie zur Vollendung gekom-
16 men ist, den Tod. * Irret euch nicht, meine geliebten Brüder!
17 * Nur gute Gabe und nur vollkommenes Geschenk kommt von
oben herab, von dem Vater der Lichter, bei welchem keine Ver-
18 änderung ist noch eine Verfinsterung infolge der Wende. * Ent-
sprechend seinem Willen hat er uns durch das Wort der Wahrheit
hervorgebracht, damit wir sozusagen eine Erstlingsgabe seiner
Geschöpfe wären.

„Die Macht der Verhältnisse war zu stark." „Mit meiner Anlage konnte ich nicht fertigwerden." „Andere Menschen sind schuld." „Eigentlich ist Gott selber schuld. Warum ließ er mich in diese versuchliche Situation geraten? Warum hat er mir diese Anlage gegeben?" So will der Mensch die Schuld von sich ab- und letztlich Gott zuschieben, um sich dadurch selbst zu rechtfertigen. Dazu sagt Jakobus:

13 **„Niemand, der versucht wird, soll sagen: ‚Ich werde von Gott versucht.'"**

Mit V. 13 ff sind wir beim Schlußabschnitt der ersten Spruchreihe des Jakobusbriefes, Kap. 1, 2–18, noch einmal bei dem hier beherrschenden Wort „peirasmós", das im Grie sowohl für die deutschen Wörter „Prüfung", „Bewährungsprobe" als auch „Versuchung" steht (vgl. 2. 12). Gemeint sind die gefährlichen und entscheidungsvollen Augenblicke, in denen ein falscher Weg ins Gesichtsfeld tritt und nah und verlockend wird. In der Bibel sehen wir immer wieder Menschen in solcher Lage: Eva in der Nähe des verbotenen Baumes und mit dem durch den Versucher in ihr geweckten und verstärkten Gelüste, einmal davon zu nehmen (1 Mo 3, 1–6); Kain mit seinem scheinbaren Hintangesetztsein und seinem Groll (1 Mo 4, 3–8); Joseph in Ägypten mit der Möglichkeit, sich die Lage, in die ihn die Gemeinheit der Brüder gebracht hatte, doch noch ganz angenehm zu gestalten (1 Mo 39, 7–10); Absalom mit seiner Chance, jetzt schon König zu werden (2 Sam 15, 1–12).

1. Was hier Gott tut und was er nicht tut (V. 14).

a) Gott selber führt — das ist die eindeutige Auskunft der Bibel —

in Bewährungsproben. Joseph geriet durch Menschen in eine Bewährungsprobe, doch er wußte darin Gott am Werk; mit ihm hatte er es zu tun. Und Gott half, daß diese Prüfung ein gutes Ende nahm (1 Mo 50, 20). Dem Volk Israel sagte Gott am Ende seiner Wüstenwanderung: „Ich demütigte und erprobte dich, damit kund würde, was in deinem Herzen wäre" (5 Mo 8, 2). Dem alten Tobias in den Apokryphen wird, durchaus im Sinn der kanonischen Schriften, am Ziel eines langen, rätselvollen, aber gut endenden Weges gesagt: „Ohne Anfechtung solltest du nicht sein, auf daß du bewährt würdest" (Tob 12, 13). Und vor allem ist Jesus selbst, damit er als der „neue Adam" die Prüfung noch einmal ablegte, durch die einst der erste Adam gefallen war, „vom Geist in die Wüste geführt worden, auf daß er vom Teufel versucht würde" (Mt 4, 1)[9].

b) Was Gott dagegen nicht tut. Er **„versucht"** nicht. Er will nicht, daß wir in den Prüfungen durchfallen. Er versucht uns nicht zum Bösen; er sucht uns nicht ins Böse hinüberzuziehen. Sonst stünde er selber auf der Seite des Bösen.

Gott aber ist **„unversuchbar"**, unantastbar für das Böse. Er ist das

[9] Bereits bei Kap 1, 2. 12 wurde davon gesagt, warum die Prüfungen nötig sind. Gott will uns durch die Prüfungen weiterführen, so wie ja auch junge Leute durch Prüfungen weitergeführt werden. In Kraft des Sieges Jesu den Versuchungen zu widerstehen und so die Prüfungen zu bestehen („zu überwinden"): diesem Verhalten sind von Gott große Verheißungen zugesprochen (Offb 2, 7. 11. 26; 3, 5. 12. 21; 21, 7). Wir sind in diesem Kampf wie auf hell erleuchteter Bühne. Wir sehen die unsichtbare Welt nicht, aber sie sieht uns („Schauspiel den Engeln" — 1 Ko 4, 9).

Die oben erwähnten Schriftstellen:

1 Mo 50, 20: Ihr gedachtet es böse mit mir zu machen, aber Gott gedachte es gut zu machen, um zu tun, was jetzt am Tage ist, nämlich am Leben zu erhalten ein großes Volk.

Offb 2, 7. 11. 26: Wer überwindet, dem will ich zu essen geben von dem Baum des Lebens, der im Paradies Gottes ist. — Wer überwindet, dem soll kein Leid geschehen von dem zweiten Tode. — Wer da überwindet und hält meine Werke bis ans Ende, dem will ich Macht geben über die Heiden.

Offb 3, 5. 12. 21: Wer überwindet, der soll mit weißen Kleidern angetan werden, und ich werde seinen Namen nicht austilgen aus dem Buch des Lebens, und ich will seinen Namen bekennen vor meinem Vater und vor seinen Engeln. — Wer überwindet, den will ich machen zum Pfeiler in dem Tempel meines Gottes, und er soll nicht mehr hinausgehen, und ich will auf ihn schreiben den Namen meines Gottes und den Namen des neuen Jerusalem, der Stadt meines Gottes, die vom Himmel herniederkommt von meinem Gott, und meinen Namen, den neuen. — Wer überwindet, dem will ich geben, mit mir auf meinem Throne zu sitzen, wie ich überwunden habe und mich gesetzt mit meinem Vater auf seinen Thron.

Offb 21, 7: Wer überwindet, der wird es alles ererben, und ich werde sein Gott sein, und er wird mein Sohn sein.

reinste Licht. So kann Gott von seinem Wesen her auch niemand „hinters Licht" und ins Dunkel führen und hineinziehen[10].

2. Wie es in Wirklichkeit in unserem Leben zum Bösen kommt (V. 14—16).

14 Nicht durch Schuld oder Bestimmung Gottes, sondern **„jeder wird dadurch zum Bösen versucht, daß er von seiner eigenen Begierde gelockt und geködert wird"**.

a) Die erste Stufe des Wegs zum Bösen ist **„die eigene Begierde"**. Auffallend ist, daß Jakobus hier den Teufel nicht nennt. Nicht, daß er von ihm nicht wüßte (vgl. Jak. 4, 7. 8). Doch er sagt uns: „Schieb die Sache nicht zu schnell auf den Teufel; rede dich nicht auf ihn hinaus." — „Die eigene Begierde" ist das Spezifische, das dem einzelnen je nach seiner Anlage und in seiner Situation hier und jetzt verlockend ist: Bei Kain war es die Möglichkeit, es dem bevorzugten Abel einmal gehörig zu besorgen. Bei Achan eine reiche Beute. Bei Simson eine Frau aus den Philistern. Bei Absalom die Königskrone. Damit wird **„angelockt"** und **„geködert"**. Das heißt: Zunächst kommt man in die Nähe und kreist, mindestens in Gedanken, um die uns versuchende Sache wie der Fisch um den Köder. Solange der Fisch nur vom Köder angelockt wird und um ihn herumschwimmt, ist er noch nicht gefangen. Noch können auch wir bewahrt werden, noch können wir fliehen vor der Sünde (Sir 21, 2; Jak. 4, 7. 8), zu unserem Herrn hin fliehen, dem Sieger von Golgatha und Ostern, zu dem, der „recht frei" machen kann (Jo 8, 36). „Der Name des Herrn ist ein festes Schloß (eine Burg). Der Gerechte läuft d a h i n und wird beschirmt" (Spr 18, 10). („Ein feste Burg ist unser Gott.")

15 b) **„Danach, wenn die Begierde empfangen hat"**: Hier wird die zweite Stufe beschrieben. Gleich einem Krankheitsbazillus wird nun, wo man nicht bei dem Herrn im Gebet die Hilfe sucht, dem Gelüste in uns Raum gegeben. Es erfolgt die „Okkupation", die äußerlich noch nicht in Erscheinung tritt, und dann der nach außen in Erscheinung

[10] Die Göttermythen der alten Griechen und anderer Völker dagegen zeigen uns Götter, die auch dem Bösen offen sind. Sie sind nur ins Übermenschliche hineinprojizierte Menschen mit ihren Licht- und Schattenseiten. Nur für sie gilt der Satz Ludwig Feuerbachs, daß nicht Gott die Menschen, sondern der Mensch die Götter nach seinem Bild gemacht habe.

Die oben erwähnten Schriftstellen:

Jak 4, 7. 8: Widerstehet dem Teufel, so fliehet er von euch. Nahet euch zu Gott, so nahet er sich zu euch.

Sir 21, 2: Fliehe vor der Sünde wie vor einer Schlange; denn so du ihr zu nahe kommst, so sticht sie dich.

Jo 8, 36: Wenn euch nun der Sohn frei macht, so seid ihr recht frei.

tretende Ausbruch der „Krankheit": **„Dann gebiert sie die Sünde[11]."**

Aus Gelüste und Gedanken wird nun die Tat. Der Fisch schnappt zu (das Bild vom Köder – und vom Fisch – ist das andere, das Jakobus gebraucht). Er hat den Angelhaken verschluckt und schwimmt nun mit ihm im Leib dahin. Noch ist er im Wasser, aber am Angelhaken. Was wir lang genug als Gedanke und Begierde in uns geduldet haben, wird schließlich mit einer gewissen Zwangsläufigkeit zur Tat.

c) **„Die Sünde aber gebiert, wenn sie zur Vollendung gekommen ist, den Tod."** Der Krankheitsbazillus kann, ins Ungeheure vermehrt, endlich das Leben eines Menschen abwürgen. Oder, um es mit dem andern hier gebrauchten Bild vom „Köder" zu sagen: Nun folgt ein Ruck mit der Angelrute, und der Fisch fliegt hinaus aus dem Lebenselement ins Todeselement. Das trifft nicht erst dann zu, wenn einer durch den Tod in den „andern Tod", den Tod nach dem Tod, eingetreten ist, ins ewige, bewußte Weggestorbensein von Gott (Mk 9, 44; Offb 20, 14). Es gilt auch schon jetzt, wenn einer „tot ist in Sünden" (Eph 2, 5). Dabei kann man durchaus von andern noch für einen Christen gehalten werden: „Du hast den Namen, daß du lebst, und bist tot" (Offb 3, 1).

Nicht das „Zuschnappen des Fisches", die einzelne böse Tat, wäre an sich das Gefährlichste, sondern daß der Feind den Menschen damit an sich bindet und ihn so aus der Lebensgemeinschaft mit Gott, mit Jesus Christus, aus seinem Lebenselement herausführt. Am konkreten Ungehorsam beginnt der Abfall von Jesus.

Noch steht uns die Hilfe offen. „Wo die Sünde mächtig geworden ist, ist die Gnade noch viel mächtiger" (Rö 5, 20). Zu Jesus Christus, dem Arzt, der noch immer seine Praxis geöffnet hat, können wir eilen und andere zu ihm bringen. Er kann den „Köder" und den „Angelhaken", der bereits verschluckt ist, wieder herauslösen, das heißt Sünde vergeben und von Gebundenheit befreien (1 Jo 1, 7; Jo 8,

[11] Jakobus gebraucht das Bild von Empfängnis, Austragung und Geburt. Doch es handelt sich nicht um einen Lebens-, sondern einen Todeskeim. Deshalb hier das Bild von Bazillus, Okkupation und Krankheitsausbruch. Doch auch dieser Vergleich hinkt: Den Krankheitsbazillus nimmt einer unfreiwillig in sich auf. An der Lust jedoch ist der Wille des Menschen beteiligt.

Die oben erwähnten Schriftstellen:

Mk 9, 44: . . . wo ihr Wurm nicht stirbt und ihr Feuer nicht verlöscht.

Offb 20, 14: Und der Tod und sein Reich wurden geworfen in den feurigen Pfuhl. Das ist der zweite Tod: der feurige Pfuhl.

Eph. 2, 5: Auch uns, die wir tot waren in den Sünden, hat Gott samt Christus lebendig gemacht.

1 Jo 1, 7: Das Blut Jesu Christi, seines Sohnes, macht uns rein von aller Sünde.

34. 36). Ja, Jesus kann nicht allein Krankheit heilen, sondern auch vom Tod erwecken, dadurch, daß er seine Gemeinschaft (neu) gewährt (Offb 3, 1—4; Eph 2, 1—6; Kol 2, 13—15). Unser Herr spricht: „Wer zu mir kommt, den werde ich nicht hinausstoßen" (Jo 6, 37). —

16 Zusammenfassend ist zu sagen: Wir können also nicht die Schuld auf Gott abschieben und uns dadurch selber rechtfertigen: **„Irret euch nicht, meine geliebten Brüder"**, sagt Jakobus. Das heißt: Zieht nicht in einer Scheinlogik (bewußt oder unbewußt) falsche Schlüsse. Der Mensch, der sich gegen Gott behaupten will, setzt seine Verstandeskräfte vielfach für die Rechtfertigung dieser seiner falschen Haltung ein. Hier die Lage recht sehen, ist der erste Schritt dazu, daß uns geholfen werden kann.

3. Die Frage der Alleinwirksamkeit Gottes (V. 17).

„Niemand, der versucht wird, soll sagen: ‚Ich werde von Gott versucht'", hat Jakobus gesagt. Ist denn aber Gott nicht in allem wirksam, auch im Bösen, und hat deshalb nicht unser Entscheid zwischen Gut und Böse nur relative Bedeutung? Der Jakobusbrief (und die ganze
17 Bibel) spricht hier ein entschiedenes Nein: **„Nur gute Gabe und nur vollkommenes Geschenk kommt von oben herab, von dem Vater der Lichter."** Gottes Wort sagt uns klar, was von Gott kommt und was nicht von ihm kommt.

a) Was von Gott kommt. Gott spricht: „Ich bin der Herr und keiner mehr; der ich das Licht mache und schaffe die Finsternis; der ich Frieden gebe und schaffe das Übel. Ich bin der Herr, der solches alles tut" (Jes 45, 6. 7). „Ist auch ein Unglück in der Stadt, das der Herr nicht tue?" (Am 3, 6). Diesen Prophetenworten entspricht das Wort in Sir 11, 14: „Es kommt alles von Gott: Glück und Unglück, Armut und Reichtum, Leben und Tod." Das alles ist **„gute Gabe und vollkommenes Geschenk"**, gesandt von Gottes Weisheit, Liebe und Heiligkeit. Wir können zwar Gottes Handeln nicht nachrechnen (Rö 11, 33), aber wir sehen doch: Bei Hiob war Unfall und Krankheit Erprobung (Hio 1; 2). Israel ist von Gott durch Nebukadnezar in der Zeit der Zerstörung Jerusalems und der Babylonischen Gefangenschaft schwer gezüchtigt worden; es wäre sonst wohl in der umgebenden Völkerwelt auf- und untergegangen. Nun aber hat Gott Israel so in

Die oben erwähnten Schriftstellen:

Jo 8, 34. 36: Jesus antwortete ihnen: Wahrlich, wahrlich, ich sage euch: Wer Sünde tut, der ist der Sünde Knecht. — Wenn euch nun der Sohn frei macht, so seid ihr recht frei.

Rö 11, 33: O welch eine Tiefe des Reichtums, beides, der Weisheit und der Erkenntnis Gottes! Wie gar unbegreiflich sind seine Gerichte und unerforschlich seine Wege!

seine Erziehung genommen, daß er seine Heilsgeschichte mit ihm fortsetzen konnte (vgl. Jes 40 ff; Da 9). Gott kann auch uns Schweres und Notvolles verordnen mit dem Ziel, uns vom Bösen zu lösen, vor dem Bösen zu bewahren und das Gute zu bewähren. Seine Gaben sind nicht immer lieblich und angenehm, aber sie sind immer **„gute Gabe und vollkommenes Geschenk".** Paulus sagt: „Wir wissen, daß denen, die Gott lieben, alle Dinge zum Besten dienen" (Rö 8, 28). Damit wir den rechten Weg finden und auf ihm bleiben, sendet uns Gott Glück und Wohlergehen, aber zu unserer Erziehung und Bewährung auch Leid und Beschwer[12].

b) Alles kommt von Gott, nur eines nicht: die Sünde, das böse, unreine und gottwidrige Wesen[13].

„Von oben herab" kommt nur Gutes und alles Gute. Man sagt dazu gern: „Das ist einmal wieder das antike Weltbild mit seiner ‚Dreistockwerks'-Vorstellung." Doch Gott ist nicht „oben" im Sinn des höheren Ortes; er ist „oben" und „unten": „Ich bin in der Höhe und bei denen, die gedemütigten Geistes sind" (Jes 57, 15). „In ihm leben, weben und sind wir" (Apg 17, 28). Gott ist „oben" im Sinn der hohen Geltung, der maßgebenden Stellung.

c) Gott ist das reinste, unveränderliche Licht. Er ist der **„Vater der Lichter".**

aa) Luther übersetzt: „Vater des Lichts." Gott ist Licht. Er „ist die Quelle des Lebens, und in seinem Licht sehen wir das Licht" (Ps 36, 10). Gott ist die Quelle allen Lichtes, das „unerschöpfte Licht". Wie

[12] Es kann auch übersetzt werden: „**Jede** gute Gabe kommt von Gott." Es gibt vor Gott nicht nur keine Legitimation der Sünde, es gibt auch keine Legitimation von uns Sündern, das heißt keine Selbstrechtfertigung. Jakobus hat vorher (14) gesagt, daß das Böse, das bei uns vorhanden ist, aus uns selber kommt. Er sagt nun nicht etwa auch das Umgekehrte, daß, wo Gutes bei uns vorhanden ist, es auch aus uns selber komme, sondern: „Jede gute Gabe kommt von Gott"; wir haben sie nicht von uns aus. „Er ist es, der in uns wirkt beides, das Wollen und das Vollbringen nach seinem Wohlgefallen", schreibt Paulus (Phil 2, 13). Derselbe Apostel bekennt: „In mir selbst, das ist in meinem Fleisch (in mir fleisch-bestimmtem Menschen) wohnt nichts Gutes" (Rö 7, 18). „Fleisch" ist der Mensch seit 1 Mo 3, der Mensch im Reich der Sünde. Wo Gutes in uns werden und durch uns geschehen soll, sind wir völlig auf Gott und seine Wirksamkeit angewiesen.

[13] Gott will sich versöhnen mit dem Sünder, aber er ist unversöhnlich im Blick auf die Sünde. Wenn der Mensch sich von seiner Sünde durch Buße und Glauben lösen läßt, dann ist er in Ewigkeit bei Gott drinnen, und seine Sünde ist draußen. Will er aber seine Sünde behalten, dann ist er samt seiner Sünde draußen, denn die Sünde wird auf keinen Fall bei Gott drinnen sein.

die Natur und alles Lebendige auf die Sonne angewiesen ist, so sind wir als Menschen an die Sonne aller Sonnen gewiesen. Das ist unsre besondere Würde als Menschen. Aber wir standen uns selber im Licht: „Deine Sünde scheidet dich und deinen Gott voneinander" (Jes 59, 2). Es ist zur „Gott-Finsternis" gekommen (Martin Buber). Doch in seiner Barmherzigkeit hat Gott den, der sein Licht in die Welt brachte und bringt, zu uns gesandt. „Das Licht scheint in der Finsternis" (Joh 1, 5). Jesus ist „das Licht der Welt" (Jo 8, 12). In seiner Nachfolge findet man den Weg durch diese Welt. „Wer mir nachfolgt, der wird nicht wandeln in der Finsternis." Das ist der Inhalt des Evangeliums: „Das wahre Licht scheint jetzt" (1 Jo 2, 8). Und das ist unser Christenstand, daß wir „berufen sind von der Finsternis zu seinem wunderbaren Licht" (1 Pt 2, 9). Das Ziel der Wege Gottes ist, daß, nachdem die Finsternis das Erdreich bedeckt hat und Dunkel die Völker (Jes 60, 2), „die Völker in seinem Lichte wandeln" (Jes 60, 3; Offb 21, 24). Wir sind dann nicht mehr auf das geschaffene Licht angewiesen, weil wir ihn selber enthüllterweise haben (Offb 21, 23). – Wenn aber Gott die Quelle des reinsten Lichtes, der reinsten Heiligkeit ist, dann kann von ihm die Sünde, das Böse nicht kommen. Was sich in einer Quelle nicht befindet, das kann sie nicht geben.

bb) **„Der Vater der Lichter."** Viele verstehen die Stelle so, als seien hier die Gestirne personifiziert und Gott als ihr Vater gedacht. Doch die Bibel redet immer wieder von Engelmächten unter dem Bild der Sterne, so wohl Ri 5, 20; Ps 148, 3; Jes 14, 12. 13; Da 12, 3;

Die oben erwähnten Schriftstellen:

Offb 21, 24: Und die Völker werden wandeln in ihrem Licht; und die Könige auf Erden werden ihre Herrlichkeit in sie bringen.

Offb 21, 23: Und die Stadt bedarf keiner Sonne noch des Mondes, daß sie ihr scheinen; denn die Herrlichkeit Gottes erleuchtet sie, und ihre Leuchte ist das Lamm.

Ri 5, 20: Vom Himmel her kämpften die Sterne, von ihren Bahnen stritten sie wider Sisera.

Ps 148, 3: Lobet ihn, Sonne und Mond, lobet ihn, alle leuchtenden Sterne!

Jes 14, 12. 13: Wie bist du vom Himmel gefallen, du schöner Morgenstern! Wie wurdest du zu Boden geschlagen, der du alle Völker niederschlugst! Du aber gedachtest in deinem Herzen: Ich will in den Himmel steigen und meinen Thron über die Sterne Gottes erhöhen, ich will mich setzen auf den Berg der Versammlung im fernsten Norden.

Da 12, 3: Und die da lehren, werden leuchten wie des Himmels Glanz, und die viele zur Gerechtigkeit weisen, wie die Sterne immer und ewiglich.

Offb 8, 10: Und der dritte Engel posaunte: und es fiel ein großer Stern vom Himmel.

Offb 9, 1: Und der fünfte Engel posaunte: und ich sah einen Stern, gefallen vom Himmel.

Offb 12, 4: Sein (des Drachen) Schwanz fegte den dritten Teil der Sterne des Himmels hinweg und warf sie auf die Erde.

Offb 8, 10; 9, 1; 12, 4[14]. Und auch die Engelmächte heißen ausnahmsweise „Gottes Kinder" (Hio 1, 6; 2, 1).

Gott ist nur Licht, nur Reinheit, nur Heiligkeit. Er ist nicht der Erde vergleichbar mit ihrem Wechsel von Tag und Nacht, wo auf die Helle das Dunkel folgt. In Gott ist nicht beides: **„Bei ihm ist keine Veränderung noch eine Verfinsterung infolge der Wende"** (die Alten meinten, es handle sich bei dem Wechsel von Tag und Nacht um eine Wende der Sonnenbahn; wir Heutigen wissen dagegen, daß die Erde sich „wendet", das heißt, daß ihre ständige Drehung jenen Wechsel herbeiführt[15].

4. Die kostbarste der Gaben Gottes (V. 18).

Wir sind „geliebte Brüder" (16), weil wir Gottes geliebte Kinder sind, „Kinder des Lichts" (Eph 5, 9).

a) Wie sind wir das geworden? Nicht etwa durch unseren lobenswerten Entschluß. Jakobus sagt: **„Er hat uns entsprechend seinem** 18
Willen hervorgebracht." Gewiß, unser Herr ruft uns und erwartet

[14] In der kirchlichen Tradition heißt der Satan „Luzifer" (ein Engelfürst), der Lichtträger, der „Morgenstern", der im Widerschein der Sonne des heiligen Gottes leuchtet. Nun hat sich der Feind in wahnsinnigem Stolz und durch einen abgrundtiefen Sturz von der Sonne gelöst (vgl. Jes 14, 3—23. In diesem Bibelabschnitt wird hinter dem Bild des Königs von Babel der übermenschliche Riesenschatten des Urbildes allen Stolzes und Sturzes sichtbar, das Urbild auch des menschlichen Sündenfalls in 1 Mo 3). So ist der Feind nun Finsternis und der „Fürst der Finsternis" (Finsternis nicht im Sinne der natürlichen Dunkelheit, sondern der tiefsten Trübung, der Verkehrung der Heiligkeit in den Frevel, des Gottesdienstes in Rebellion und Gottwidrigkeit. Das bedeutet einen unausdenklich tiefen Absturz, sowohl was die Stellung als auch was das Wesen betrifft — vgl. auch Jo 8, 44; Jud 6). Menschen, die sich dem Einfluß des Feindes öffnen, werden zu „Kindern der Finsternis" (vgl. Jo 3, 19; Eph 5, 8; 6, 12; Kol 1, 13; 1 Th 5, 4).

Die oben erwähnten Schriftstellen:

Jo 8, 44: Ihr habt den Teufel zum Vater, und nach eures Vaters Gelüste wollt ihr tun. Der ist ein Mörder von Anfang und steht nicht in der Wahrheit; denn die Wahrheit ist nicht in ihm. Wenn er die Lüge redet, so redet er von seinem Eignen; denn er ist ein Lügner und der Vater der Lüge.

Jud 6: Auch die Engel, die ihren himmlischen Stand nicht bewahrten, sondern ihre Behausung verließen, hat er (der Herr) behalten zum Gericht des großen Tages mit ewigen Banden in der Finsternis.

Jo 3, 19: Das ist aber das Gericht, daß das Licht in die Welt gekommen ist, und die Menschen liebten die Finsternis mehr als das Licht, denn ihre Werke waren böse.

Eph 5, 8: Denn ihr waret vormals Finsternis; nun aber seid ihr Licht in dem Herrn.

Eph 6, 12: Denn wir haben nicht mit Fleisch und Blut zu kämpfen, sondern mit Mächtigen und Gewaltigen, nämlich mit den Herren der Welt, die in dieser Finsternis herrschen, mit den bösen Geistern unter dem Himmel.

Kol 1, 13: Der Vater hat uns errettet von der Macht der Finsternis und hat uns versetzt in das Reich seines lieben Sohnes.

1 Th 5, 4: Ihr aber, liebe Brüder, seid nicht in der Finsternis, daß der Tag wie ein Dieb über euch komme.

Eph 5, 9: Wandelt wie die Kinder des Lichtes.

darauf von uns den Entschluß, ihm zu folgen. Doch wenn wir uns in der Rückschau Rechenschaft geben, dann bleibt uns selber keine Ehre: alles hat er getan in seinem Willen, unser Leben neu zu schaffen (vgl. Jo 15, 16; Rö 8, 28—30).

b) Wodurch geschah es? Was ist sein Mittel? **„Durch das Wort der Wahrheit."** Das ist die Gabe aller Gaben. Es ist das Wort, das unsere Lage erhellt, das die Wahrheit über uns ist. Es ist das Wort, das „ein Neues pflügt", das das Saatkorn für die Furchen ist und das die Pflanzung betaut, nährt und reinigt. Es bringt das wahre Leben, das Leben aus Gott. Es führt uns zum wahren Menschsein, so wie Gott uns gedacht hat (Mt 13, 3 ff; Lk 8, 11). Es ist das Wort, das hier verkündigt wird, das Wort, das letztlich Jesus Christus heißt (Jo 1, 1 ff; Offb 19, 13). Sein Wort ist Geist und Leben (Jo 6, 63). Es bringt nicht allein ein Wissen, es hat Kraft und ist Tat. So wie Gottes Schöpfungs-

[15] Man hört heute oft vorwurfsvoll fragen: Wenn Gott doch die Sünde so ganz und gar zuwider ist, warum hat er uns denn so geschaffen, daß wir auch sündigen können? Er hätte uns doch auch so anlegen können, daß der Gehorsam gegenüber Gott für uns die einzige Möglichkeit wäre. — Daß er es anders tat, hängt mit dem hohen Adel zusammen, zu dem uns Gott geschaffen hat. Er hat uns als sein „Du" in die Gemeinschaft seiner Liebe berufen. Und Liebe im Vollsinn ist eben nur da möglich, wo nicht nur ja, sondern auch nein gesagt werden kann. (Das Böse ist nichts anderes als das Nein zu Gott, seinem Willen und seiner Gemeinschaft. Das Gute ist das Ja zu Gott, seinem Willen und seiner Gemeinschaft.) — Daß Liebe im Vollsinn nur möglich ist, wo die Freiheit gegeben ist, ja oder nein zu sagen, hat schon eine antike Rechtsordnung klar erkannt. Dort gab es zweierlei Ehe, eine Vollehe, in der die Frau in relativer Gleichberechtigung neben den Mann gestellt war, und eine Halbehe, in der die Frau ein Mittelding zwischen Magd und Gattin war (in der Regel handelte es sich hier um Nebenfrauen). Und nun traf die Rechtsordnung für den Fall, daß einer seine Sklavin ehelichen wollte, die Bestimmung: Wollte er sie in die Halbehe überführen, so konnte er das ohne weiteres tun; wollte er sie dagegen zu seiner Gattin im Vollsinn machen, so mußte er sie zunächst als Sklavin bedingungslos entlassen und dann um ihre Hand werben; sie mußte ja, aber auch nein sagen können. — Der Mensch gleicht dieser „entlassenen Sklavin". Das ist das Geheimnis, die Würde und die Bürde des Menschen. Das Liebesangebot Gottes macht den Menschen erst im Vollsinn zum Menschen. — Es ist kein Wunder, daß der, der dieses Angebot, ja Gott selber wegstreichen will, den Menschen im Grund nur noch als ein Stück der Natur zu sehen vermag.

Die oben erwähnten Schriftstellen:

Jo 15, 16: Ihr habt mich nicht erwählt, sondern ich habe euch erwählt und gesetzt, daß ihr hingehet und Frucht bringet.

Rö 8, 28—30: Wir wissen aber, daß denen, die Gott lieben, alle Dinge zum Besten dienen, denen, die nach dem Vorsatz berufen sind. Denn welche er zuvor ersehen hat, die hat er auch verordnet . . . Welche er aber verordnet hat, die hat er auch berufen; welche er aber berufen hat, die hat er auch gerecht gemacht; welche er aber hat gerecht gemacht, die hat er auch herrlich gemacht.

Lk 8, 11: Der Same ist das Wort Gottes.

Offb 19, 13: Sein Name heißt: Das Wort Gottes.

Jo 6, 63: Die Worte, die ich zu euch geredet habe, die sind Geist und sind Leben.

wort Tat war, so ist auch das Wort unserer Neuschöpfung, das Wort des Evangeliums Tat. Auch hier gilt: „So er spricht, so geschieht's; so er gebeut, so steht's da" (Ps 33, 9). In dem allem erweist sich Gott als der einzig Treue im großen Abfall der Menschenwelt, als der einzig Wahre, auch in der Erfüllung seiner Verheißung, wo alles der Lüge verfiel (vgl. Offb 19, 11)[16].

c) Was ist Wirkung und Ziel dieses Wortes? **„Daß wir sozusagen eine Erstlingsgabe seiner Geschöpfe wären."** Wir haben vorhin gesehen: Es ist das Ziel Gottes, die durch die große Rebellion verfinsterte Welt wieder zu durchlichten. „Die Völker sollen in seinem Lichte wandeln und die Könige im Glanz Gottes" (Jes 60, 3), „bis daß Gott wird sein alles in allen" (1 Ko 15, 28). Jesus ist der Glanz der Herrlichkeit Gottes (Hbr 1, 3), „Licht, das in die Welt gekommen". In ihm hat uns das Licht aus Gott wieder erreicht. Er ist das Licht der Welt (Jo 8, 12). In seinem Widerschein sind auch wir „Licht der Welt" (Mt 5, 14). Mehr noch: Das Licht ist durch seinen Geist in uns und wird aus uns transparent. „Gott, der da hieß das Licht aus der Finsternis hervorleuchten, der hat einen hellen Schein in unsere Herzen gegeben, daß durch uns entstünde die Erleuchtung von der Erkenntnis der Klarheit Gottes in dem Angesichte Jesu Christi" (2 Ko 4, 6). Die Welt spottet, daß wir Christen allenfalls das „Schlußlicht" der Welt seien; doch wenn wir in Einfalt unsrem Herrn zugewandt und dem Einfluß seines Wortes und Geistes offen bleiben, dann sorgt er dafür, daß wir dennoch „Licht der Welt" sind und bleiben.

Bei dem Bild von der **„Erstlingsgabe"** ist an die von der Ernte Gott dargebrachten Erstlingsfrüchte zu denken. Die Menschenwelt, der Acker Gottes (Mt 13, 38), hat Gott Dornen und Disteln getragen. Deshalb läßt Gott auch den Acker des Menschen Dornen und Disteln tragen (1 Mo 3, 17—19). Doch nun ist das einzigartige, gute, von Gott in diese Welt „importierte" Weizenkorn, der ewige Sohn Gottes, in die Erde gefallen (Jo 12, 24). So darf jetzt die Gemeinde Jesu Anfang

[16] Der alte Streit, was zuerst gewesen sei, das Wort oder die Tat, ist im Blick auf Gottes Wort müßig. Gottes Wort ist Tat. Die Welt um uns her spottet: „Ach, ihr habt doch nur Worte, nichts als Worte!" Aber das Wort der Schrift, gehorsam verkündigt, hat es in sich: Gott selber redet dadurch. Wo der Mensch darauf demütig, bereitwillig und betend hört, schafft es Großes.

Die oben erwähnten Schriftstellen:

Offb 19, 11: Und ich sah den Himmel aufgetan; und siehe, ein weißes Pferd, und der darauf saß, hieß: Treu und wahrhaftig, und richtet und streitet mit Gerechtigkeit.

Mt 13, 38: Der Acker ist die Welt. Der gute Same sind die Kinder des Reichs. Das Unkraut sind die Kinder der Bosheit.

Jo 12, 24: Wahrlich, wahrlich, ich sage euch: Wenn das Weizenkorn nicht in die Erde fällt und erstirbt, so bleibt's allein; wenn es aber erstirbt, so bringt es viel Frucht.

der wunderbaren Ernte Gottes sein (Mt 13, 30. 37—43; Offb 14, 15). Diese Ernte weist über sich selber hinaus. Sie ist nur ein Anfang, „Erstlingsfrucht". Die Gemeinde Jesu ist ein Hoffnungszeichen für die ganze Schöpfung (Rö 8, 19 ff)[17].

Weil Gottes Wort dies alles wirkt, ist es die Gabe aller guten Gaben Gottes.

2. Spruchreihe: ÜBER DAS RECHTE HÖREN

Jakobus 1, 19—27

Zu Vers 19: Spr 17, 27; 29, 20; Pred 5, 1; Jes 65, 24; 1 Pt 2, 2; Jo 6, 63
Zu Vers 20: Spr 29, 22; Eph 4, 26
Zu Vers 21: Kol 3, 8; 1 Pt 2, 1; Hbr 13, 22; Gal 6, 1; Apg 2, 40. 41
Zu Vers 22: Mt 7, 26; Rö 2, 13; Offb 3, 1
Zu Vers 25: Jo 8, 34. 36; Rö 8, 2; Jo 13, 17; Jak 2, 12
Zu Vers 26: Ps 34, 14; 1 Pt 3, 10
Zu Vers 27: 5 Mo 14, 29; Jes 1, 17; Mt 25, 34—36. 45; Rö 12, 2

19 **Wisset, meine geliebten Brüder, jeder Mensch sei schnell zum**
20 **Hören, langsam aber zum Reden und langsam zum Zorn. * Denn**
21 **der Zorn eines Mannes wirkt nicht Gerechtigkeit vor Gott. * Dar-**
um legt allen Schmutz und das Schlechte jeder Art ab und nehmet
mit Sanftmut das in euch eingepflanzte Wort auf, das die Kraft hat,
22 **eure Seelen zu retten. * Seid aber Täter des Worts und nicht Hörer**
23 **allein, sonst betrügt ihr euch selbst. * Denn wenn jemand (nur)**
ein Hörer des Worts ist und nicht (auch) ein Täter desselben, der
gleicht einem Mann, der sein leibliches Angesicht im Spiegel be-
24 **trachtet. * Nachdem er sich nämlich beschaut hat und weggegangen**
25 **ist, vergißt er alsbald, wie er aussah. * Wer aber in das vollkom-**
mene Gesetz der Freiheit hineingeschaut hat und dabei verbleibt,
nicht als ein vergeßlicher Hörer, sondern als ein Täter des Werks,
26 **der wird in seinem Tun selig sein. * Wenn jemand meint, er diene**
Gott, dabei aber seine Zunge nicht im Zaum hält, vielmehr sein
27 **Herz betrügt, dessen Gottesdienst ist nichtig. * Ein reiner und**
unbefleckter Gottesdienst vor Gott dem Vater besteht darin, Wai-
sen und Witwen in ihrer Trübsal zu besuchen und sich selbst vor
der Welt unbefleckt zu erhalten.

Die erste Spruchreihe gipfelt in V. 18, wo vom „Wort der Wahrheit" die Rede ist. Diesem Wort entspricht auf der Seite des Menschen das Hören. Damit ist der Zugang zu der neuen Spruchreihe eröffnet, in der es um das rechte Hören geht.

[17] Damit ist nicht gesagt, daß auch die noch gerettet werden, die sich gegen Jesus entschieden haben.

Die oben erwähnten Schriftstellen:

Offb 14, 15: Und ein andrer Engel kam aus dem Tempel und rief mit großer Stimme zu dem, der auf der Wolke saß: Schlag an mit deiner Sichel und ernte; denn die Zeit zu ernten ist gekommen, denn die Ernte der Erde ist reif geworden!

„Wisset, meine geliebten Brüder": Zu Beginn der neuen Spruchreihe macht Jakobus noch einmal deutlich, daß er keine Moralsätze für die Allgemeinheit vorträgt, sondern mit Christen redet von dem neuen, durch Jesus Christus ermöglichten Leben; von dem Leben derer, die durch ihn Gottes Kinder geworden sind (Jo 1, 12; Rö 8, 14. 15). 19

Jakobus spricht zunächst vom Hören und Reden der Christen (19—21), dann von ihrem Hören und Tun (22—27).

I. Das Hören und Reden des Christen

Jakobus 1, 19—21

1. **„Jeder Mensch sei schnell zum Hören"**: Eine unausdenklich große Gabe, daß wir das Vermögen haben zu hören! Ohne diese Gabe wären wir einsam und kämen nur in geringem Maß zu einer Gemeinschaft mit unseren Mitmenschen. Was leiden doch unsere Schwerhörigen, und wie schwer haben es erst taub Geborene oder später voll Ertaubte! Doch jede Gabe schließt in sich die Aufgabe, sie richtig zu nützen. Schon allgemein menschlich ist es wichtig, das rechte Hören zu lernen. Es ist für Menschen in leitender Stellung nötig, damit sie die ihnen Zugeordneten recht beurteilen, ihnen gerecht werden und sie an den richtigen Platz stellen. Es ist für die, die nur ein „Rädchen" in einem großen Betrieb sind, nötig (wer ist das heute nicht?): Wollen sie ihre Aufgabe klar erfassen und ihren Platz recht ausfüllen, so müssen sie es gelernt haben, zu hören. Und will einer einem anderen Menschen in seiner Not eine echte Hilfe sein, so muß er hören können, beachten, was gesagt und was nicht gesagt wird. Wichtig ist es, **„schnell"** zu sein im Hören, „ganz Ohr" zu sein, sich rasch und unter Zurückstellung anderer Dinge, die einen eben besetzt halten, ganz auf den andern einzustellen. Von uns Menschen heißt es jedoch so oft: „Ein jeder sah auf seinen Weg" (Jes 53, 6). Und entsprechend: Ein jeder war ganz mit sich selbst beschäftigt und hörte gar nicht hin, wenn der andere fragte, bat und klagte. Jesus dagegen hat Gottes Wesen und 19

Die oben erwähnten Schriftstellen:

Jo 1, 12: Wie viele ihn aber aufnahmen, denen gab er Macht, Gottes Kinder zu werden.
Rö 8, 14. 15: Denn welche der Geist Gottes treibt, die sind Gottes Kinder. Denn ihr habt nicht einen knechtischen Geist empfangen, daß ihr euch abermals fürchten müßtet; sondern ihr habt einen kindlichen Geist empfangen, durch welchen wir rufen: Abba, lieber Vater!

Weise gelebt: „Ehe sie rufen, will ich antworten; wenn sie noch reden, will ich hören" (Jes 65, 24; vgl. Jo 5, 6; Lk 19, 5).

Wenn es schon unter Menschen wichtig ist, recht zu hören, so ist es doppelt nötig, „schnell zum Hören" zu sein, wo und wann Gottes Wort, „das Wort der Wahrheit" (18), ergeht. Unter dem Hören seines Wortes legt Gott das neue Leben in uns. So nährt er es, so schafft er ihm Raum und beseitigt das „Unkraut", das diese „Pflanzung" Gottes in uns behindern und ersticken will (Lk 8, 11; Mt 13, 7. 22; 1 Ko 3, 9). So fördert er das neue Leben in uns und läßt es ausreifen. Hier gilt es vor allem, „schnell" zu sein „zum Hören". (Wonach greifen wir am Morgen zuerst, nach der Bibel oder nach der Zeitung?) Gottes Kindern ist Gottes Wort das Lebenselement (Lk 2, 49)[18].

„Schnell zum Hören" bedeutet für Christen aber auch, daß sie auf Menschen hören: ob es sich um den Dienst der Liebe oder den des Zeugnisses handelt. Wir müssen wissen, wo es beim andern fehlt und wo seine Fragen sind, und dazu aufmerksam auf ihn hören. Petrus sagt: „Seid allezeit bereit zur Verantwortung jedermann, der Grund

[18] Wie wenig ist bei uns unter Umständen dazu nötig, uns von Gottes Wort, auch am Sonntagmorgen, abhalten zu lassen. Einmal ist das Wetter zu schlecht, ein anderes Mal zu schön, einmal zu warm und dann wieder zu kalt. Wer würde schon aus solchen Gründen am Wochentag der Arbeit fernbleiben? Gottes Wort ist die Speise für das neue Leben in uns (1 Pt 2, 2; 1 Ko 3, 2; Jo 6, 48. 63). Zugleich ist es auch die Ausrüstung für unseren Zeugendienst. Geistliche Appetitlosigkeit ist ein Zeichen dafür, daß das neue Leben entweder noch nicht vorhanden oder krank und geschwächt ist, auch daß keine Liebe zu Gott, unserem Vater, und unserem Herrn Jesus Christus vorhanden ist. Und sie ist ein Zeichen dafür, daß man vielleicht zwar seinen irdischen Beruf ernst, den Beruf des Zeugen Jesu dagegen leicht nimmt.

Die oben erwähnten Schriftstellen:

Jo 5, 6: Da Jesus den sah liegen und vernahm, daß er schon lange gelegen hatte, spricht er zu ihm: Willst du gesund werden?

Lk 19, 5: Und als Jesus kam an die Stätte, sah er auf und sprach zu ihm: Zachäus, steig eilend hernieder; denn ich muß heute in deinem Hause einkehren.

Lk 8, 11: Der Same ist das Wort Gottes.

Mt 13, 7. 22: Etliches fiel unter die Dornen; und die Dornen wuchsen auf und ersticken's.
Bei dem aber unter die Dornen gesät ist, das ist, der das Wort hört, und die Sorge der Welt und der Betrug des Reichtums erstickt das Wort, und er bringt nicht Frucht.

1 Ko 3, 9: Ihr seid Gottes Ackerfeld und Gottes Bau.

Lk 2, 49: Und er sprach zu ihnen: Was ist's, daß ihr mich gesucht habt? Wisset ihr nicht, daß ich sein muß in dem, das meines Vaters ist?

1 Pt 2, 2: Und seid begierig nach der vernünftigen lauteren Milch, wie die neugeborenen Kindlein.

1 Ko 3, 2: Milch habe ich euch zu trinken gegeben, und nicht feste Speise; denn ihr konntet sie noch nicht vertragen.

Jo 6, 48. 63: Ich bin das Brot des Lebens.
Die Worte, die ich zu euch geredet habe, die sind Geist und sind Leben.

fordert der Hoffnung, die in euch ist" (1 Pt 3, 15). Und Paulus schreibt: „Wisset, wie ihr einem jeglichen antworten sollt" (Kol 4, 6). Da wird also gefragt und es wird Antwort gegeben; man legt nicht nur eine „Platte" auf. Jeder lebendige Christ ist berufen, in seiner Umwelt Seelsorger zu sein. Und die Grundvoraussetzung jeden Seelsorgedienstes ist es, zunächst einmal zu hören.

2. Dem „Schnell zum Hören" stellt Jakobus gegenüber: Jeder sei **„langsam zum Reden"**. Es ist ja auch nötig, daß wir uns, während wir einem andern zuhören, bereits eine helfende und weiterführende Antwort überlegen. Falsch wäre es dagegen, schnellfertig, einfach so geschwind seine Sache an den Mann bringen zu wollen. Der andere fühlte sich nicht ernst genommen: „Der geht ja gar nicht auf mich ein." „Langsam zum Reden" wird ein Christ in noch vermehrtem Maß deshalb sein, weil er sich zugleich und vor allem ja auch in der Zwiesprache mit seinem Herrn befindet: „Herr, was soll ich hier sagen? Ist es so richtig? Gib mir bitte jetzt das richtige Wort. Bevollmächtige mich. Gebrauche du mein Wort, ja rede selber mit diesem Menschen." Bei Jesus sehen wir, wie er während des Gesprächs mit seinen Mitmenschen zugleich in der Zwiesprache mit seinem Vater war und auf seinen Willen und Wink achtete (Jo 2, 4; 11, 6. 41. 42). „Langsam zu reden" gilt es besonders auch dort, wo man „unter dem Wort" ist. Gewiß gibt es auch das Gespräch über dem Wort: „So sollt ihr untereinander sprechen: Was will hier der Herr, was sagt hier der Herr?" (Jer 23, 35). Und doch ist heute das viele Diskutieren eine Gefahr; man kommt oft nicht mehr zu einem solchen Hören, das über den Boten hinauf- und hinausblickt mit der Frage: „Herr, was willst du mir jetzt sagen?" — „Langsam zu reden" gilt es unter Umständen und in gewissem Sinn sogar Gott gegenüber. Auch im Beten ist Stille erforderlich, wenn wir im Sinne des Willens und der Ziele Gottes und damit unter der vollen Verheißung bitten wollen (1 Jo 5, 14).

Daß wir **„langsam zum Reden"** sein sollen, bedeutet auf keinen Fall aber, daß wir überhaupt nicht reden sollen, vor allem dann, wo es sich um ein Zeugnis für unsern Herrn handelt. „Reden ist Silber und Schweigen ist Gold" steht nicht in der Bibel.

Die oben erwähnten Schriftstellen:

Jo 2, 4: Meine Stunde (von meinem Vater bestimmt) ist noch nicht gekommen.

Jo 11, 6. 41. 42: Als er nun hörte, daß er krank war, blieb er noch zwei Tage an dem Ort, da er war. Jesus aber hob seine Augen empor und sprach: Vater, ich danke dir, daß du mich erhört hast. Ich wußte wohl, daß du mich allezeit hörst, aber um des Volks willen, das umhersteht, habe ich geredet, damit sie glauben, daß du mich gesandt hast.

1 Jo 5, 14: Und das ist die Zuversicht, die wir haben zu ihm, daß, wenn wir etwas bitten nach seinem Willen, so hört er uns.

3. **„Langsam zum Zorn"**: Das Wort hat wohl eine bestimmte Situation im Auge. Das „Wort der Wahrheit" wurde zum Beispiel in den Synagogen Israels ausgerichtet. Jeder israelitische Mann durfte dort das Wort nehmen. Boten Jesu sagten nun, die Verheißungen Gottes seien weitgehend bereits erfüllt, dadurch, daß Gott den Messias, Jesus von Nazareth, ins Fleisch sandte. Das war gute Nachricht, Evangelium. Aber nun haben sich darüber die Gemüter erhitzt (Apg 13, 45 ff; 18, 6). Die Zeugen wurden unterbrochen. Man fiel ihnen ins Wort. Die Hörer waren aufgebracht. Die Mahnung des Jakobus, nicht schnell zu zürnen, bezieht sich vor allem darauf, daß wir, wo wir Gottes Wort hören, nicht ins Wort fallen, widersprechen, aufbegehren und uns widersetzen[19].

In diesem Zusammenhang sagt Jakobus den allgemeinen und um-
20 fassenden Satz: **„Der Zorn eines Mannes wirkt nicht Gerechtigkeit vor Gott."** Manneszorn wird oft als etwas Positives angesehen. Ein „ehrlicher" und „gerechter" Zorn findet Anerkennung. Warum soll er denn vor Gott nicht recht sein? Vorher sagt Jakobus: Als Christen sollen wir „langsam zum Zorn" sein. Warum ist es denn so bedenklich, dem Zorn den Lauf zu lassen? Als Kinder Gottes, als Nachfolger des Herrn Jesus, leben und reden wir in der Verantwortung vor Gott, in der Zwiesprache mit ihm, im Warten auf seinen Wink und seine Weisung. Der Mensch im Affekt dagegen schiebt das alles beiseite oder denkt überhaupt nicht mehr dran. Jakobus sagt, wir sollen „langsam zum Zorn" sein, das heißt wohlüberlegt, aus der Zwiesprache mit Gott heraus reden. Ein „langsamer Zorn" aber ist überhaupt nicht mehr das, was wir gemeinhin einen Zorn nennen. Jakobus weiß sicher auch aus Erfahrung: Im Affekt tun wir nichts, worauf Gott mit Wohlgefallen blicken kann, auch nichts, was andere Menschen fördert, am wenigsten in der Erziehungsarbeit; mit rotem Kopf erzieht sich's schlecht.

[19] Welche Begründung gibt man heute solchem Widersprechen? Man sagt zum Beispiel: „Das ist die Meinung des Jakobus, das die des Paulus, das die dieses pietistischen Pfarrers und das die meine." Oder: „Das Wort der biblischen Zeugen ist für uns überhaupt nur verbindlich, sofern es uns in unserer Situation und Fragestellung heute überzeugt." Auch wenn wir in unseren Kreisen so nicht reden, denken wir doch leicht, gerade wo das Wort in seiner Ausrichtung konkret wird und uns in der uns gewohnten Weise stört: „Das ist nun eben die Meinung dieses Mannes hier. Im übrigen soll er beim Text bleiben."

Die oben erwähnten Schriftstellen:

Apg 18, 6: Da sie aber widerstrebten und lästerten, schüttelte er die Kleider aus und sprach zu ihnen: Euer Blut komme über euer Haupt; rein gehe ich von nun an zu den Heiden!

4. Im Gegensatz dazu mahnt Jakobus: **„Nehmet das Wort auf"**, nehmt's immer wieder an. Das ist geboten und notwendig, auch nachdem das neue Leben bereits in euch gepflanzt ist; nur so kommt es zu einem gesunden Wachstum und Fruchttragen.

„Mit Sanftmut": Das bedeutet in diesem Zusammenhang hier den Verzicht auf alle Selbstbehauptung gegenüber Gott, alles Besserwissen und Widerstreben, allen selbstgerechten Zorn. „Sanftmut" meint hier die demütige Willigkeit für Gottes Wort, die Bereitschaft, sich etwas sagen zu lassen (Apg 17, 11; 1 Sam 3, 10)[20].

„Das in euch eingepflanzte Wort": Mit dem Wort kommt der Geist (Jo 6, 63; Apg 10, 44). Und der Geist ist das neue Leben aus Gott (Hes 37, 14), das in uns eingepflanzt wird wie die Edelreiser in die Äste eines Baumes. Sonst gleichen wir in unserer alten natürlichen Art, in unserem „Fleischeswesen" (vgl. Rö 7, 14; 8, 7; Gal 5, 19. 20) den „wilden", „verwilderten" Bäumen. Wenn wir dann weiter das Wort mit „Sanftmut" annehmen, kommen die „veredelten Zweige" auch zum gesunden Wachstum. Die wilden Schößlinge dagegen werden

[20] „Mit Sanftmut" muß Gottes Wort nicht nur gehört, sondern auch weitergesagt werden. Sie meint die demütige Willigkeit f ü r Gottes Wort, aber auch die Behutsamkeit und Unaufdringlichkeit m i t Gottes Wort, dort, wo wir es andern bringen. Voran Jesus ist den Menschen so begegnet (Mt 11, 29). Und auch Paulus mahnt: „Liebe Brüder, wo ein Mensch etwa von einem Fehler übereilt würde, so helfet ihm wieder zurecht mit sanftmütigem Geist ihr, die ihr geistlich seid" (Gal 6, 1). Im NT gilt nicht ohne weiteres die Gleichung, daß der Schärfste auch der Treueste und Geistlichste sei. Zwar ist es in den uns heute aufgetragenen theologischen Auseinandersetzungen nötig, aller Vernebelung und Relativierung der biblischen Botschaft entgegenzuwirken und auch aller Neigung zum Ausgleich auf Kosten der Wahrheit, unseres Herrn und des Menschen, der gerettet werden soll. Aber zugleich muß auch um den Irrenden mit der Liebe unseres Herrn geworben werden.

Die oben erwähnten Schriftstellen:

Apg 17, 11: Die nahmen das Wort auf ganz willig und forschten täglich in der Schrift, ob sich's so verhielte.

1 Sam 3, 10: Da kam der Herr und trat herzu und rief wie vorher: Samuel, Samuel! Und Samuel sprach: Rede, denn dein Knecht hört.

Mt 11, 29: Nehmet auf euch mein Joch und lernet von mir; denn ich bin sanftmütig und von Herzen demütig.

Jo 6, 63: Die Worte, die ich zu euch geredet habe, die sind Geist und sind Leben.

Apg 10, 44: Da Petrus noch diese Worte redete, fiel der Heilige Geist auf alle, die dem Wort zuhörten.

Hes 37, 14: Und ich will meinen Odem (Geist) in euch geben, daß ihr wieder leben sollt.

Rö 7, 14: Denn wir wissen, daß das Gesetz geistlich ist; ich aber bin fleischlich, unter die Sünde verkauft.

Rö 8, 7: Denn fleischlich gesinnt sein ist Feindschaft wider Gott.

Gal 5, 19. 20: Offenbar sind aber die Werke des Fleisches, als da sind: Unzucht, Unreinigkeit, Ausschweifung, Götzendienst, Zauberei, Feindschaft, Hader, Eifersucht, Zorn, Zank, Zwietracht, Spaltungen.

beseitigt (vgl. Gal 5, 24). Und schließlich kommt es zum gesunden Fruchttragen. Der ganze Baum ist durch das Edelreis bestimmt, und „ein guter Baum bringt gute Früchte" (Mt 7, 17; Gal 5, 22).

„... das die Kraft hat, eure Seelen zu retten": Böse Bäume, die nicht gute Frucht bringen, werden abgehauen (Mt 3, 10; 7, 19; Lk 13, 6–9). Wer das neue Leben nicht in sich trägt, wird einmal nicht angenommen (Jo 3, 3). Nur „gute Bäume" bleiben erhalten und werden (endgültig) ins himmliche Wesen „versetzt" (vgl. Eph 2, 6), in das „Reich seines lieben Sohnes" (vgl. Kol 1, 13).

21 5. **„Darum legt allen Schmutz und das Schlechte in jeder Art ab"**: Das muß offenkundig „Zug um Zug" gehen, daß wir uns das alte Wesen nehmen und das neue geben lassen. Nur in dem Maß, wie wir das alte herzugeben bereit sind, hat das neue Raum; nur insofern die „wilden Schößlinge" weggenommen werden, haben die „Edelreiser" Raum. Auch das Zunehmen in der Erkenntnis durch das Wort Gottes steht mit der Willigkeit zum Gehorsam im Zusammenhang, wie umgekehrt oft der Mangel an Erkenntnisvermögen mit dem Mangel an Gehorsam im Zusammenhang steht (Jo 7, 17; Eph 4, 18). Bei den Menschen unserer Zeit (wie in gewissem Maß auch schon früherer Zeiten) mag vielerlei wie „Ohrenpfropfen" dem Wort Gottes entgegen wirken: okkulte Bindungen, sexuelle Zuchtlosigkeit, Vergötterung des Mammons. Wir können nur bitten, daß vielen auch heute Ohr und Herz aufgetan werden (Apg 16, 14). – Die genannten Hindernisse können wieder oder neu auch bei längst Gerufenen auftreten, so daß es nicht zu einer rechten Förderung, Erstarkung und Ausreifung des neuen Lebens kommen kann. So hat auch innerhalb der G e m e i n d e, wie einst in den Tagen des Jakobus, die Mahnung Raum: „Leget ab allen Schmutz und das Schlechte in jeder Art." „Entdecke alles und verzehre, was nicht in deinem Lichte rein" (G. Tersteegen).

Die oben erwähnten Schriftstellen:

Gal 5, 24: Welche aber Christus Jesus angehören, die haben ihr Fleisch gekreuzigt samt den Lüsten und Begierden.

Mt 3, 10 u. 7, 19: Es ist schon die Axt den Bäumen an die Wurzel gelegt. Darum, welcher Baum nicht gute Frucht bringt, wird abgehauen und ins Feuer geworfen.

Jo 3, 3: Es sei denn, daß jemand von neuem geboren werde, so kann er das Reich Gottes nicht sehen.

Eph 2, 6: Und hat uns samt ihm auferweckt und samt ihm in das himmlische Wesen gesetzt in Christus Jesus.

Jo 7, 17: Wenn jemand will des Willen tun, der wird innewerden, ob diese Lehre von Gott sei, oder ob ich von mir selbst rede.

Eph 4, 18: Ihr Verstand ist verfinstert, und sie sind fremd geworden dem Leben, das aus Gott ist, durch die Unwissenheit, die in ihnen ist, durch die Verstockung ihres Herzens.

Apg 16, 14: Dieser tat der Herr das Herz auf, daß sie darauf acht hatte, was von Paulus geredet ward.

II. Das Hören und Tun des Christen

Jakobus 1, 22–27

1. **„Seid aber Täter des Worts"**: Das Hören darf nicht nur eine Sache 22
der Ohren, unsres Denkens oder unsres Gefühls sein. Das Wort, durch das in uns das neue Leben gelegt wird, will in unserem ganzen Leben Gestalt werden. Das Wort bringt beides: Verheißung **und** Weisung, Zuspruch **und** Anspruch. Es verkündigt und bringt die gnädige Tat Gottes für uns. Und es will uns zum Tun bewegen. Unser Tun ist Antwort auf Gottes Tun. Gott will nicht nur an uns, sondern auch durch uns wirken. Jesus hat uns Gott als den Wirkenden beschrieben (Jo 5, 17), als den Gott, der Geschichte macht zu unserem und aller Menschen Heil. Dadurch unterscheidet sich der lebendige Gott von den Göttern etwa der Griechen und den Ideen der Philosophen (und jeweils auch vom Gott einer Theologie, die sich durch eine zeitgenössische Philosophie bestimmen läßt). Die Geschichte, die Gott macht, ermöglicht erst eigentlich menschliche Geschichte. Der Mensch, der Gottes Wort nur in sein Denken oder in sein Gefühl hineinlassen will, hat es nicht recht begriffen und bleibt ungehorsam zurück, wo der wirkende Gott auch ihn mitnehmen will. Gottes Wort ist Herrenwort, das uns in Anspruch nimmt. Jakobus ist mit seiner Aussage bei seinem Herrn in der Lehre (Mt 7, 21. 24–27) und in den gleichen Bahnen wie der Apostel Paulus (Rö 6, 1. 15).

„Nicht Hörer allein": Es genügt nicht, nur immer „unter das Wort zu kommen". Es ist nötig, dem Wort zu gehorchen. Andererseits ist heute Anlaß zu betonen, daß es kein rechtes Tun des Willens Gottes gibt, ohne ein vorausgehendes rechtes Hören. Hier empfangen wir Weisung und Kraft für dieses Tun.

„Sonst betrügt ihr euch selbst": a) Der nur Hörende will G o t t betrügen: Er scheint sich für Gottes Willen zu interessieren, aber zum Gehorsam läßt er sich nicht bewegen. (Auch unter Menschen ist es beleidigend, wenn sich einer scheinbar für unser Anliegen interessiert, sich des langen und breiten die Sache vortragen läßt und dann weggeht, ohne einen Finger zu rühren.) b) So betrügt einer auch seine

Die oben erwähnten Schriftstellen:

Jo 5, 17: Jesus aber antwortete ihnen: Mein Vater wirket bis auf diesen Tag, und ich wirke auch.

Mt 7, 21: Es werden nicht alle, die zu mir sagen: Herr, Herr! in das Himmelreich kommen, sondern die den Willen tun meines Vaters im Himmel.

Rö 6, 1. 15: Was wollen wir hierzu sagen? Sollen wir denn in der Sünde beharren, auf daß die Gnade desto mächtiger werde? Wie nun? Sollen wir sündigen, weil wir nicht unter dem Gesetz, sondern unter der Gnade sind? Das sei ferne!

Mitmenschen: Durch sein „Laufen“ zu Gottesdiensten, Bibelstunden, Gemeinschaftsstunden (und auch durch sein christliches Reden) weckt er in seiner Umgebung die Erwartung, hier werde einer als Christ handeln. Nachher sehen sie sich enttäuscht. Die „schlechte Presse“, die die Frommen in ihrer Umwelt so oft haben, kann mit solcher Enttäuschung zusammenhängen. c) Doch nicht zuletzt — davon redet hier Jakobus — betrügt sich auf diese Weise ein Mensch auch selbst: Er beruhigt sich und meint, wenn er nur schier unersättlich sei im Hören des Worts und viel die Bibel lese, dann sei schon alles gut, und auch andere sehen ihn für einen geförderten Christen an (Offb 3, 1). Aber Jesus sagt, das Hören und Wissen tut's noch nicht (Mt 7, 26). Auch das Reden tut's noch nicht (Mt 7, 21). Ja, eine klare Erkenntnis kann einem, wenn er ihr nicht folgt, sogar noch zur Anklage werden (Lk 12, 47).

2. Bei diesem Tun geht es nicht nur um das, was wir andern tun, sondern was wir tun zu unserem eigenen Werden. Das zeigen die Verse 23—25.

23 **„Wenn jemand** (nur) **ein Hörer des Worts ist und nicht** (auch) **ein Täter desselben, der gleicht einem Mann, der sein leibliches Angesicht im Spiegel betrachtet“**: Der auf Gottes Wort Hörende ist wie einer, der sich im Spiegel beschaut. Zwischen den beiden Buchdeckeln unserer Bibel wird uns die „Diagnose“ und die „Therapie“ Gottes nach der Katastrophe der Sünde im Blick auf jeden Einzelmenschen und die Menschheit als Ganzes gezeigt.

a) So hört der, der auf Gottes Wort achtet, zunächst die göttliche Diagnose. Er sieht sich selbst einmal in ganzer Klarheit und Wahrheit sozusagen wie in einem Spiegel. Der Spiegel schmeichelt nicht. Wir sehen, wie wir uns durch die Sünde beschmutzt haben. Der natürliche Mensch möchte sich am liebsten schon gar nicht in diesem Spiegel sehen. Das ist ein Hauptgrund dafür, warum er sich für alles andere „interessiert“, nur nicht für Gottes Wort. Doch wenn er sich schon dem Wort nicht ganz entziehen kann und will, so möchte er doch möglichst schnell wieder davongehen und „vergessen“, um bleiben zu können, wie er war. (Der Mensch vergißt, was er vergessen will.)

24 **„Nachdem er sich nämlich beschaut hat und weggegangen ist, vergißt**

Die oben erwähnten Schriftstellen:

Offb 3, 1: Ich weiß deine Werke: Du hast den Namen, daß du lebest, und bist tot.

Mt 7, 26: Und wer diese meine Rede hört und tut sie nicht, der ist einem törichten Mann gleich, der sein Haus auf den Sand baute.

Mt 7, 21: Es werden nicht alle, die zu mir sagen: Herr, Herr! in das Himmelreich kommen, sondern die den Willen tun meines Vaters im Himmel.

Lk 12, 47: Der Knecht aber, der seines Herrn Willen weiß, hat aber nichts bereitet noch nach seinem Willen getan, der wird viel Streiche leiden müssen.

er alsbald, wie er aussah.“ Das ist so, wie wenn eine Hausfrau eben im Spiegel sieht, daß sie sich beim Anheizen ihres Kohleofens mit der rußigen Hand im Gesicht schwarz gemacht hat. Sie reinigt sich aber nicht gleich, weil sie sich jetzt die Zeit nicht dazu nimmt. Später vergißt sie, was an ihr nicht in Ordnung ist. Und nachher beim Einkaufen wundert sie sich, daß die Leute bei ihrem Anblick schmunzeln. So ist es, wenn man im Spiegel des Wortes einen Fehler an sich entdeckt hat und nicht gleich Konsequenzen zieht. Der Spiegel des Wortes Gottes hat uns dann für die Stunde, da wir einmal vor Gott treten müssen, nicht den Dienst getan, den er uns hätte tun können. Vieles Gute, das wir gehört, ja, das wir auch selber gesagt haben, wird uns dann zur Anklage werden.

b) Der Mensch sieht aber, wenn er in Gottes Wort blickt, nicht
nur sich selbst. Das Wort Gottes ist nicht nur Spiegel; es ist sozusagen
auch „Fenster“: Man erblickt hier den Herrn. Und das ist die gött-
liche *Therapie* für uns. Wie die Sonne im Frühling die Erde
wunderbar verwandelt, so verwandelt die Sonne, die unser Herr
selbst ist (Ps 84, 12; Jo 8, 12; Offb 21, 23), das „Licht vom uner-
schöpften Lichte“, uns Menschen. Da ist es nötig, daß wir „seine
Strahlen fassen und ihn wirken lassen“. — **„Wer aber in das voll-** 25
kommene Gesetz der Freiheit hineingeschaut hat ...“ (Es kann auch
übersetzt werden: „Sich vorbeugend das Gesetz der Freiheit genau
betrachtet.“ Luther übersetzt: „Wer aber durchschaut in das voll-
kommene Gesetz der Freiheit ...“): Unter dem Einfluß der Sünde
werden wir Gebundene, durch Wirkung unsres Herrn werden wir
frei (Jo 8, 34. 36). Das ist die Gesetzmäßigkeit eines Lebens mit unse-
rem Herrn, die wundervolle Gesetzmäßigkeit der wahren Freiheit:
Wir werden los von Sünde, Welt und Teufel und gebunden an Ihn.
Gebundenheit an Gott und seinen Willen ist wahre Freiheit für uns.
So sind wir auch frei von den Menschen und von unserem Herrn her
frei für die Menschen[21].

„Und dabei verbleibt“: Nötig ist es, innerlich auf den Herrn zugewandt zu leben, mitten auch unter Menschen im Gebetsumgang und im Bewußtsein seiner Gegenwart, „lauterlich auf ihn gewandt“ (G.

Die oben erwähnten Schriftstellen:

Ps 84, 12: Denn Gott der Herr ist Sonne und Schild; der Herr gibt Gnade und Ehre. Er wird kein Gutes mangeln lassen den Frommen.

Jo 8, 12: Ich bin das Licht der Welt. Wer mir nachfolgt, der wird nicht wandeln in der Finsternis, sondern wird das Licht des Lebens haben.

Offb 21, 23: Und die Stadt bedarf keiner Sonne noch des Mondes, daß sie ihr scheinen; denn die Herrlichkeit Gottes erleuchtet sie, und ihre Leuchte ist das Lamm.

Jo 8, 34. 36: Wer Sünde tut, der ist der Sünde Knecht. Wenn euch nun der Sohn frei macht, so seid ihr recht frei.

Tersteegen), und zu bleiben im Gehorsam, in der steten Bindung an ihn, und so in der wahren Freiheit.

„Der wird in seinem Tun (glück-)**selig sein"**: Einmal in der Ewigkeit, aber auch schon jetzt! So in der Gemeinschaft mit dem Herrn, im Bewußtsein seiner Gegenwart, auf ihn zugewandt und in seinem Dienst leben (vgl. Kol 3, 23), das ist auch in dieser Welt, selbst unter Leiden, ein tiefes, unzerstörbares Glück, ein sinnerfülltes Leben. „Wohlan, was heißet Stund und Zeit: ich bin schon in der Ewigkeit, weil ich in Jesu lebe" (A. H. Francke).

3. Nun folgt noch ein grundsätzliches Wort über den unser Leben umfassenden **„Gottesdienst"** (das zugleich inhaltlich bestimmt, was vorher mit dem „Tun" der Christen gemeint war), oder – wie man auch übersetzen kann – unsere „Gottesverehrung", das heißt unser ganzes Leben als Christen. V. 26 zeigt, was diesen Gottesdienst (Rö 12, 1; Kol 3, 23) zerstört, V. 27, was zu ihm gehört.

26 a) Was unsern Gottesdienst zerstört. **„Wenn jemand meint, er diene Gott, dabei aber seine Zunge nicht im Zaum hält, vielmehr sein Herz betrügt, dessen Gottesdienst ist nichtig."** Wir können letztlich dieses Leben im Gottesdienst nicht machen. Es ist ein Werk des Heiligen Geistes, des „Christus in uns". Aber wir können ihn stören und sein Werk zerstören. Dann ist dieser Gottesdienst „nichtig", ein Nichts, „leer". Das Rädchen kann sich in unserem Leben noch so schnell drehen, wir können im Reich Gottes vielbeschäftigte Leute sein – aber das alles ist nichts als nur Leerlauf, wenn man irgendwo dem fleischlich-natürlichen Wesen, das Gott mißfällt, den Lauf läßt, wenn man dem Teufel zuläßt, daß er irgendwie den Schuh in die Tür stellt. Wo ein falscher Geist einzieht, da weicht Gottes Geist. („Er gibt den Geist denen, die ihm gehorsam sind" – Apg 5, 32.)

[21] Bei dem auffallenden Ausdruck „das vollkommene Gesetz der Freiheit" (vgl. auch Kap 2, 12) haben manche Ausleger an religionsgeschichtliche Parallelen im Hellenismus gedacht. Näher führt uns die Beobachtung, daß das Judentum die Thora, das mosaische Gesetz, im Vergleich zum Gesetz der Heiden, „vollkommen" nannte und von seiner befreienden Kraft redete. Am nächsten liegt, daß Jakobus sich an Worte Jesu anschließt, an denen er zeigt, was es heißt, die Gebote Gottes in einer vollkommenen, Gott gemäßen Weise zu erfüllen, und wie der Mensch darüber Freiheit und Kraft empfängt, den Willen Gottes auch zu t u n (Mt 5, 17–48; Jo 8, 36; 15, 5).

Die oben erwähnten Schriftstellen:

Jo 15, 5: Ich bin der Weinstock, ihr seid die Reben. Wer in mir bleibt und ich in ihm, der bringt viel Frucht; denn ohne mich könnt ihr nichts tun.

Kol 3, 23: Alles, was ihr tut, das tut von Herzen als dem Herrn und nicht den Menschen.

Rö 12, 1: Ich ermahne euch nun, liebe Brüder, durch die Barmherzigkeit Gottes, daß ihr eure Leiber gebet zum Opfer, das da lebendig, heilig und Gott wohlgefällig sei. Das sei euer vernünftiger Gottesdienst.

Und nun sagt uns Jakobus, unser Reden sei eine viel zu wenig beachtete Einbruchstelle des falschen Geistes. Unser Tun nehmen wir ernst, unsere Worte weit weniger. Was wird doch geredet oder (was nicht weniger schlimm ist) angedeutet in Gesprächen, auch nach dem, was wir „Gottesdienst" heißen, und wieviel Neid, Eifersucht und Mißgunst steht dahinter! Im 3. Kapitel wird uns Jakobus noch Ausführlicheres zu dieser Frage sagen.

b) Was zum Gottesdienst gehört. **„Ein reiner und unbefleckter Gottesdienst vor Gott dem Vater besteht darin, Waisen und Witwen in ihrer Trübsal zu besuchen, und sich selbst von der Welt unbefleckt erhalten"**: Gott hat uns seine große Liebe geschenkt, indem er uns den eingeborenen Sohn zum Bruder gegeben und damit sich selber zu unserem Vater und uns zu seinen Kindern gemacht hat (Rö 5, 8; 1 Jo 3, 1). Nun liegt alles daran, daß wir ihm, wie der erstgeborene Sohn Gottes, wohlgefallen (Mt 3, 17). Zweierlei wird hier als zum rechten Gottesdienst gehörig genannt: Ein Hineingehen in die Welt und ein Sichzurückhalten von der Welt. 27

aa) **„Waisen und Witwen in ihrer Trübsal besuchen"**: Jakobus nennt Menschen, die damals besonders der Hilfe, auch des Rechtsschutzes, bedürftig waren. Wörtlich heißt es: „nach ihnen sehen". Das schließt die Fürsorge ein. Zunächst war an die Mitchristen in der Gemeinde gedacht, aber keineswegs nur an sie (Gal 6, 10). Es ist im Sinne unseres Herrn und gilt als ihm getan, wenn wir uns mit aller Kraft, Liebe und Phantasie der Menschen in unserer Umwelt, nah und fern, angesichts ihrer verschiedenartigen Nöte annehmen (Mt 25, 45; 18, 5).

bb) **„Und sich selbst von der Welt unbefleckt erhalten."** Es ist recht, in der Welt zu wirken, aber nicht sich an ihr zu beschmutzen und zu infizieren. Das alttestamentliche Israel wurde immer wieder aufgefordert, sich nicht an den Götzen der umgebenden Völker zu verunrei-

Die oben erwähnten Schriftstellen:

Rö 5, 8: Gott aber erweist seine Liebe gegen uns darin, daß Christus für uns gestorben ist, als wir noch Sünder waren.

1 Jo 3, 1: Sehet, welch eine Liebe hat uns der Vater erzeiget, daß wir Gottes Kinder sollen heißen (und es auch sind! V. 2).

Mt 3, 17: Dies ist mein lieber Sohn, an welchem ich Wohlgefallen habe.

Gal 6, 10: Lasset uns Gutes tun an jedermann, allermeist aber an des Glaubens Genossen.

Mt 25, 45; 18, 5: Was ihr nicht getan habt einem unter diesen Geringsten, das habt ihr mir auch nicht getan. Und wer ein solches Kind aufnimmt in meinem Namen, der nimmt mich auf.

nigen, das heißt, sie nicht zu übernehmen (3 Mo 19, 31; Jer 2, 7; 7, 30. 31; 32, 34; Hes 5, 11; 20, 7. 30; 22, 3; 37, 23 u. a.). Auch wir können, gerade wo wir in der Welt hinein und auf sie eingehen – was notwendig ist –, uns an den Götzen, die in unserer Umwelt beherrschend sind, verunreinigen und sie, ihre Maßstäbe und ihren Geist übernehmen. Zum Beispiel das Karrieredenken, das Ansprüchestellen, die Gleichgültigkeit gegenüber Gott und Menschen, der unnötige Streß, in den hinein die Menschen vor Besinnung und Stille fliehen, die Anpassung an den Zeitgeist im Denken, in der Arbeit und im Vergnügen, die Zuchtlosigkeit, der Geist der Respektlosigkeit und der Rebellion gegen Menschen und Gott, die Übernahme einer Ideologie, die einen Absolutheitsanspruch auf den Menschen erhebt und ihn in allen Lebensbereichen beherrscht. In unserer Zeit wird vielfach gefordert, daß Christen sich in nichts von der Welt unterscheiden sollen, daß die Kirche Christi mit ihrem Dienst aufgehe in der Gesellschaft und ihren Aufgaben. Der Geist des Antichrists (2 Thess 2, 3–12; Offb 13), der Geist der „Hure" (Offb 17) will uns als Christen aller Welt gleichschalten. Da hilft nur, daß wir „in ihm" bleiben, das heißt in seinem Umgang, in seiner Zwiesprache, im Hören auf ihn, im Reden mit ihm, in seinem Gehorsam, in seiner Nachfolge. Dann ist zwischen uns und der Welt mit ihren Dämonien, die über uns Gewalt

Die oben erwähnten Schriftstellen:

3 Mo 19, 31: Ihr sollt euch nicht wenden zu den Geisterbeschwörern und Zeichendeutern und sollt sie nicht befragen, daß ihr nicht an ihnen unrein werdet; ich bin der Herr, euer Gott.

Jer 2, 7: Und ich brachte euch in ein fruchtbares Land, daß ihr äßet seine Früchte und Güter. Aber als ihr hineinkamt, machet ihr mein Land unrein und mein Eigentum mir zum Greuel.

Jer 7, 30. 31: Denn die Kinder Juda tun, was mir mißfällt, spricht der Herr. Sie haben ihre Greuelbilder gesetzt in das Haus, das nach meinem Namen genannt ist, um es unrein zu machen, und haben die Höhen des Topheth im Tal Ben-Hinnom gebaut, um ihre Söhne und Töchter zu verbrennen, was ich nie geboten habe und mir nie in den Sinn gekommen ist.

Jer 32, 34: Dazu haben sie ihre greulichen Götzen in das Haus gesetzt, das nach meinem Namen genannt ist, daß sie es unrein machten.

Hes 5, 11: Darum, so wahr ich lebe, spricht Gott der Herr: weil du mein Heiligtum mit all deinen Götzen und Greueln unrein gemacht hast, will auch ich dich zerschlagen, und mein Auge soll ohne Mitleid auf dich blicken, und ich will nicht gnädig sein.

Hes 20, 7. 30: Gott sprach zu ihnen: Ein jeder werfe weg die Greuelbilder vor seinen Augen, und macht euch nicht unrein mit den Götzen Ägyptens; denn ich bin der Herr, euer Gott. – So spricht Gott der Herr: Macht ihr euch nicht unrein in der Weise eurer Väter und treibt Abgötterei mit ihren Greuelbildern?

Hes 22, 3: So spricht Gott der Herr: O Stadt, die du das Blut der Deinen vergießt, damit deine Zeit komme, und die du dir Götzen machst, damit du unrein werdest!

Hes 37, 23: Und sie sollen sich nicht mehr unrein machen mit ihren Götzen und Greuelbildern und allen ihren Sünden.

gewinnen wollen, immer er. „Nirgends als in dir allein kann ich recht bewahret sein" (vgl. Sach 2, 9; Spr 18, 10)[22].

[22] „Welt", grie „kósmos", bedeutet an manchen Schriftstellen die Schöpfung Gottes (Apg 17, 24; Rö 1, 20). Bei der Mehrzahl der entsprechenden Schriftstellen aber meint das Wort die in Sünde geratene Menschenwelt, die, aufs tiefste versehrt, zum Reich der Sünde geworden ist; die Menschenwelt, die Gott gleichwohl aber, um den Menschen eine Frist zu gewähren, noch immer, trotz aller Gerichte, erhält und der er dazu viele seiner guten Gaben bewahrt; die Menschenwelt, die aber schließlich doch dem Gericht Gottes verfällt und vergeht (Jo 14, 30; 15, 18; Rö 12, 2; 1 Kor 2, 6; 7, 31; 11, 32; 2 Kor 4, 4; Gal 6, 14; Kol 2, 8; 1 Jo 2, 15. 17; 5, 4; Jak 4, 4; Offb 12, 9).

Die oben erwähnten Schriftstellen:

Sach 2, 9: Doch ich will, spricht der Herr, eine feurige Mauer rings um sie her sein und will mich herrlich darin erweisen.

Spr 18, 10: Der Name des Herrn ist eine feste Burg; der Gerechte läuft dorthin und wird beschirmt.

Apg 17, 24: Gott, der die Welt gemacht hat und alles, was darinnen ist, er, der ein Herr ist Himmels und der Erde, wohnt nicht in Tempeln mit Händen gemacht.

Rö 1, 20: Denn Gottes unsichtbares Wesen, das ist seine ewige Kraft und Gottheit, wird ersehen seit der Schöpfung der Welt und wahrgenommen an seinen Werken, so daß sie keine Entschuldigung haben.

Jo 14, 30: Ich werde nicht mehr viel mit euch reden, denn es kommt der Fürst der Welt. Er hat keine Macht über mich.

Jo 15, 18: Wenn euch die Welt hasset, so wisset, daß sie mich vor euch gehaßt hat.

Rö 12, 2: Und stellet euch nicht dieser Welt gleich.

1 Ko 2, 6: Wovon wir aber reden, das ist dennoch Weisheit bei den Vollkommenen; nicht eine Weisheit dieser Welt, auch nicht der Herrscher dieser Welt, welche vergehen.

1 Ko 7, 31: Denn das Wesen dieser Welt vergeht.

1 Ko 11, 32: Wenn wir aber von dem Herrn gerichtet werden, so werden wir gezüchtigt, auf daß wir nicht samt der Welt verdammt werden.

2 Ko 4, 4: . . . den Ungläubigen, denen der Gott dieser Welt den Sinn verblendet hat, daß sie nicht sehen das helle Licht des Evangeliums von der Herrlichkeit Christi, welcher ist das Ebenbild Gottes.

Gal 6, 14: Von mir aber sei es ferne, mich zu rühmen, als allein des Kreuzes unseres Herrn Jesus Christus, durch welchen mir die Welt gekreuzigt ist und ich der Welt.

Kol 2, 8: Sehet zu, daß euch niemand einfange durch Philosophie und leeren Trug, gegründet auf der Menschen Lehre und auf die Elemente der Welt und nicht auf Christus.

1 Jo 2, 15. 17: Habt nicht lieb die Welt, noch was in der Welt ist. So jemand die Welt lieb hat, in dem ist nicht die Liebe des Vaters.
Und die Welt vergeht mit ihrer Lust; wer aber den Willen Gottes tut, der bleibt in Ewigkeit.

1 Jo 5, 4: . . . denn alles, was von Gott geboren ist, überwindet die Welt; und unser Glaube ist der Sieg, der die Welt überwunden hat.

Jak 4, 4: Ihr Abtrünnigen, wisset ihr nicht, daß der Welt Freundschaft Gottes Feindschaft ist? Wer der Welt Freund sein will, der wird Gottes Feind sein.

Offb 12, 9: Und es ward gestürzt der große Drache, die alte Schlange, die da heißt Teufel und Satan, der die ganze Welt verführt. Er ward geworfen auf die Erde und seine Engel wurden mit ihm dahin geworfen.

3. Spruchreihe: ÜBER DEN UMGANG MIT ARM UND REICH

Jakobus 2, 1–13

I. Der Glaubende im Umgang mit arm und reich

Jakobus 2, 1–7

Zu Vers 1:
Mt 26, 64
5 Mo 10, 17
Gal 4, 4. 5
2,6
Rö 2, 11
Zu Vers 2, 3, 4:
Mk 12, 14. 41–44
Apg 10, 34
Hio 34, 17–20
Zu Vers 5:
Mt 8, 20
Lk 6, 20. 21
1 Ko 1, 26
11, 22
Zu Vers 6:
Spr 22, 7
Mi 6, 12
Lk 6, 24
Zu Vers 7:
Apg 10, 48

1 **Meine Brüder, haltet es doch bei dem Glauben an Jesus Christus,**
unsern Herrn der Herrlichkeit, nicht so, daß ihr die Person anseht!
2 *** Denn wenn in eure Versammlung ein Mann kommt mit goldenen**
Ringen und einem glänzenden Gewand, es kommt aber auch ein
3 **Armer in einem unsauberen Gewand, * und ihr sähet auf den, der**
das glänzende Gewand trägt: „Mache du dir's hier bequem."
Zu dem Armen (dagegen) **sprächet ihr: „Du, stehe dort", oder:**
4 **„Setze dich hier unten an meinen Fußschemel!" * Seid ihr da nicht**
mit euch selbst in Widerspruch geraten und Richter mit bösen Ge-
danken geworden?
5 *** Hört** (doch)**, meine geliebten Brüder! Hat nicht Gott die Armen**
in der Welt dazu auserwählt, daß sie durch den Glauben reich seien
und Erben des Reiches, das er denen verheißen hat, die ihn lieben?
6 *** Ihr aber habt den Armen entehrt. Sind es nicht die Reichen, die**
euch gewalttätig behandeln, und schleppen nicht sie euch vor Ge-
7 **richt? * Sind es nicht sie, die den guten** (wörtlich: „schönen")
Namen lästern, der über euch ausgesprochen worden ist?

Im vorausgehenden Vers redet Jakobus vom Gottesdienst. Wir haben gehört, daß wir in Gefahr sind, den Gottesdienst wieder zu zerstören. Auf solch eine Gefahr kommt nun Jakobus zu sprechen.

1. Kein Ansehen der Person (V. 1).

1 **„Meine Brüder"**: Jakobus redet mit Glaubenden. Nur sie können eigentlich verstehen, was er nun sagt. Mit dem Wort „Brüder" wird ein Doppeltes zum Ausdruck gebracht. Einmal unsere Stellung zu Gott: Durch die Sendung des eingeborenen Sohnes, der unser Bruder geworden ist, sind auch wir Kinder Gottes geworden (Gal 4, 4. 5). Durch die Wirkung des Heiligen Geistes werden wir nicht nur gel-

Die oben erwähnten Schriftstellen:

Gal 4, 4. 5: Als aber die Zeit erfüllet ward, sandte Gott seinen Sohn, geboren von einem Weibe und unter das Gesetz getan, auf daß er die, so unter dem Gesetz waren, erlöste, damit wir die Kindschaft empfingen.

tungs-, sondern auch wesensmäßig Gottes Kinder (Rö 8, 14. 15; Gal 4, 6). Zum andern ist damit etwas ausgesagt über unsere Stellung zu anderen Christen: Bei aller menschlichen Unterschiedlichkeit und der Verschiedenheit der Aufgaben auch in der Gemeinde stehen wir doch alle auf derselben Stufe: „Einer ist euer Meister, Christus; ihr aber seid alle Brüder" (Mt 23, 8).

„Der Herr der Herrlichkeit": a) Das bedeutet einmal: Jesus Christus h a t Herrlichkeit. Im Grie steht hier „dóxa", der Lichtglanz. „Herrlichkeit ist enthüllte Göttlichkeit" (F. Oetinger). Jetzt ist der erhöhte Herr, wie Gott selbst, für uns noch unsichtbar, verhüllt. Dann aber werden wir ihn in enthüllter Gottheit sehen (vgl. 1 Jo 3, 2; Offb 1, 7; Mt 26, 64). In unserer irdischen Leibesgestalt können wir ihn noch nicht schauen; wir würden sonst sterben (vgl. 2 Mo 33, 20). Wir müssen zuvor in eine neue, der Gottesschau angemessene Leiblichkeit verwandelt werden (1 Ko 15, 51 ff; vgl. auch 1 Th 4, 17). Der Sohn hat mit dem Vater Herrlichkeit (Jo 1, 14). Bereits auf dem Berg der Verklärung ist sie vor den Augen der Jünger aufgeleuchtet (Mt 17, 2). Und später auf Patmos schaut Johannes den erhöhten Herrn erst recht in seiner Herrlichkeit (vgl. Offb 1, 10a. 16). Der Sohn, der sich zum Opfer anschickte, bat den Vater, daß die, die die Frucht seines Opfers sind, auch seine Herrlichkeit sehen (Jo 17, 24). — b) Doch Jesus hat nicht nur Herrlichkeit, er g i b t auch Herrlichkeit. Er führt die Seinen (durch Leiden) in die Herrlichkeit (vgl. Apg 14, 22). Und Herr-

Die oben erwähnten Schriftstellen:

Rö 8, 14. 15: Denn welche der Geist Gottes treibt, die sind Gottes Kinder. Denn ihr habt nicht einen knechtischen Geist empfangen, daß ihr euch abermals fürchten müßtet; sondern ihr habt einen kindlichen Geist empfangen, durch welchen wir rufen: Abba, lieber Vater!

1 Jo 3, 2: Wir sind nun Gottes Kinder; und es ist noch nicht erschienen, was wir sein werden. Wir wissen aber, wenn es erscheinen wird, daß wir ihm gleich sein werden; denn wir werden ihn sehen, wie er ist.

Offb 1, 7: Siehe, er kommt mit den Wolken, und es werden ihn sehen alle Augen.

Mt 26, 64: Von nun an wird's geschehen, daß ihr sehen werdet des Menschen Sohn sitzen zur Rechten der Kraft und kommen in den Wolken des Himmels.

2 Mo 33, 20: Mein Angesicht kannst du nicht sehen; denn kein Mensch wird leben, der mich sieht.

1 Th 4, 17: Danach wir, die wir leben und übrig bleiben, werden zugleich mit ihnen hingerückt werden in den Wolken, dem Herrn entgegen in die Luft, und werden so bei dem Herrn sein allezeit.

Mt 17, 2: Und er ward verklärt vor ihnen, und sein Angesicht leuchtete wie die Sonne und seine Kleider wurden weiß wie das Licht.

Offb 1, 10a. 16: Der Geist kam über mich an des Herrn Tag. Und er hatte sieben Sterne in seiner rechten Hand, und aus seinem Munde ging ein scharfes, zweischneidiges Schwert und sein Angesicht leuchtete, wie die Sonne scheint in ihrer Macht.

Jo 17, 24: Vater, ich will, daß, wo ich bin, auch die bei mir seien, die du mir gegeben hast, auf daß sie meine Herrlichkeit sehen, die du mir gegeben hast.

Apg 14, 22: . . . daß wir durch viel Trübsal müssen in das Reich Gottes gehen.

lichkeit ist nicht nur der Ort der Seinen, sondern auch ihr Wesen. „Wenn Christus, euer Leben, offenbar werden wird, werdet ihr auch mit ihm offenbar werden in Herrlichkeit" (Kol 3, 4). Der Satz bedeutet nicht etwa, daß die Nachfolger Jesu kleine Götter würden. Aber sie werden wahrhaft Gottes Kinder sein; nicht nur dem Namen nach, sondern im Vollsinn dem Wesen nach. Dort, wo Paulus mit besonderer Klarheit darlegt, was die Weisheit und die Wege des Heilshandelns Gottes mit den Menschen sind, beschreibt er das große Ziel mit dem einen Wort: „Herrlichkeit" (1 Ko 2, 7)[23].

„Der Glaube an Jesus Christus": Der Glaube, grie „pístis", ist Lebensgemeinschaft mit dem gekreuzigten, auferstandenen und verherrlichten Herrn, durch die die Glaubenden Anteil bekommen an allem, was er ist, tut und hat (vgl. Mk 9, 23; Jo 7, 38; 14. 12). Es ist hier wie bei der Fusion (Vereinigung) zweier Firmen oder beim „Gesetzt der verbundenen (kommunizierenden) Röhren". Luther sagt, daß der Glaubende „mit Christus ein Kuchen" sei. Das schließt das Vertrauen ein, daß Jesus uns u n d andern Herrlichkeit gibt.

„Ansehen der Person": Die Alten verstanden unter „Person" etwas anderes als wir. Gemeint war nicht so sehr die individuelle Einzelpersönlichkeit als vielmehr das Etikett, das einer trug. Es war einer „ein Sklave", „ein Bürger", „ein Händler", „ein Feldherr", „ein Fürst"[24].

Der Ausdruck „Ansehen der Person" = „parteilich sein" kommt insbesondere in der grie Übersetzung des AT, in der Septuaginta, vor. Schon im AT wird es dem Richter streng verboten, in seinem Urteils-

[23] In der spätjüdischen apokryphen Literatur heißt Gott der „Herr der Herrlichkeit". In der frühen Christenheit wird diese Bezeichnung zugleich für Jesus Christus gebraucht (vgl. auch 1 Ko 2, 8). Diese Bezeichnung drückt in bekenntnisartiger Kürze und Klarheit die Gottheit des Sohnes aus.

[24] Das grie Wort für „Person" bedeutet im grie Theater die Maske, die die Schauspieler trugen. Sie hatten nicht so sehr einzelne Menschen zu spielen, als bestimmte Typen darzustellen, ihre „Rolle" zu spielen.

Die oben erwähnten Schriftstellen:

1 Ko 2, 7: Sondern wir reden von der heimlichen, verborgenen Weisheit Gottes, welche Gott verordnet hat vor der Zeit der Welt zu unserer Herrlichkeit.

1 Ko 2, 8: Welche keiner von den Herrschern dieser Welt erkannt hat; denn wenn sie die erkannt hätten, so hätten sie den Herrn der Herrlichkeit nicht gekreuzigt.

Mk 9, 23: Alle Dinge sind möglich dem, der da glaubt.

Jo 7, 38: Wer an mich glaubt, wie die Schrift sagt, von des Leibe werden Ströme lebendigen Wassers fließen.

Jo 14, 12: Wer an mich glaubt, der wird die Werke auch tun, die ich tue, und wird größere als diese tun, denn ich gehe zum Vater.

spruch parteilich zu sein (3 Mo 19, 15; 5 Mo 1, 17; Ps 82, 2). Der Richter durfte nicht denken: „Das hier ist ein Sippenoberhaupt, da muß ich ein Auge zudrücken." Oder: „Das ist ein fremdländischer Sklave; hier kann man ein Exempel der Härte statuieren." Richter sein bedeutete, im Auftrag und in Stellvertretung Gottes Recht zu finden und zu sprechen. Und die Bibel bezeugt unablässig, daß es bei Gott kein Ansehen der Person gibt. Er sieht nicht das Etikett und den menschlichen Rang an, sondern den Menschen selbst und wird jedem einzelnen gerecht (5 Mo 10, 17; Rö 2, 11; Eph 6, 9; Kol 3, 25).

Kein Ansehen der Person: Nun sagt Jakobus: Glauben und Ansehen der Person passen nicht zusammen. Es geht darum, daß wir nicht an unsere Rollen, die Etiketten, sondern an Gott glauben. Nicht Besitz, Stellung oder „herrliches Kleid" gibt Herrlichkeit, sondern allein der „Herr der Herrlichkeit".

2. Ein Beispiel aus der Versammlung der Gemeinde (V. 2–4). 2/3

„Wenn in eure Versammlung ein Mann kommt": Der sehr auf die Praxis bedachte Jakobus nennt, damit ganz klar wird, was er meint, ein konkretes Beispiel. Es ist nicht gesagt, daß es so geschehen sei: „Für den Fall, daß in eure Versammlung ein Mann kommt ..."

„Mit goldenen Ringen und einem glänzenden (weißen) **Gewand"**: Es ist wohl an einen zu denken, der nicht zur Gemeinde gehört. Die Christen waren weitgehend kleine Leute. Solch ein Mann war eine Seltenheit. Es war für sie eine Ehre und auch eine Hilfe gegen die Übergriffe Reicher und Mächtiger, wenn sich solch ein Mann zu ihnen bekannte. Der Leiter der Versammlung und einige weitere verantwortliche Brüder begrüßen ihn und geleiten ihn nach vorne. Dort verschaffen sie ihm einen bequemen Platz.

„Es kommt aber auch ein Armer in einem unsauberen Gewand": Auch er ist wohl einer, der noch nicht zur Gemeinde gehört. Vielleicht ist der Leiter etwas ärgerlich, daß er so spät kommt. Er trägt ein

Die oben erwähnten Schriftstellen:

3 Mo 19, 15: Du sollst nicht unrecht handeln im Gericht: Du sollst den Geringen nicht vorziehen, aber auch den Großen nicht begünstigen, sondern du sollst deinen Nächsten recht richten.

5 Mo 1, 17: Beim Richten sollt ihr die Person nicht ansehen, sondern sollt den Kleinen hören wie den Großen und vor niemand euch scheuen.

Ps 82, 2: Wie lange wollt ihr unrecht richten und die Gottlosen vorziehen?

5 Mo 10, 17: Denn der Herr ist der große Gott, der Mächtige und der Schreckliche, der die Person nicht ansieht und kein Geschenk nimmt.

Rö 2, 11: Denn es ist kein Ansehen der Person vor Gott.

Eph 6, 9: Wisset, daß euer und ihr Herr im Himmel ist, und ist bei ihm kein Ansehen der Person.

Kol 3, 25: Wer aber unrecht tut, der wird empfangen, was er unrecht getan hat; und gilt kein Ansehen der Person.

unsauberes Gewand. Vielleicht ist er nach seinem Herkommen und seiner Erziehung gar nicht gewohnt, sehr auf sein Äußeres zu achten. Vielleicht ist er auch ein Sklave, der nun eben erst von der Arbeit weg durfte und nicht mehr Zeit hatte, sich zu waschen und umzuziehen. Er wird keineswegs hinausgewiesen. Es wird ihm zugerufen, dort, in der Ecke neben der Tür, seien noch Stehplätze oder, wenn er wolle, könne er auch nach vorne kommen und auf den Stufen zum erhöhten Podium Platz nehmen.

Vielleicht wäre diesen Christen gar nichts aufgefallen. Jakobus beanstandet nicht, daß die Leiter der Gemeinde einem Neuankommenden gegenüber höflich sind, auch nicht, daß der Versammlungsraum nur bescheidene Möglichkeiten bietet. Was er beanstanden müßte, wäre der U n t e r s c h i e d, der gemacht wird. Daß es in der Welt so zugeht, ist hinreichend bekannt; sie weiß ja von keinem andern Adel des Menschen als dem, der ihm durch seine Stellung in der Welt verliehen wird. Aber in der Gemeinde Jesu darf es auf keinen Fall so zugehen. Zwar gibt uns das Evangelium weder Recht noch Pflicht, die sozialen Verhältnisse revolutionär zu ändern; aber die sozialen Unterschiede erscheinen minimal gegenüber der Gabe, die Gott für den Menschen vorgesehen hat: „Herrlichkeit." Jakobus lehrt, die praktischen Folgerungen daraus zu ziehen, daß die Herrlichkeit, die der „Herr der Herrlichkeit" schenkt, unendlich viel mehr wiegt als die „Herrlichkeit", die Besitz, Stellung, Bildung und „herrliches Kleid" verleihen.

Jakobus zwingt uns geradezu vor die Frage, wo es da heute bei uns fehlt. Es ist leicht, die Sozialverhältnisse der Antike zu beanstanden oder zu sagen, die Kirche habe vor hundert Jahren in der sozialen Frage versagt. Wir werden leicht „betriebsblind" im Blick auf die Fehler unserer Generation; vielleicht tun wir gedankenlos, was wir später als groben Fehler erkennen müssen.

a) Wir wissen nicht, ob das alte Weiblein, das unscheinbar hinten sitzt und Fürbitte tut, nicht mehr für die Fruchtbarkeit der Versammlung wirkt als der berühmte Evangelist am Rednerpult. Deshalb auch hier kein Unterschiedemachen! b) Wir wollen dankbar sein für das wohlhabende Gemeindeglied, das mit seinen Spenden und Stiftungen die Arbeit weitgehend finanziert. Aber wir dürfen es nicht gegenüber andern bevorzugen (Mk 12, 41–44). Die Freude über den bekannten Naturwissenschaftler, der in der Gemeinde mitarbeitet, hat ihr Recht, aber sie darf nicht zur Vergötzung dieses Mannes werden; wir brächten auch ihn selber in Gefahr. c) Wir wollen junge Menschen in Gemeinden und Gemeinschaften, wo sie vorhanden sind, in die Verantwortung hereinnehmen, aber nicht so, daß darüber die Alten sich unwert vorkommen müssen. d) Fremdarbeiter und farbige

Menschen sollen unter Christen keinesfalls als Menschen zweiter Klasse behandelt werden. e) Moralisch Defekten, Süchtigen usw. wollen wir nicht mit Geringschätzung begegnen. Zwar dürfen wir nicht alles gutheißen, aber wir wissen nicht, welche Umstände und Nöte sie in diese Gebundenheit führten und welchen Kampf sie kämpfen. Auf jeden Fall: Unser Herr ist bereit, sie anzunehmen. Da wollen auch wir sie annehmen. f) Ein Götze besonderer Art ist heute die Leistung. Ein Mensch wird danach eingeschätzt, was er zu leisten vermag. Da muß es einen Ort geben, wo diese grausame Regel nicht gilt, die Gemeinde Jesu; hier hat der Mensch, von Gott geliebt, als solcher Wert. g) Beobachten wir uns selbst, in welch verschiedener, auch innerer Haltung wir u. U. solchen begegnen, an denen wir hinaufsehen, und solchen, auf die wir (meist recht unbegründet) meinen, hinunterblicken zu können.

„Seid ihr da nicht mit euch selbst in Widerspruch geraten?": Ihr 4
habt den ewigen göttlichen Adel und macht die kleinen vergänglichen Dinge zu Maßstäben, die ihr einander anlegt! Ist das nicht inkonsequent? Wie wenig entspricht unser Verhalten oft unserer richtigen christlichen Erkenntnis! Wie leicht geraten wir in die ausgefahrenen Geleise unseres früheren Verhaltens und unserer Umwelt!

„Ihr seid Richter mit (nach) **bösen Gedanken geworden"**: Das grie Wort „ponerós" = bös wird im NT als Hauptwort zur Bezeichnung des Bösen, des Feindes gebraucht. Er will das Werk, das Gott an uns und durch uns tut, zerstören: a) das „herrliche Kleid", der Besitz, der Rang wird zum Götzen. Dieser wird ernster genommen als das, was Gott gibt und tut, ja, als Gott selbst. b) Die Gemeinde Jesu wird darüber aufgespalten. Die Liebe erkaltet. Menschen werden verletzt. Unter Umständen distanzieren sie sich von der Gemeinde und gar von ihrem Herrn selbst. c) Die Wirksamkeit der Gemeinde in missionarischer Hinsicht, mit dem, was sie sagt, tut und ist, wird geschwächt, sowohl durch das, was die Umwelt vor Augen hat, wie auch im Blick auf die innere Vollmacht vor Gott.

3. Der Gegensatz zwischen Gottes und unserem Handeln (V. 5).

„Hört (doch), **meine geliebten Brüder!"**: Jakobus weiß, daß das, 5
was er nun sagt, der menschlichen Erwartung und dem menschlichen Vorurteil zuwiderläuft. So etwas nimmt der Mensch, ihm selbst vielleicht gar nicht ganz bewußt, häufig einfach nicht auf. So bittet er besonders um Aufmerksamkeit.

a) Was Gott tut: **„Gott hat die Armen in der Welt erwählt"**: Wir Menschen fangen immer oben an. Wir greifen nach dem Besten. Das beginnt bei so äußeren Dingen, daß, wenn der Gärtner Pflanzen aus dem Frühbeet ins Freiland setzt, er die stärksten zuerst nimmt. Er ist ja auf die Qualität der Pflanzen angewiesen. Und so suchen auch wir, wo wir für irgendwelche Zwecke Menschen aussuchen, immer die Besten, die Herausragenden. Auch sonst ist man an denen, die Rang und Namen haben, besonders interessiert. Gott dagegen fängt in seinem Erbarmen und weil er auf die Qualität des Menschen nicht angewiesen ist, an anderer Stelle an, unten bei den Armen: Ein Sklavenvolk hat er zum Bund erwählt. Von der Herde weg hat er einen, an den kein Mensch dachte, zum bedeutendsten König seines Volkes berufen. Ein schlichtes Mädchen aus Nazareth hat er zur Mutter des eingeborenen Sohnes gemacht. Keiner, den Gott berufen hat, soll meinen, Gott habe ihn um seiner Vorzüge willen erwählt (5 Mo 7, 7–9; 1 Ko 1, 26–29). – Auch aus diesem Grund ist der ewige Gottessohn arm geworden, damit die Armen merken, daß Gott gerade sie meint (Mt 8, 20; 2 Ko 8, 9). Wie Jakobus, so hat vor allem der Herr selbst Partei ergriffen für die auf allerlei Weise Armen und Hilfsbedürftigen (Lk 4, 18; 6, 20. 21. 24. 25; 14, 13. 21; 16, 19 ff).

„Die Armen in der Welt": Gemeint sind die Armen aus dem Ganzen der menschlichen Gesellschaft. Arme vor allem befanden sich in den Christengemeinden der ersten Jahrhunderte (vgl. 1 Ko 1, 26). Nicht selten ist es auch heute so, besonders dort, wo es nicht opportun ist, Christ zu sein, wo dem die öffentliche Meinung entgegensteht, wo es Nachteile mit sich bringt. – In der näheren Bestimmung „die Armen in der W e l t" kann aber auch mitgehört werden, daß diese Armut nur vorübergehend ist und sich allein auf dieses Leben und diesen Äon bezieht[25].

[25] Man pflegt einzuwenden, die Bibel vertröste die Menschen mit dem Himmel. Doch gerade durch das Wissen, daß diese Weltzeit nicht alles ist, wird der Glaubende frei von Neid und Geiz und dadurch frei für den Mitmenschen, den er nun mit den Augen Gottes sieht.

Die oben erwähnten Schriftstellen:

Mt 8, 20: Die Füchse haben Gruben, und die Vögel unter dem Himmel haben Nester; aber des Menschen Sohn hat nicht, wo er sein Haupt hinlege.

2 Ko 8, 9: Ihr wisset die Gnade unseres Herrn Jesus Christus, daß, ob er wohl reich ist, ward er doch arm um euretwillen, auf daß ihr durch seine Armut reich würdet.

Lk 4, 18: Der Geist des Herrn ist bei mir, darum weil er mich gesalbt hat, zu verkündigen das Evangelium den Armen.

Lk 6, 20. 21: Selig seid ihr Armen. Selig seid ihr, die ihr hier hungert.

Lk 6, 24. 25: Wehe euch Reichen! Wehe euch, die ihr hier satt seid!

Lk 14, 13. 21: Wenn du ein Mahl machst, so lade die Armen, die Krüppel, die Lahmen, die Blinden.
Gehe schnell hinaus auf die Straßen und führe die Armen und Krüppel und Blinden und Lahmen herein.

1 Ko 1, 26: Sehet an, liebe Brüder, eure Berufung: nicht viele Weise nach dem Fleisch, nicht viele Gewaltige, nicht viele Edle sind berufen.

„Durch den Glauben reich“: Indem wir Glaubende werden, Gott glauben, was er uns sagt, fließen sein unermeßlicher Reichtum und unsere Bettelarmut zusammen. Unser Herr spricht sozusagen: „Was dein ist, das ist mein“ (so hat er unsere Schuld bezahlt). Und er spricht: „Was mein ist, das ist dein“ (und gibt uns teil an seiner göttlichen Herrlichkeit). Das gilt jetzt schon im Glauben und dann enthüllterweise: **„Sie sind Erben (Mitteilhaber) des Reiches“**: Das „Reich“, grie „basileía“, bedeutet nicht nur einen Herrschaftsbereich, sondern auch den Akt des Regierens. „Mitteilhaber des Reiches“ zu sein, bedeutet einmal, daß der Glaubende **Mitbürger** der kommenden Herrschaft Christi ist, aber auch **Mitteilhaber** an seinem Weltregiment (Offb 1, 6; 20, 4; 1 Ko 6, 2). „Die Fürbitte der Kinder Gottes ist (jetzt schon) ihre Teilhabe am Weltregiment Gottes“ (F. Oetinger).

b) Was dagegen die tun, die solche Unterschiede machen: **„Ihr aber“**: Sie haben sich den Maßstäben der Welt unterworfen und so gegenüber dem Armen und dem Reichen eine falsche Stellung eingenommen.

aa) **„Ihr habt den Armen entehrt“**: Man hat ihn erniedrigt. Gottes 6
Zusage, daß er ihn ehre und ihm Herrlichkeit gebe, wurde nicht Glauben geschenkt. Damit hat man es dem Armen erschwert, selbst mit der gnädigen Zusage Gottes zu rechnen.

bb) Jakobus sagt, daß für die Christen doch wahrlich kein Anlaß bestehe, die Reichen und Mächtigen so zu hofieren. Er will die Christen keineswegs gegen die Reichen aufhetzen, doch sie sollen die wirkliche Lage sehen lernen: Besitz ist Macht, und die Macht, der Platz am „längeren Hebel“, ist eine große Versuchung: **„Sind es nicht die Reichen, die euch gewalttätig behandeln?“** Die, die im Fetten saßen, auch aus dem Judentum, wollten von der messianischen Hoffnung nicht viel wissen. Sie waren mit dem Leben so ganz zufrieden. Die armen Christengemeinden mit ihrer Hoffnung auf den großen kommenden Tag (Jak 5, 7 ff) waren ihnen verächtlich und ein Dorn im Auge. – **„Sie schleppen euch vor Gericht“**: Sie gingen gegen die Christen wegen ihrer Glaubensüberzeugung vor, wie wir immer wieder in der Apg lesen (Apg 4, 1 ff; 5, 17 ff; 6, 9 ff; 8, 1 ff; 9, 23 ff;

Die oben erwähnten Schriftstellen:

Offb 1, 6: Und hat uns zu Königen und Priestern gemacht vor Gott, seinem Vater.
Offb 20, 4: . . . diese wurden lebendig und regierten mit Christus tausend Jahre.
1 Ko 6, 2: Wisset ihr nicht, daß die Heiligen die Welt richten werden?

12, 1 ff; 13, 50; 14, 19; 16, 19 ff; 17, 5 ff. 12 ff; 19, 23 ff; 21, 27 ff; 23, 12 ff). Auch mögen arme Gemeindeglieder ihnen gegenüber verschuldet gewesen sein. Der unbarmherzige Wucherer hatte dann schnell eine Handhabe, ihnen vollends alles zu nehmen. In der damaligen Zeit (und nicht nur damals) war mit Bestechungsgeldern Erhebliches zu machen (vgl. Apg 24, 26). Zudem hörte man eben vor allem auf die Vermögenden und Einflußreichen.

7 **„Sind es nicht sie, die den guten** (schönen) **Namen lästern, der über euch ausgesprochen worden ist?"**: Bei der Taufe jener Christen wurde der Name Jesu ausgesprochen; getauft wurde ja auf seinen Namen (Apg 2, 38; 10, 48). Sie wurden in die Gemeinschaft mit Jesus versetzt und sein Eigentum[26].

„Der schöne Name": Man spürt dieser Ausdrucksweise die ganze Liebe, Dankbarkeit und Freude jener ersten Christen ab. Wenn man sie verunehrte, konnte sie das schließlich kalt lassen; was tat's? Aber wenn sein Name verunehrt wurde, das traf sie. (Ist es bei uns nicht oft umgekehrt?)

Zusammenfassend ist zu sagen: Christen sollen für Arme und Reiche, auch für diese, in gleicher Weise offen sein; einen Klassenhaß darf es nicht geben. Aber eine so ungleiche Behandlung von reich und arm, wie sie die Welt übt mit ihrer Bevorzugung der Reichen und Mächtigen, muß (und kann) ausschließen, wer sieht, wie Gott seinen Adel allen gleicherweise schenkt.

[26] „Auf den Namen" war eine Ausdrucksweise, die auch im bargeldlosen Zahlungsverkehr des Altertums gebraucht wurde. Sie bedeutete „auf das Konto". „‚Auf den Namen Jesu getauft sein' heißt also: von des Teufels Konto abgebucht und auf Jesu Konto übertragen werden" (Kurt Henning). „Gott hat uns errettet von der Obrigkeit der Finsternis und hat uns versetzt in das Reich seines lieben Sohnes" (Kol 1, 13).

Die oben erwähnten Schriftstellen:

Apg 13, 50: Aber die Juden reizten die gottesfürchtigen angesehenen Frauen auf und der Stadt Oberste und erregten eine Verfolgung wider Paulus und Barnabas und stießen sie zu ihren Grenzen hinaus.

Apg 14, 19: . . . und überredeten das Volk und steinigten Paulus und schleiften ihn zur Stadt hinaus.

Apg 24, 26: Er hoffte aber daneben, daß ihm von Paulus sollte Geld gegeben werden.

Apg 2, 38: Tut Buße und lasse sich ein jeglicher taufen auf den Namen Jesu Christi.

Apg 10, 48: Und befahl, sie zu taufen in dem Namen Jesu Christi.

II. Alle Lebensbereiche unter der Herrschaft Jesu Christi

Jakobus 2, 8—13

8 Gewiß, wenn ihr das königliche Gesetz gemäß dem Schriftwort
erfüllt: „Du sollst deinen Nächsten lieben wie dich selbst“, so tut
9 ihr wohl; * wenn ihr aber die Person anseht, so vollbringt ihr
10 Sünde und werdet vom Gesetz als Übertreter überführt. * Denn
wer das ganze Gesetz hält, sich aber an einem Punkt verfehlt, der
11 wird in allem schuldig. * Denn der, der gesagt hat: „Du sollst
nicht ehebrechen“, der hat auch gesagt: „Du sollst nicht töten.“
Wenn du zwar die Ehe nicht brichst, tötest aber, so bist du ein
12 Übertreter des Gesetzes geworden. * Redet so und handelt so als
Leute, die im Begriff sind, durch das Gesetz der Freiheit gerichtet
13 zu werden. * Denn das Gericht wird erbarmungslos gegen den
ergehen, der kein Erbarmen bewiesen hat. Die Barmherzigkeit
rühmt sich gegen das Gericht.

Zu Vers 8: 3 Mo 19, 1. 18 Mt 22, 37—39 Gal 5, 14 1 Ko 13, 13
Zu Vers 9: 5 Mo 1, 17 3 Mo 19, 15
Zu Vers 10: Mt 5, 19. 48 Rö 3, 12 Gal 3, 10
Zu Vers 11: 2 Mo 13. 14 5 Mo 5, 17. 18 Mt 5, 21 ff
Zu Vers 12: Jak 1, 25 Ps 40, 9 1 Pt 2, 16 2 Ko 3, 17
Zu Vers 13: 2 Mo 33, 19 Mi 7, 18 Mt 5, 7 2 Ko 4, 1

Nach dem V. 1—7 Gesagten mag einer einwenden: „Ist denn das so wichtig? Bei dem Unterschiedemachen handelt es sich um einen kleinen Teilaspekt meines Lebens.“ Jakobus gibt in diesem Abschnitt hier eine grundsätzliche, über die Einzelfrage hinausgehende Antwort.

1. Die große Regel eines richtigen Lebens (V. 8).

„Das königliche Gesetz“: Inwiefern ist das Gebot „Du sollst deinen Nächsten lieben wie dich selbst“ das „königliche Gesetz“? 8

a) Es ist vom König erlassen, vom „König aller Könige“ (3 Mo 19, 1. 18). Der Sohn, dem der Vater alle Macht übergeben hat (Mt 11, 27; 28, 18; Offb 19, 16), hat es dem Gebot, Gott über alle Dinge zu lieben, gleichgestellt (Mt 22, 37 ff).

b) Das „königliche Gesetz“ ist vom König selbst erfüllt worden und wird noch erfüllt. Wir haben einen menschenfreundlichen Gott

Die oben erwähnten Schriftstellen:

3 Mo 19, 1. 18: Der Herr redete mit Mose und sprach: Du sollst deinen Nächsten lieben wie dich selbst; ich bin der Herr.

Mt 11, 27; 28, 18: Alle Dinge sind mir übergeben von meinem Vater. Mir ist gegeben alle Gewalt im Himmel und auf Erden.

Offb 19, 16: König aller Könige und Herr aller Herren.

Mt 22, 37—39: Jesus aber sprach zu ihm: Du sollst lieben Gott, deinen Herrn, von ganzem Herzen, von ganzer Seele und von ganzem Gemüte. Dies ist das vornehmste und größte Gebot. Das andere aber ist dem gleich: Du sollst deinen Nächsten lieben wie dich selbst.

(Tit 3, 4). Diese Liebe fand in dem die Krönung, was Jo 3, 16 steht: „Also hat Gott die Welt geliebt, daß er seinen eingeborenen Sohn gab . . ." (vgl. Rö 5, 10; 8, 32). Und der Sohn, die für uns erschienene und in Aktion getretene Liebe Gottes, hat dieses Gebot erfüllt. Er hat uns geliebt, mehr als sich selbst, und den letzten Blutstropfen für uns gegeben (Mt 20, 28). Wenn schon gestraft werden muß, so wollte e r gestraft werden. Wenn schon gestorben werden muß, so wollte e r sterben.

c) Das Liebesgebot ist das „königliche Gesetz", weil es alle andern Gebote, die uns im Blick auf Gott und unsere Mitmenschen gegeben worden sind, umschließt. Es ist der Brennpunkt, in dem sich alle Strahlen sammeln (Mt 22, 34—40; vgl. 1 Ko 13, 13).

d) Die Liebe ist auch insofern ein „königliches Gesetz", als sie königlich frei und großzügig verschenkt, nicht nach Gegenleistungen fragt und sich nicht von ihnen abhängig macht.

„Gemäß dem Schriftwort erfüllt": Das verbietet, alles nur mögliche „Liebe" zu heißen. — **„So tut ihr wohl"**: So gefällt es Gott wohl, so wird den Menschen wohlgetan und so sind wir für uns selbst wohl beraten; unser Leben wird heil, reich und frei.

2. Eine Verletzung dieser Regel (V. 9).

9 **„Wenn ihr aber die Person anseht, so vollbringt ihr Sünde"**: Inwiefern verletzt solches Unterschiedemachen die Liebe (und verstößt deshalb gegen Gottes Gebot und wird zur Sünde)?

a) Was den Armen, Geringen und Unscheinbaren betrifft: Es erniedrigt und entehrt ihn. Es hindert ihn daran, zu glauben, daß Gott mit ihm Großes und Segensvolles vorhat, und es unterstützt in ihm die Neigung zum Unglauben und zur Verzagtheit.

b) Was den Reichen und Hochgestellten betrifft: Einerseits wird er dazu verführt und darin bestärkt, sein Geld und seine Geltung zu seinem Gott zu machen. Zum andern verbeugt man sich ja nur vor seinem Besitz, seinem Einfluß und den guten „Beziehungen", die

Die oben erwähnten Schriftstellen:

Tit 3, 4: Als aber erschien die Freundlichkeit und Leutseligkeit Gottes, unseres Heilandes, rettete er uns.

Rö 5, 10; 8, 32: Denn wenn wir mit Gott versöhnt sind durch den Tod seines Sohnes, als wir noch Feinde waren, um wieviel mehr werden wir selig werden durch sein Leben, nachdem wir nun versöhnt sind!
Welcher auch seines eigenen Sohnes nicht hat verschont, sondern hat ihn für uns alle dahingegeben.

Mt 20, 28: Des Menschen Sohn ist nicht gekommen, daß er sich dienen lasse, sondern daß er diene und gebe sein Leben zu einer Erlösung für viele.

1 Ko 13, 13: Nun aber bleibt Glaube, Hoffnung, Liebe, diese drei; aber die Liebe ist die größte unter ihnen.

die Bekanntschaft mit ihm bedeuten. Er mag denken: „Sie hofieren mich zwar alle, aber sie meinen gar nicht mich, sondern den Nutzen, den ich ihnen bringen soll.“

Jesus machte keine Unterschiede. Er hatte gleicherweise Zeit für den einflußreichen Nikodemus (Jo 3) wie auch für eine verrufene Frau, einen seit Jahrzehnten siechen Menschen und einen blinden Bettler (Jo 4; 5; 9).

„So vollbringt ihr Sünde und werdet vom Gesetz als Übertreter überführt“: Hier wird eine wichtige Seite dessen, was die Bibel „Sünde“, grie „harmartía“ („Fehltritt“), heißt, deutlich: Gott hat uns in seiner Heiligkeit und Güte mit seinen Geboten den allein heilsamen Weg durch dieses Leben gezeigt. Jesus ist uns den Weg vorangegangen. „Er hat uns ein Vorbild gelassen, daß wir sollen nachfolgen seinen Fußtapfen“ (1 Pt 2, 21). Wer sich weigert, in die Fußtapfen seines Bergführers zu treten, kann abstürzen. So wird, wer sich weigert, unserem **Herrn** zu folgen, auch darin, keine Unterschiede zu machen, abstürzen.

3. Die Wirkung der Verletzung auch nur eines Gebots (V. 10–11).

„Denn wer das ganze Gesetz hält, sich aber an einem Punkt ver- 10
fehlt, der wird in allem schuldig“:

a) Auch in menschlich alltäglichen Verhältnissen ist das u. U. so. Wenn einer zwei Stunden lang tapfer in die Fußspuren des Bergführers getreten ist, dann aber eigensinnig an e i n e m Punkt vom Weg abweicht, so kann ihm das zum Verhängnis werden. Wenn einer sechs Kilometer lang eine Paßstraße richtig befuhr, dann aber an einer Stelle über den Randstein fährt, so genügt das dazu, daß er in die Tiefe stürzt. Auch in menschlichen Strafgesetzen ist das nicht anders: Wenn einer 50 000 Mark unterschlagen hat, so kann er nicht Straffreiheit mit der Begründung fordern, daß er ja keinen getötet habe. Wenn einer grobfahrlässig einen tödlichen Verkehrsunfall verursacht hat, so kann er keinen Freispruch verlangen, weil er zuvor 100 000 Kilometer unfallfrei gefahren ist.

b) Wieviel mehr gilt das im Blick auf den heiligen Gott. Unsere Gemeinschaft mit ihm erfordert auch von uns Heiligkeit und Vollkommenheit (3 Mo 19, 2; Mt 5, 48). Schüler können für ihre Versetzung eine Fünf in Mathematik mit einer Zwei oder Drei in einem andern Hauptfach ausgleichen. Hier können wir mit nichts kompensieren. Die Gemeinschaft mit Gott erfordert von uns sozusagen in

Die oben erwähnten Schriftstellen:

3 Mo 19, 2: Ihr sollt heilig sein, denn ich bin heilig, der Herr, euer Gott.

Mt 5, 48: Darum sollt ihr vollkommen sein, gleichwie euer Vater im Himmel vollkommen ist.

allen Fächern eine Eins. Und wenn wir in einem Punkt nicht genügen, dann wendet sich die ganze richtende Gerechtigkeit Gottes gegen uns. An dieser Stelle wird uns Paulus verständlich: „Da ist nicht einer, der Gutes tue, auch nicht einer" (Rö 3, 12).

c) Die Übertretung an einem Einzelpunkt hat Bedeutung für unser ganzes Leben. Die Sünde ist das „Sondernde"; sie führt uns aus der lebensnotwendigen Gemeinschaft mit Gott hinaus. Wo dieser Punkt ist, ob beim 5., 6., 7. oder 8. Gebot, ist unwichtig. In jedem Fall versiegen dann die Kräfte aus Gott in unserem Leben: Wenn ein Zweig vom Baum gebrochen wird, dann stirbt er ab, ob die Bruchstelle weiter oben oder weiter unten ist. So verlieren wir in jedem Fall auch unsere Geborgenheit in Gott vor der Zerstörungsmacht des Feindes: Wenn in früheren Zeiten einer, während draußen die Kriegshaufen raubten und plünderten, die befestigte Stadt verließ, geriet er in die Gefahr umzukommen, durch welches Tor auch immer er aus der Stadt hinausging.

11 d) Das Beispiel aus den Geboten. **„Du sollst nicht töten"**: Jakobus erwähnt Gebote, die auch Jesus in der Bergpredigt auslegte (Mt 5, 21 ff). Offenkundig lebte Jakobus in besonderer Weise in den Worten der Bergpredigt. Auffallend ist, daß er im Zusammenhang mit seinen Ausführungen über die Lieblosigkeit, speziell über das Unterschiedemachen, gerade auf das 5. Gebot kommt.

aa) Wenn einer ohnehin kein großes Selbstbewußtsein hat und nicht fest auf den Füßen steht, so kann ihn eine solche Hintansetzung endgültig mutlos und niedergeschlagen machen. Die Räuber im Gleichnis schlugen den Mann nieder und ließen ihn halbtot liegen (Lk 10, 30). Auch mit W o r t e n und einem Verhalten, das einen nicht mit den Strafgesetzen des Staates in Konflikt bringt, kann man einen Menschen „niederschlagen", niedergeschlagen machen und ihn „halbtot liegen" lassen.

bb) Das Unterschiedemachen und die Mißachtung sind nicht selten der Anfang des tatsächlichen Tötens. Im letzten Krieg hat's geheißen: „nur ein Jude!", „nur ein Russe!", „nur ein Idiot!" Und dann hat man sie zu Tausenden und Abertausenden getötet[27].

[27] Sowohl aus der Bergpredigt Jesu wie auch aus diesen Worten sehen wir, daß die Zehn Gebote des AT auch noch für die ntst Gemeinde Gültigkeit haben. Sie besitzen nur nicht den Charakter des „Gesetzes", des Solls, das der Mensch erfüllen muß, b e v o r Gott ihn annimmt (so verstanden die Pharisäer die Gebote). Gott nimmt uns an wie wir sind. Doch wir dürfen nicht bleiben wie wir sind. Und in den Zehn Geboten ist uns ein für allemal Gottes heiliger und allein heilsamer Wille, in den er uns gestalten will, offenbart. Gottes Ziel sind nicht ihm ungehorsame, sondern ihm gehorsame Kinder. Gott will nicht, daß der Mensch sich selber zerstört, sondern daß er lebt und heil wird.

4. Der Endverantwortung eingedenk sein (V. 12).

12 **„Das Gesetz der Freiheit"**: Menschliche Gesetze werden häufig als eine gewisse Unfreiheit, als Beschränkung der Freiheit empfunden. Aber dort, wo wir die Weisheit und Liebe Gottes, des Vaters, begreifen, da ist auch sein gebietendes Wort kein beengender Zwang. Wo wir unter dem Einfluß seines Geistes stehen, wo die Liebe und Dankbarkeit regiert, wo wir mit dem Vater denken, da legt sich unser Wille gegenüber dem gnädigen Willen Gottes nicht mehr quer. Da heißt es von uns, wie von dem Sohn, der durch den Geist in unseren Herzen wohnt: „Deinen Willen, Herr, tue ich gerne" (Ps 40, 9; Eph. 3, 17; 2 Ko 3, 17). Wahre Freiheit ist nicht Freiheit an sich (sie würde ja gleich wieder zur entehrenden Gebundenheit), sondern Freiheit für Gott, der Kinder für den Vater, und so Freiheit von den Menschen und für die Menschen. (Vgl. auch das zu Kap. 1, 25 Gesagte.) So allein sind wir wahrhaft Menschen[28].

„Durch das Gesetz der Freiheit gerichtet": Am Ziel unserer Wege wird neben unser Leben das Gebot Gottes gelegt, das Leben Jesu, das der gelebte Gotteswille ist. Jesu Leben ist der Maßstab für uns. Paulus schreibt: „Ihr seid gehorsam geworden der Lehre" (Rö 6, 17 – In der Technik versteht man unter einer „Lehre" eine Art Maß oder Meßgerät). **„Redet so und handelt so als Leute, die im Begriff sind, durch das Gesetz der Freiheit gerichtet zu werden"**: „Herr, diese Offenbarung drück du mir zur Bewahrung beständig in den Sinn, daß ich auf das nur sehe, ich gehe oder stehe, wie ich vor deinem Auge bin" (Ph. Fr. Hiller). Heute schon wollen wir uns als Glaubende von Jesu Leben und Geist messen und durchrichten lassen. „Hier will ich durchrichtet sein, frei ins Leben gehen ein" (Michael Hahn).

5. Die Bedeutung der Barmherzigkeit im Gericht (V. 13).

13 a) Die erfahrene Barmherzigkeit. **„Die Barmherzigkeit rühmt sich gegen das Gericht"**: Wer kann denn da noch selig werden, wenn hier (im Bild des Schülers gesprochen) sozusagen eine volle Eins als Durchschnittszeugnis verlangt wird? Jakobus gibt die Antwort mit dem Wort „Barmherzigkeit", grie „éleos"[29].

[28] Gottes Gebot in diesem Sinn ist in sich selber wiederum frohe Botschaft, Evange-**lium.** „Man kann die Weisheiten des Jakobusbriefes nicht verstehen, wenn man nicht sieht, daß sie allesamt auf diesem Nenner stehen" (Karl Barth).

[29] „Kyrie eleison", der alte Gebetsruf der Kirche, hängt sprachlich damit zusammen und bedeutet: „Herr, erbarme dich."

Die oben erwähnten Schriftstellen:

Eph 3, 17: . . . daß Christus wohne durch den Glauben in euren Herzen.

Ins Blickfeld trat die Barmherzigkeit Gottes erstmalig in der atst Geschichte, als es auf des Messers Schneide stand, ob Gott das von ihm erwählte Volk wieder verwerfen müsse. Hier wurde ausgesprochen: Gott übt nicht nur Barmherzigkeit, er ist Barmherzigkeit. Barmherzigkeit ist geradezu die Summe seines Wesens, sein Name (2 Mo 33, 19; 34, 6). Das Gericht einer vergeltenden Gerechtigkeit sagt: Der Mensch muß sterben. Die Barmherzigkeit sagt: Der Mensch soll leben. Die richtende Gerechtigkeit fordert, daß der Mensch in Ewigkeit von Gott geschieden sei. Die Barmherzigkeit Gottes will den Menschen ganz nah bei sich haben. Und nun triumphiert die Barmherzigkeit über das Gericht. Wie ist es dazu gekommen? Die Barmherzigkeit Gottes ist „erschienen" (Lk 1, 78. 79). So jubelt ein Zeuge der Geburt des Sohnes. Nun war die Barmherzigkeit Gottes im Vollsinn da und am Werk. Dieser Eine machte sozusagen die volle „Eins". So bezeugte der Vater: „Dies ist mein lieber Sohn, an dem ich Wohlgefallen habe." Und nun hat Jesus mit uns Menschen getauscht: „Er ist für uns zur Sünde gemacht, auf daß wir in ihm würden die Gerechtigkeit Gottes" (2 Ko 5, 21). Unser Herr hat unser miserables Zeugnis übernommen und alle Folgen daraus getragen; er ließ sich an unserer Statt wie eine völlig unbrauchbare Schülerarbeit „durchkreuzen". Und umgekehrt gibt er uns sein hervorragendes Zeugnis, so daß wir uns auch vor dem letzten Gericht nicht zu fürchten brauchen. Auf diese Weise triumphiert in unserem Leben einmal in Ewigkeit die Barmherzigkeit über das Gericht; die Barmherzigkeit hat und spricht das letzte Wort[30].

[30] Interessant ist die Entstehung der deutschen Wörter „erbarmen" und „Barmherzigkeit". Als einst gotische Missionare vom heutigen Siebenbürgen her donauaufwärts nach Süddeutschland kamen, waren sie in derselben Lage, in der sich oft auch unsere Missionare unter den heidnischen Volksstämmen befinden: Sie fanden nicht die Wörter, die Wortgefäße vor, in denen die biblische Botschaft ausgedrückt werden konnte, z. B. der biblische Begriff der Barmherzigkeit. So mußten auch sie schon zu neuen Wortbildungen greifen. Es war ein Zeitwort „arman", „armen" vorhanden, das „arm machen", „berauben" bedeutete. Das kannten unsere germanischen Vorfahren offenkundig. Nun verwandelten die Missionare dieses Zeitwort durch die Vorsilbe „ab" in die gegenteilige Bedeutung. Darauf setzten sie noch eine verstärkende Vorsilbe davor „ir" oder „er"; das „a" fiel dabei weg. So entstand „erbarmen" = ganz und gar von der Armut befreien. Und schließlich wurde daraus „barmherzig" und „Barmherzigkeit" = ein Herz haben für die Armen und sie ganz und gar von der Armut befreien.

Die oben erwähnten Schriftstellen:

2 Mo 33, 19; 34, 6: Wem ich gnädig bin, dem bin ich gnädig, und wessen ich mich erbarme, dessen erbarme ich mich.
Herr, Herr, Gott, barmherzig und gnädig und geduldig und von großer Gnade und Treue.

Lk 1, 78. 79: . . . durch die herzliche Barmherzigkeit unseres Gottes, durch welche uns besucht hat der Aufgang aus der Höhe, auf daß er erscheine denen, die da sitzen in Finsternis und Schatten des Todes.

b) Die geübte und nicht geübte Barmherzigkeit. In der Bibel steht von der Barmherzigkeit Gottes, ehe von der Barmherzigkeit des Menschen die Rede ist (2 Mo 34, 5. 6; Ps 103, 4. 8). Jesus selbst war zunächst der große „barmherzige Samariter", der von „Jerusalem" nach „Jericho", von der himmlischen Herrlichkeit in diese Welt hinabging (Phil 2, 6—8) und unter Einsatz seines Lebens sich des unter den Mörder und Räuber, den Feind, gefallenen Menschen annahm. Doch Gott will, daß wir die empfangene Barmherzigkeit weitergeben. „Weil uns denn Barmherzigkeit widerfahren ist, so werden wir nicht müde" (2 Ko 4, 1). Der Mensch geht der Gnade, der Vergebung und der Barmherzigkeit, die er empfangen hat, wieder verlustig, wenn er sich weigert, sie auch andern Menschen weiterzugeben. **„Das Gericht wird erbarmungslos gegen den ergehen, der kein Erbarmen bewiesen hat"**: Wir können und müssen uns die Seligkeit nicht verdienen. Durch Gottes Gnade und Barmherzigkeit wird sie uns geschenkt. Doch wir können ihrer wieder verlustig gehen, wenn wir unser Vergeben und unsere Barmherzigkeit überhaupt andern Menschen vorenthalten.

Im Gleichnis vom Schalksknecht (Mt 18, 21 ff) sagt Jesus von dem Mann, der 100 Millionen veruntreut hat und nun um Stundung bittet (eine unsinnige Sache, denn er kann ja seine Schulden nie zahlen). Durch die Barmherzigkeit seines Herrn empfing er noch viel mehr als er erbeten hatte, nicht nur Zahlungsaufschub, sondern Erlaß. Doch als er nachher seinem Mitknecht unbarmherzigerweise die Stundung von auch nur hundert Mark verweigerte, da ging er der empfangenen Barmherzigkeit wieder verlustig; er hatte sie nicht wahrhaft als Barmherzigkeit empfangen, sonst hätte er so nicht handeln können[31].

Unsere Unbarmherzigkeit kann sehr verschiedene Gestalt haben. Sie kann auch darin bestehen, daß wir unsere wirklichen oder vermeintlichen Qualitäten sehr ins Licht rücken, und andere darüber ver-

[31] Rechte Barmherzigkeit reicht auch bis zu den Tieren: „Der Gerechte erbarmt sich seines Viehs" (Spr 12, 10). Der Wurm im Staub ist nicht tiefer unter dem Menschen als der sündige Mensch unter Gott.

Die oben erwähnten Schriftstellen:

2 Mo 34, 5. 6: Da kam der Herr hernieder in einer Wolke, und Mose trat daselbst zu ihm und rief den Namen des Herrn an . . . und er rief aus: Herr, Herr, Gott, barmherzig und gnädig und geduldig und von großer Gnade und Treue.

Ps 103, 4. 8: . . . der dein Leben vom Verderben erlöst, der dich krönt mit Gnade und Barmherzigkeit.
Barmherzig und gnädig ist der Herr, geduldig und von großer Güte.

Phil 2, 6—8: . . . welcher, ob er wohl in göttlicher Gestalt war, nahm er's nicht als einen Raub, Gott gleich zu sein, sondern entäußerte sich selbst und nahm Knechtsgestalt an, ward gleich wie ein anderer Mensch und an Gebärden als ein Mensch erfunden. Er erniedrigte sich selbst und ward gehorsam bis zum Tode, ja zum Tode am Kreuz.

zagt und gegen ihren Schöpfer bitter werden. „Erforsche mich, Gott, und erfahre mein Herz; prüfe und erfahre, wie ich's meine. Und sieh, ob ich auf bösem Wege bin, und leite mich auf ewigem Wege" (Ps 139, 23. 24).

Zu diesem „bösen Weg", zu dieser Versagung der Liebe und Barmherzigkeit gehört, so sagt uns Jakobus, auch das „Person-Ansehen". Auch dieses führt zu einem erbarmungslosen Gericht. Bleiben wir uns dessen eingedenk, daß wir alle auf dem Weg sind zu dem großen Gerichtstag mit den schweren Folgen der versagten Barmherzigkeit.

4. Spruchreihe: ÜBER GLAUBE UND WERKE

(Wenn Glaube und Werke im Widerspruch stehen)

Jakobus 2, 14—26

Zu Vers 14: Jo 15, 2. 4. 5; Rö 3, 20. 28; Mt 7, 21—23; Tit 3, 8
Zu Vers 15. 16: 1 Ko 3, 9; Lk 3, 11; 1 Jo 3, 17. 18
Zu Vers 17: Offb 3, 1
Zu Vers 18: Gal 5, 6; 1 Ko 13, 2; Rö 8, 14
Zu Vers 19: Mt 8, 29; Mk 1, 24; 5, 7
Zu Vers 20: Rö 7, 14; 8, 7
Zu Vers 21. 22: 1 Mo 22, 9—12; Hbr 11, 17; Gal 3, 6
Zu Vers 23: 1 Mo 15, 6; Jes 41, 8; Rö 4, 3
Zu Vers 24: Jo 8, 39
Zu Vers 25: Jos 2, 1—21; Hbr 11, 31; Mt 1, 5. 6

14 **Was hat es für einen Nutzen, meine Brüder, wenn einer** (nur)
sagt, er habe Glauben, aber keine Werke hat? Kann etwa der
15 (solcher) **Glaube ihn retten?** * **Wenn ein Bruder oder eine Schwester**
ohne Kleidung ist und an der täglichen Nahrung Mangel leidet,
16 ***und jemand von euch sagte zu ihnen: „Geht hin in Frieden, klei-**
det euch warm und eßt euch satt!", ihr gäbet ihnen aber nicht
17 **das, was sie für ihren Leib brauchen: was nützte das?** * **So ist**
auch der Glaube, wenn er keine Werke hat, in sich selbst tot.
18 **Darauf wird** (vielleicht) **jemand** (eine Vermittlung suchend) **sagen:**
„Du hast Glauben und ich habe Werke." (In dem Sinn: der eine
hat Glauben und der andere hat Werke.) **Zeige mir deinen Glau-**
ben ohne die Werke, und ich will dir aus meinen Werken den
Glauben zeigen.
19 **Du glaubst, daß** (nur) **ein Gott ist. Du tust recht daran; aber das**
20 **glauben auch die Dämonen und erschaudern** (dabei). * **Willst du**
gedankenloser Mensch denn (endlich) **begreifen, daß der Glaube**
ohne die Werke wirkungslos ist?
21 **Ist nicht unser Vater, Abraham, aus Werken gerecht gesprochen**
22 **worden, als er Isaak, seinen Sohn, auf dem Altar darbrachte?** * **Da**
siehst du, daß der Glaube mit seinen Werken zusammen wirksam
war und der Glaube durch die Werke zur Vollendung gebracht
23 **wurde.** * **So ist das Schriftwort erfüllt, das sagt: „Abraham aber**
glaubte Gott, und das wurde ihm als Gerechtigkeit angerechnet."
24 **Und er wurde „Gottes Freund" genannt.** * **Ihr seht, daß ein**
Mensch aufgrund seiner Werke gerecht gesprochen wird und nicht
25 **lediglich aufgrund des Glaubens.** * **Ist nicht ebenso auch die Dirne**

Rahab aufgrund von Werken gerecht gesprochen worden, weil sie die Kundschafter aufnahm und sie auf einem andern Weg wieder
26 **hinaus ließ? * Denn wie der Leib tot ist ohne Geist, so ist auch der Glaube tot ohne Werke.**

Dem Vorausgehenden mochte einer entgegenhalten: Jakobus, machst du denn nicht eine viel zu große Sache daraus, daß einem Mann „in gehobener Stellung" etwas mehr Aufmerksamkeit entgegengebracht wurde als einem Sklaven? Das ist doch etwas Geringes im Vergleich etwa zu tiefer geistlicher Erkenntnis. – Jakobus antwortet in diesem Abschnitt hier: Nein, gerade im praktischen Verhalten kommt Entscheidendes heraus: Es geht um die Frage, ob dein Glaube wirklich Glaube ist.

Jakobus achtet den Glauben keineswegs gering, sondern wie Paulus sehr hoch: a) Wir alle schaffen die eigene Gerechtigkeit nicht. Irgendwo fehlt es bei uns allen. Und wir können mit nichts „ausgleichen". Wir sind auf die Barmherzigkeit Gottes angewiesen; ihr vertrauen wir (Jak 2, 10—13). b) Jakobus ruft auf, sogar die Anfechtung zu begrüßen, weil sie Bewährungsmittel des Glaubens ist (Jak 1,2). c) Er lehrt das gläubige Gebet, dem die Erhörung gewiß ist (Jak 1, 5—8). d) Er lehrt den geringen Bruder glauben, Gottes Gnade mache ihn reich (Jak. 1, 9; 2, 5). e) Das neue Leben schafft der Christ nicht selbst. Es ist Gottes Gnadenwerk; durch das Wort der Wahrheit wurde es in uns gelegt (Jak 1, 18 u. a. m.). – Was Jakobus in diesem Abschnitt seines Briefes sagt, spricht er nicht aus, weil er im Gegensatz zu Paulus den Glauben für unwichtig hielte. Vielmehr gerade weil er ihn wie Paulus für entscheidend wichtig hält, möchte er, daß Glaube wirklich Glaube ist und bleibt.

I. Glaube ohne Werke ist tot, also kein Glaube

Jakobus 2, 14—17

„Was hat es für einen Nutzen, meine Brüder, wenn einer (nur) 14
s a g t, er habe Glauben, aber keine Werke hat?" Jakobus meint nicht, daß es das gibt: Glaube ohne Werke. Er sagt nur von einem, der behauptet, er habe „Glauben", er sei „gläubig". Und er hat doch keine Werke. Es gibt keinen andern Glauben als den, der in der Liebe tätig ist.

1. Was heißt „glauben", grie „pisteúein"?

Das grie Wort meint: „jemand vertrauen". Es hat eine personale Beziehung zu einem andern im Auge. Ebenso ist es auch bei dem deutschen Wort „glauben". Es hängt zusammen mit „geloben", „lieben" und hat die Bedeutung: jemandem „trauen", sich ihm „anvertrauen". „Glauben" bedeutet im NT: mit Gott, mit Jesus Christus in persönlicher Gemeinschaft, im täglichen, vertrauenden Umgang leben[32].

Jesus vergleicht den Glauben mit dem Verwachsensein der Rebe mit dem Weinstock (Jo 15, 4. 5). Paulus schreibt: „Seid gewurzelt in ihm" (Kol 2, 7). Nicht anders versteht Jakobus den in der Anfechtung bewährten Glauben (Jak 1, 2), der sich durch niemand und nichts von seinem Herrn trennen läßt.

2. Was ist hier mit „Werken" gemeint, grie „érga"?

a) Es sind n i c h t gemeint des **„Gesetzes Werke"**, von denen Paulus sagt, daß sie den Menschen nicht rechtfertigen (Rö 3, 20. 28). „Gesetz" in diesem Sinn ist das Soll, das dem Menschen aufgelegt wird, richtiger: das er sich selber auferlegt mit dem Ziel, daß er durch die Erfüllung sein Heil selbst schaffe. Es ist die einhellige Auskunft des ganzen NT, daß der Mensch so sein Heil weder schaffen kann noch muß. Jakobus, der in V. 13 ausspricht, daß die Barmherzigkeit über das Gericht triumphiere, bildet hier keinesfalls eine Ausnahme[33].

„Des Gesetzes Werke": Das wäre so, wie wenn der Vater im Gleichnis vom verlorenen Sohn (Lk 15, 11 ff) dem Heimkehrenden durch einen Türspalt einen Zettel gereicht hätte mit den Vorbedingungen für seine Wiederaufnahme im Vaterhaus: Zuerst wieder ein anständiger Menschen werden, wieder einen guten Namen erwerben und wieder

[32] Auch das Vertrauen in die von der Bibel bezeugten großen Taten Gottes, die für uns einen neuen Tatbestand ergeben, ist wichtig: daß der ewige Gottessohn Mensch geworden ist und damit die Verbindung zu uns Menschen aufgenommen hat; daß er am Kreuz unsere Sünden, das Hindernis unserer Gemeinschaft mit Gott, beseitigte; daß er auferweckt wurde und bei uns ist und uns die Treue hält; daß er einst wiederkommen wird und uns seine ewige Gemeinschaft schenkt — damit ist der **Weg** bezeichnet, den der, an den wir glauben, uns zugut gemacht hat und macht. Gerade an dieser Stelle muß sich unser Vertrauen, unser Glaube bewähren: Diesem Herrn und seiner Führung vertraue ich mich an.

[33] „Daß etwa die Werke dem Menschen das Heil sichern könnten, deutet Jakobus mit keinem Wort an" (Johannes Schneider).

Die oben erwähnten Schriftstellen:

Jo 15, 4. 5: Bleibet in mir und ich in euch. Gleichwie die Rebe kann keine Frucht bringen von sich selber, sie bleibe denn am Weinstock, so auch ihr nicht, ihr bleibet denn in mir. Ich bin der Weinstock, ihr seid die Reben. Wer in mir bleibt und ich in ihm, der bringt viel Frucht; denn ohne mich könnt ihr nichts tun.

Rö 3, 20. 28: . . . weil kein Fleisch durch des Gesetzes Werke vor ihm gerecht sein kann. So halten wir nun dafür, daß der Mensch gerecht werde ohne des Gesetzes Werke, allein durch den Glauben.

ein Vermögen sammeln! Im Leben nie wäre es zur Heimkehr des Sohnes gekommen!

b) Hier bei Jakobus ist aber die Rede von des **Glaubens „Werken"**, von der **Frucht** der Begnadigung und der Heimkehr des Menschen. Der Anschein eines Gegensatzes zwischen Jakobus und Paulus ist nicht zuletzt dadurch entstanden, daß Jakobus „Werke" nennt, was sonst oft im NT „Frucht" heißt. Wieder im Bild des Gleichnisses vom verlorenen Sohn: Was der Begnadigte nun tut, ist nicht die Voraussetzung und Vorbedingung seiner Heimkehr, sondern die Folge und Frucht seiner Wiederannahme. Was er tut, tut er aus Liebe und Dank. Und es ist ermöglicht, weil er nun mit dem Vater lebt und die Luft des Vaterhauses atmet. Der Sohn wäre nicht wahrhaft heimgekehrt, wenn er nun nicht auch mit dem Vater als Sohn im Hause arbeitete. Anders ausgedrückt: Glaube wäre sonst nicht Glaube. – Jakobus versteht hier unter „Werken" nicht das, was Paulus Rö 3, 28, sondern was er Rö 12, 1 ff meint. Er setzt mit seinem Brief sozusagen erst bei Rö 12 ein; das andere setzt er voraus, darauf fußt er. Der Brief des Jakobus ist nicht Gesetzespredigt, sondern Predigt des neuen Gehorsams, Heiligungspredigt. Und eben damit bewegt sich Jakobus ganz in den Bahnen des NT überhaupt: „Jaget nach der Heiligung, ohne welche wird niemand den Herrn schauen" (Hbr 12, 14). Am Tag der Offenbarung des gerechten Gerichts wird Gott jedem geben nach seinen Werken (Rö 14, 10; 2 Ko 5, 10). Der Glaube, den auch Paulus predigt, ist durch die Liebe tätig (Gal 5, 6). Und Rö 12 ff ist nicht nur ein Anhang an die große Beschreibung des Heilshandelns Gottes, sondern die Mitteilung, worauf dieses Heilshandeln in unserem Leben abzielt, zu welchen Folgerungen es bei uns heute kommen muß: „Ich ermahne euch nun, liebe Brüder, durch die Barmherzigkeit Gottes, daß ihr eure Leiber begebet zum Opfer, das da lebendig, heilig und Gott wohlgefällig sei, welches sei euer vernünftiger Gottesdienst" (Rö 12, 1 ff)[34].

[34] Martin Luther sagt in der Vorrede zum Römerbrief: „Es ist ein lebendig, schäftig, tätig, mächtig Ding um den Glauben, daß es unmöglich ist, daß er nicht ohne Unterlaß sollte Gutes wirken. Er fragt auch nicht, ob gute Werke zu tun sind, sondern ehe man

Die oben erwähnten Schriftstellen:

Rö 14, 10: Wir werden alle vor dem Richterstuhl Gottes dargestellt werden.

2 Ko 5, 10: Denn wir müssen alle offenbar werden vor dem Richterstuhl Christi, auf daß ein jeglicher empfange, wie er gehandelt hat bei Leibesleben, es sei gut oder böse.

Gal 5, 6: Denn in Christus Jesus gilt weder Beschneidung noch Unbeschnittensein etwas, sondern der Glaube, der durch die Liebe tätig ist.

Vor allem Jesus selbst hat die Bedeutung des neuen Gehorsams betont (Mt 7, 21 u. a.). Was Jakobus sagt, hat er von seinem Meister gelernt, wieder vor allem aus den Worten der Bergpredigt.

3. Jakobus fragt: **„Was hat es für einen Nutzen, wenn einer (nur) sagt, er habe Glauben, aber keine Werke hat?"** Unser Glaube muß einen Ertrag geben (V. 14).

a) Für Gott. Dort, wo Paulus sein Amt beschreibt, sagt er: „Wir haben Gnade und Apostelamt empfangen, unter allen Heiden den Gehorsam des Glaubens aufzurichten" (Rö 1, 5). Das ist die Frucht, die er schaffen will (Rö 1, 13; Phil 1, 22). Als Ertrag seines Heilshandelns will Gott ihm gehorsame Kinder haben. Auf die Frage: „Sollen wir denn in der Sünde beharren?" antwortet Paulus: „Niemals!" (Rö 6, 1. 2). Und Jesus sagt, daß der göttliche „Weingärtner" die Reben, die keine Frucht bringen, wegnehme (Jo 15, 2). Es gibt kein Gott wohlgefälliges Werk ohne den Glauben, keine Frucht ohne Wurzel. Aber es gibt auch keinen Glauben ohne Werke, hier keine gesunde Wurzel ohne Frucht.

Die durch die Sünde entartete Menschheit gleicht einem Dornenfeld. Der Acker des Menschen trägt Dornen und Disteln (1 Mo 3, 18), weil der Acker Gottes, der die Menschenwelt ist (Mt 13, 38), ihm „Dornen und Disteln" trug. Nun hat Gott „ein Neues gepflügt" und pflügt es noch und läßt die Saat seines Wortes streuen (Lk 8, 11) mit

fragt, hat er sie getan und ist immer im Tun. Wer aber nicht solche Werke tut, der ist ein glaubloser Mensch, tappet und siehet um sich nach dem Glauben und guten Werken und weiß weder was Glaube noch was gute Werke sind." — Und zu Jak 2, 26 sagt Luther: „Wenn die Werke nicht folgen, so ist das ein gewisses Zeichen, daß kein Glaube da sei, sondern ein toter Gedanke und Traum, den sie fälschlich Glauben nennen. Daß man nicht hingehe: Ja, ich will nun glauben — und bilde sich etwas ein, mache sich einen gedichteten Wahn, der allein auf dem Herzen schwimmt wie ein Schaum auf dem Bier."

Die oben erwähnten Schriftstellen:

Mt 7, 21: Es werden nicht alle, die zu mir sagen: Herr, Herr! in das Himmelreich kommen, sondern die den Willen tun meines Vaters im Himmel.

Rö 1, 13: —, damit ich auch unter euch Frucht schaffte, gleich wie unter andern Heiden.

Phil 1, 22: Wenn aber das Leben im Fleisch mir dazu dient, mehr Frucht zu schaffen, so weiß ich nicht, was ich erwählen soll.

Jo 15, 2: Eine jegliche Rebe an mir, die nicht Frucht bringt, wird er wegnehmen.

1 Mo 3, 18: Dornen und Disteln soll er dir tragen.

Mt 13, 38: Der Acker ist die Welt.

Lk 8, 11: Der Same ist das Wort Gottes.

dem Ziel einer Ernte für ihn (Mt 13, 23. 39; Offb 14, 16). Letztlich hat Gott e i n Saatkorn in den Acker der Welt gelegt, seinen lieben Sohn (Jo 12, 24). Durchs Sterben hindurch soll es „viel Frucht" bringen, das heißt Menschen: Kinder Gottes sollen gestaltet werden ins Wesen des eingeborenen Sohnes (Rö 8, 29). Sein Wesen ist aber der vollkommene Gehorsam. Er denkt und wirkt mit dem Vater: „Ich suche nicht meine Ehre, sondern die Ehre des, der mich gesandt hat" (Jo 8, 50). „Deinen Willen, Herr, tue ich gerne" (Ps 40, 9). „Das ist meine Speise, daß ich tue den Willen des, der mich gesandt hat" (Jo 4, 34). „Mein Vater wirket bisher, und ich wirke auch" (Jo 5, 17). Die Werke aus dem Glauben sind Frucht für Gott. Die „Werke der Finsternis" dagegen sind „unfruchtbar" (Eph 5, 11), für Gott unbrauchbar, und rufen das Feuer des Gerichts herbei (Mt 13, 30).

b) Für uns selbst. **„Kann etwa d e r Glaube ihn retten"**, der doch kein Glaube ist? (Man müßte hier eigentlich das Wort „Glaube" in Anführungszeichen setzen.) Zum Glauben, zur Lebensgemeinschaft mit Jesus gehört auch, daß man in seiner Gemeinschaft bleibt, wenn er uns mitnehmen will zum Dienst. Der Ungehorsam bleibt hinter Jesus zurück und verweigert ihm die Nachfolge. Das ist die Art des Königs Saul, von dem Gott sagte: „Er hat sich hinter mir abgewandt" (1 Sam 15, 11). Auf diese Weise endigt ein Menschenleben in der Katastrophe. Allein wer im gehorsamen Glauben an Jesus bleibt, wird gerettet[35].

c) Für unsere Mitmenschen. aa) **„Was nützte das?"**: Unser Chri- 15/16
stenleben muß Gott, uns selbst und nicht zuletzt unserer Umwelt einen Ertrag geben; wir müssen ihr etwas sein. Unser Herr hatte in seinen Erdentagen durch Wirkung des Heiligen Geistes für seinen Dienst an der Welt einen Menschenleib. Mit diesem erfüllte er die ihm von seinem Vater gestellte Aufgabe: als „Missionar und Arzt" (Livingstone). Jetzt hat er für diesen Dienst durch Wirkung des

Die oben erwähnten Schriftstellen:

Mt 13, 23. 39: . . . und der eine trägt hundertfältig, der andere sechzigfältig, der andere dreißigfältig.
Die Ernte ist das Ende der Welt. Die Schnitter sind die Engel.

Offb 14, 16: Und der auf der Wolke saß, schlug an mit seiner Sichel an die Erde, und die Erde ward geerntet.

Jo 12, 24: Wenn das Weizenkorn nicht in die Erde fällt und erstirbt, so bleibt's allein; wenn es aber erstirbt, so bringt es viel Frucht.

Rö 8, 29: Denn welche er zuvor ersehen hat, die hat er auch verordnet, daß sie gleich sein sollten dem Ebenbilde seines Sohnes.

Eph 5, 11: Und habt nicht Gemeinschaft mit den unfruchtbaren Werken der Finsternis.

Mt 13, 30: Sammelt zuvor das Unkraut und bindet es in Bündel, daß man es verbrenne.

Heiligen Geistes wieder einen Menschenleib, einen Leib aus Menschen, seine Gemeinde. Und auch sie hat beides zugleich zu sein, Missionar und Arzt. Weder nur Missionar noch auch – was heute betont werden muß – nur Arzt. Allein so bringt unser Christsein unseren Mitmenschen den nötigen „Nutzen".

bb) Nun gibt Jakobus ein Beispiel aus den zwischenmenschlichen Begegnungen (das nicht so geschehen sein muß), damit die Sache konkret und anschaulich wird und nicht in der Theorie steckenbleibt: **„Was nützte es, wenn ein Bruder oder eine Schwester Mangel leidet"** (15). (Es gibt auch heute in der Ferne und in der Nähe mehr und vielgestaltigeren Mangel als wir denken.) **„... und jemand von euch sagte zu ihnen: ‚Geht hin in Frieden ...', ihr gäbet ihnen aber nicht das, was sie für ihren Leib brauchen?"** Im Blick auf manche Not sind wir so ratlos und ohnmächtig, daß wir in der Tat nicht mehr tun können, als für die Menschen beten und sie segnen. Das ist nicht nichts, sondern ein großer Dienst. Aber unser Glaube darf unsern Mitmenschen gegenüber nicht gleichgültig (vgl. Jes 53, 6a) oder nur tatenlose Menschenfreundlichkeit sein. Wir sind „Gottes Mitarbeiter" (1 Ko 3, 9), Glieder am Leibe Jesu, seine Werkzeuge. Gerade, wo wir Gott bitten, ist nötig, daß wir uns auch zum Werkzeug der Hilfe Gottes machen lassen und tun, was in unsern Kräften steht. Nicht nur unsere eigene Rettung gefährden wir, wenn wir aus dem Gehorsam und damit aus der Gemeinschaft unsres Herrn ausbrechen, sondern wir bleiben auch unseren Mitmenschen äußerlich und innerlich Entscheidendes schuldig[36].

[35] Eine Pflanze kann sich von ihrem Wurzelgrund nicht lösen, eine Rebe nicht vom Weinstock. Die Bilder, die aus der Natur genommen werden und das geistliche Leben beschreiben sollen, haben ihre Grenze: Der Mensch hat eine gewisse Entscheidungsfähigkeit. Und Gott nimmt uns so ernst, daß er nach unserem bißchen Willen fragt. Manchmal möchten wir uns wünschen, diese Entscheidungsfähigkeit nicht zu haben. Doch sie hängt mit dem hohen Adel zusammen, zu dem uns Gott berufen hat, mit der Gemeinschaft seiner Liebe (vgl. das zu Kap 1, 17, c. b 2. Fußnote Gesagte). Liebe im Vollsinn ist nur möglich, wo man ja, aber auch nein sagen kann, schon zu Beginn einer solchen Gemeinschaft und auch später. Aus diesem Grund ist es überhaupt möglich, daß es bei einem Menschen im Grundsätzlichen oder in den Fragen des praktischen Gehorsams heißen kann: „Er hat sich hinter mir abgewandt." Doch nur wer auf dem Weg bei ihm ist, der darf auch am Ziel bei ihm sein.

[36] Das vorliegende Beispiel erscheint uns kraß. Doch wir müssen uns fragen lassen, ob wir in unserem so gewohnten Alltag, für den wir „betriebsblind" geworden sind, nicht oft ähnlich handeln und etwa von Kanzel und Rednerpult herunter mit frommen Worten viel mehr aussprechen, als nachher unser Leben ausweist: Wir lösen unsere Pflicht

Die oben erwähnten Schriftstellen:

Jes 53, 6a: Wir gingen alle in die Irre wie Schafe, ein jeder sah auf seinen Weg.

4. Jakobus sagt: Es handelt sich hier nicht nur um einen Schönheitsfehler. Alles steht auf dem Spiel. Es geht um Leben oder Tod (17).

„So ist auch der Glaube, wenn er keine Werke hat, in sich selbst 17
tot": Werke sind Lebenszeichen des Glaubens. Wenn ein Ast im Juli keine Blätter hat, dann muß man annehmen, daß er dürr und tot ist. Wenn ein Mensch sich nicht mehr bewegt, nicht mehr atmet und kein Puls vorhanden ist, dann fehlen die Lebenszeichen; er ist tot. Ob es nicht heute auch im Blick auf viele angeblich Glaubende heißen muß: „Du hast den Namen, daß du lebst, und bist tot" (Offb 3, 1)? Es ist unendlich wichtig, daß wir dem persönlichen Umgang mit unserem Herrn Raum geben im Hören auf sein Wort und im Reden mit ihm. So werden wir auch fürs Tun und fürs Lassen seinen Wink vernehmen und, wenn wir ihm immer gleich Folge leisten, immer besser vernehmen. Dieses Stehen in der Geistesleitung und im praktischen Gehorsam sind die „Lebenszeichen" des Glaubens. So schreibt Paulus: „Welche der Geist Gottes treibt (führt), die sind Gottes Kinder" (Rö 8, 14), also Glaubende.

II. Glaube und Werke lassen sich nicht trennen

Jakobus 2, 18—26

1. Ein Vermittlungsversuch (V. 18).

„Darauf wird jemand sagen: ‚Du hast Glauben und ich habe Werke.' 18
(Der eine hat Glauben, der andere hat Werke)": Man meint, das sei die nötige Pluralität, die Vielgestaltigkeit der Meinungen in der Gemeinde. Es sei Anlage- und Erziehungssache. Es handle sich um ver-

zum persönlichen, unbequemen Dienst durch Geldgaben ab. Wer ist bereit, einen suchtkranken oder nervlich labilen Menschen einzuladen oder gar in sein Haus aufzunehmen? Gott überfordert uns und unsere Familienglieder zwar nicht, aber er könnte etwas Derartiges öfter von uns erwarten, als wir denken (vgl. Mt 25, 41—46). Jakobus redet hier noch nicht einmal von unserem Verhalten gegenüber der Welt, sondern gegenüber unseren Mitchristen („ein Bruder oder eine Schwester"). Unsere Kirche ist schon seit Jahrhunderten viel zu sehr nur „Lehrsaal". Es wird gepredigt und werden Erkenntnisse vermittelt. Das ist überaus wichtig. Doch die Gemeinde muß auch „Familienstube" sein, wo für alles, Geist, Seele und Leib, gesorgt wird. Sonst könnten heute Kirche und Gemeinschaft immer mehr zum „Lehrsaal" werden.

schiedene Menschentypen mit verschiedener Verhaltensweise: Der eine sei eben ein mehr innerlicher Mensch oder ein Denker, ein Intellektueller. Ihm gehe es vor allem um eine „saubere" Theologie. Der andere sei mehr ein Praktiker, ein Willens- und Tatmensch. Bei ihm müsse eben „etwas laufen".

Man ist heute in Gefahr, alles mit einem Pluralismus in der Gemeinde zu begründen. Jakobus jedoch sagt uns, die Wahrheit vertrage hier keinen vorschnellen Ausgleich: **„Zeige mir deinen Glauben ohne die Werke"**, ohne die Früchte. **„. . . ich will dir aus meinen Werken den Glauben zeigen."** Jesus sagt: „Ein guter Baum" (ein durch Gottes Geist erneuerter Mensch) „bringt gute Früchte" (Mt 7, 17). Zum Glauben gehört, daß er Früchte bringt. Und zu den Früchten gehört, daß man sie sehen kann. Sie sind überhaupt die einzige Weise, wie der Glaube sichtbar wird. Den Glauben ohne Früchte (Werke) zeigen zu wollen, ist eine Unmöglichkeit. Wenn keine Früchte vorhanden sind, ist es ein Zeichen dafür, daß etwas nicht in Ordnung ist und es sich nicht eigentlich um Glauben handelt. Glaube kann nie eine Sache nur des Fühlens oder Denkens und Erkennens, es wird immer eine Sache auch des Willens, des ganzen Menschen sein[37].

2. Glaube ist nicht nur ein Für-wahr-Halten (V. 19).

19 **„Du glaubst, daß** (nur) **ein Gott ist. Du tust recht daran; aber das glauben auch die Dämonen und erschaudern"**: Der biblische Monotheismus, der Glaube an den einen Gott, war der Reichtum Israels vor seiner heidnischen Umwelt. Er war das tägliche Bekenntnis des frommen Juden: „Höre, Israel: Der Herr, unser Gott, ist ein einiger Gott" (5 Mo 6, 4). Doch das nur Für-wahr-Halten genügt nicht.

„Glauben, daß . . ." ist noch kein lebendiger Glaube. Man kann sehr „rechtgläubig" sein und doch nicht recht glauben. Man kann seine Theologie sauber auf dem Reißbrett haben und doch nicht gerettet werden. Jakobus sagt: **„Das ‚glauben' auch die Dämonen"** – sie haben die Wahrheit erkannt, das zeigen auch manche Berichte in den Evangelien (Mt 8, 29 u. a.), aber sie verweigern ihr den Gehorsam. „Die Wahrheit erkennen und ihr dennoch nicht gehorchen, ist teuflisch" (Walter Warth). – **„Und erschaudern"**: Das gilt auch für den Menschen. Solange er nur von Gott weiß, aber sich gegen ihn be-

[37] „Leiblichkeit ist das Ziel der Wege Gottes" (F. Oetinger).

Die oben erwähnten Schriftstellen:

Mt 8, 29: Was willst du von uns, du Sohn Gottes? Bist du hergekommen, uns zu quälen, ehe denn es Zeit ist?

hauptet, ist ihm die Botschaft von Gott nicht Freude, sondern Schrekken. (Was Wunder, daß man vielen mit allem kommen kann, nur nicht mit Gottes Wort!) Erst wenn er allen Widerstand aufgegeben hat, vor Gott kapituliert, auf „Gedeih und Verderb" sein Leben in Gottes Hand legt und sich von ihm in Anspruch nehmen läßt, wird der Glaube zur Freude und Seligkeit. Die Hölle dagegen ist „glauben und schaudern". – So antwortet Jakobus denen, die meinen, bei ihnen sei doch alles in Ordnung, sie seien bekenntnistreu und hätten eine richtige Theologie, und die doch nicht mit Jesus und in seiner Nachfolge leben.

3. Nicht erkennen w o l l e n (V. 20).

„Willst du gedankenloser Mensch denn (endlich) **begreifen, daß der** 20
Glaube ohne die Werke wirkungslos ist?" : Der natürliche Mensch will nicht erkennen, was Gottes Wort gebietet, weil er Gott nicht anerkennen, nicht vor ihm kapitulieren und ihm nicht Gehorsam leisten möchte[38].

Der Mensch will immer gegen Gott sein Eigenleben führen. Das ist seine Ursünde. Diese eigenmächtigen Gedanken gegen Gott festhalten zu wollen, ist Torheit. „Die Toren sprechen in ihrem Herzen: Es ist kein Gott" (Ps 14, 1). „Gedankenlos" nennt Jakobus einen solchen Menschen: Unbewußt oder ihm kaum bewußt bleibt er bei seinem Verhalten. Die gegen Gott gerichtete Grundhaltung des fleischlichen Menschen (Rö 7, 14; 8, 7) tritt in seinem praktischen Verhalten immer wieder in Erscheinung.

Immer sucht der natürliche Mensch sein Eigenleben gegen Gott festzuhalten, nicht nur, wenn er Gott fern ist, sondern auch, wenn er ihm nah scheint: a) Entweder ist er wie „fremd im Hause", indem er Gott seine Leistungen, die Erfüllung seines Solls und Übersolls vorrechnet: „Ich faste zweimal in der Woche und gebe den Zehnten von allem, was ich habe" (Lk 18, 12). So ist er wie ein Sohn, der zwar mit dem Vater arbeitet, aber wie ein Fremder seine Ansprüche stellt und seine Überstunden zusammenzählt, wo doch der Vater sagt:

[38] Und er kann nicht erkennen. Er ist sich selber im Licht. „Ihr Denken ist verfinstert" (Eph 4, 18). „Der natürliche Mensch vernimmt nichts vom Geist Gottes" (1 Ko 2, 14). Nicht nur der Wille, sondern auch das Denken des Menschen ist durch die Sünde aufs tiefste versehrt.

Die oben erwähnten Schriftstellen:

Rö 7, 14; 8, 7: Ich aber bin fleischlich, unter die Sünde verkauft. Denn fleischlich gesinnt sein ist Feindschaft wider Gott, weil das Fleisch dem Gesetz Gottes nicht untertan ist; denn es vermag's auch nicht.

„Was mein ist, das ist dein" (Lk 15, 31). Gegen diesen Irrweg hat sich vor allem Paulus gewandt. Auch wenn der Mensch auf diesem Weg ein Soll erfüllen könnte, wäre das gleichwohl nicht kindes- und der Liebe gemäß. b) Oder aber der zu Gott heimgekehrte Mensch ist insofern wie ein Fremder und Fremdkörper im Hause, als er gegenüber dem Werk, das der Vater unter Händen hat, unbeteiligt, uninteressiert und u n t ä t i g ist. Dagegen wendet sich hier vor allem Jakobus. Paulus und Jakobus tun einen sich wechselseitig ergänzenden Dienst. Auf keinen der beiden Zeugen können wir im Rahmen der ntst Botschaft verzichten.

4. Zwei alttestamentliche Beispiele (V. 21—25).

21 a) **„Ist nicht unser Vater, Abraham, aus Werken gerecht gesprochen worden, als er Isaak, seinen Sohn, auf dem Altar darbrachte?"**: In Jos 24, 2 wird gesagt, daß auch Abraham „jenseits des Stroms fremden Göttern" gedient habe. Gott hat ihn gerufen in seiner Freiheit und Gnade und nicht, weil Abraham etwa sittliche oder religiöse „Extraklasse" gewesen wäre. Und Abraham hat Gott diese gnädige Wahl zu einem besonderen Dienst, auch durch das von ihm abstammende Volk, (allem Augenschein zum Trotz) geglaubt. Um solchen Glaubens willen hat Gott Abraham gerecht gesprochen (1 Mo 15, 6; Rö 4, 3; Gal 3, 6).

Der Glaube des Abraham war aber zugleich auch Tat. Das wird insbesondere am Anfang und am Schluß seines Glaubensweges deutlich: beim Auszug (1 Mo 12, 4) und beim Gang zum Morija, wo er seinen Sohn opfern sollte (1 Mo 22). Gott hätte ihn sonst nicht für seine Ziele benützt, und sein Glaube wäre nicht bewährt worden. Der Glaube des Abraham war also immer wieder auch Glauben**stat**. Es hätte nicht genügt, wenn Abraham mit frommen Gedanken in seinem Zelt geblieben wäre. Er mußte sich immer wieder auf den Weg machen. Und auch heute muß sich der Glaube, wenn er recht Glaube sein soll, immer wieder auf den Weg machen ins unbekannte Land, in schwierige Aufgaben und zu Opfern.

22 **„Da siehst du, daß der Glaube mit seinen Werken zusammen wirksam war"**: Glaube und Werke lassen sich nicht trennen, so wenig wie Wurzel und Frucht. Sie beide zusammen ergeben das Ganze.

Die oben erwähnten Schriftstellen:

1 Mo 15, 6: Abram glaubte dem Herrn, und das rechnete er ihm zur Gerechtigkeit.

Rö 4, 3: Abraham hat Gott geglaubt, und das ist ihm zur Gerechtigkeit gerechnet.

Gal 3, 6: So hat doch „Abraham Gott geglaubt, und es ist ihm gerechnet zur Gerechtigkeit."

1 Mo 12, 4: Da zog Abram aus, wie der Herr zu ihm gesagt hatte.

„Der Glaube wurde durch die Werke zur Vollendung gebracht": Ein fruchtbringender Apfelbaum ist das bereits das ganze Jahr über, aber im Vollsinn ist er es noch nicht im Januar, sondern erst im Herbst, wenn er tatsächlich mit reifen Früchten behangen ist. In diesem Sinn macht die Frucht erst den Glauben voll. – Umgekehrt hat die Frucht auch ihre Rückwirkung auf den Glauben selbst. Abraham kam vom Berg Morija zurück nicht so, wie er hingegangen war: Er hatte eine große Stärkung und Förderung in seinem Glauben erfahren. Er hätte diese nicht gewonnen, wenn er zu Hause geblieben wäre und den Gehorsam verweigert hätte. Man fragt heute oft, wie man im Glauben gefördert werden könne, und man kommt auf die ausgefallensten Dinge. Hier wird uns schlicht gesagt: Lebe den Gehorsam des Glaubens, tue Schritte des Glaubens, diene im Glauben, leide im Glauben, und dein Glaube erstarkt und wird vollendet! Gehorsam und Erkenntnis stehen miteinander im Zusammenhang. Jesus sagt: „So jemand will des Willen tun, der mich gesandt hat, der wird innewerden, ob diese Lehre von Gott sei oder ob ich von mir selber rede" (Jo 7, 17). Andererseits verblaßt und entschwindet die bereits gewonnene Erkenntnis infolge verweigerten Gehorsams. Auch hier gilt: „Wer nicht hat, dem wird auch genommen werden, was er hat" (Mt 25, 29).

„So ist das Schriftwort (1 Mo 15, 6) **erfüllt"**: Darüber, daß Gott 23
Abraham ohne Verdienst und Würdigkeit wählte und dieser das gelten und sich davon in Anspruch nehmen ließ, ist er Gott recht, vielmehr spricht Gott ihn gerecht. **Er wurde „Gottes Freund"**, der Geliebte und Vertraute, **genannt** (vgl. Jes 41, 8; auch 2 Mo 33, 11). Wer in der Gemeinschaft mit unserem Herrn Jesus Christus lebt, seine Gnade annimmt und in seiner Nachfolge und seinem Gehorsam steht, der wird zu seinem Freund (Jo 15, 15). Und er spricht: „Wer mich sieht, der sieht den Vater" (Jo 14, 9).

**„Ihr seht, daß ein Mensch aufgrund seiner Werke gerecht gespro- 24
chen wird und nicht lediglich aufgrund des Glaubens"**: Jakobus zieht diese allgemeine Schlußfolgerung. Paulus dagegen schreibt: „So halten wir nun dafür, daß der Mensch gerecht werde ohne des Gesetzes Werke, allein durch den Glauben" (Rö 3, 28). Wir wissen nicht, ob der Römer- oder der Jakobusbrief zuerst geschrieben wurde. Auch wissen wir nicht – falls der Römerbrief der ältere ist – ob Jakobus

Die oben erwähnten Schriftstellen:

Jes 41, 8: Du aber, Israel, mein Knecht, Jakob, den ich erwählt habe, du Sproß Abrahams, meines Geliebten.

2 Mo 33, 11: Der Herr aber redete mit Mose von Angesicht zu Angesicht, wie ein Mann mit seinem Freunde redet.

Jo 15, 15: Euch aber habe ich gesagt, daß ihr Freunde seid.

eine der gewiß wenigen handgeschriebenen Abschriften des Briefes gesehen hat. Mit seinen Worten könnte er sich nur gegen einen mißdeuteten Paulus gewandt haben, gegen eine Meinung so, als sei die Gnade ein Ruhekissen. Im übrigen stoßen die beiden „Züge" nicht zusammen, denn sie fahren nicht auf den gleichen Geleisen. Rö 3, 28 geht es um die Frage, wie es denn dazu kommt, daß der Sünder von Gott (im Gleichnis Lk 15, 11 ff gesprochen, der verlorene Sohn vom Vater) angenommen wird. Paulus sagt: Nicht durch „des Gesetzes Werke", das heißt, nicht dadurch, daß der Sohn irgendwelche Vorbedingungen erfüllt, sondern allein durch das vertrauensvolle Annehmen der Güte des Vaters. Jakobus dagegen hat hier die andere Frage im Auge, wie sich der gnädig aufgenommene Sohn nun im Vaterhaus recht verhält: Auf das Annehmen der Güte des Vaters muß folgen das Sich-in-Anspruch-nehmen-Lassen durch diese Güte. Gott nimmt uns an, wie wir sind, aber er läßt uns nicht, wie wir sind.

25 b) **„Ebenso auch die Dirne Rahab"**: Rahab, eine Frau mit zweifelhaftem Ruf, nahm die Kundschafter Israels in ihr Haus auf und verhalf ihnen zur Flucht aus dem bewachten Jericho. Die Bibel sagt, daß sie „glaubte" (Hbr 11, 31). So sagte sie zu den Männern Israels: „Ich weiß, daß der Herr euch das Land gegeben hat. Der Herr, euer Gott, ist Gott oben im Himmel und unten auf Erden" (Jos 2, 9. 11). Später ist sie sogar die Stammutter des Davidischen Königshauses und damit auch Jesu geworden (Mt 1, 5. 6). Ihre Bewahrung bei der Einnahme der Stadt und ihre Stellung in der Heilsgeschichte hätte sie nicht erlangt, wenn sie aus dieser ihrer Erkenntnis, ihrem Glauben, nicht auch praktische Folgerungen gezogen und sich den Kundschaftern Israels gegenüber entsprechend verhalten hätte[39].

5. Zusammenfassung

In aller Prägnanz und Schärfe faßt Jakobus im Schlußsatz zusam-
26 men, was er sagen wollte: **„Denn wie der Leib tot ist ohne Geist, so ist auch der Glaube tot ohne Werke"**: Wenn in einem Körper kein Lebenszeichen mehr festgestellt werden kann, so ist offenkundig, daß der Tod bereits eingetreten ist. Werke, Gehorsamstaten sind

[39] Adolf Schlatter hat darauf hingewiesen, daß an diesen beiden Beispielen aus dem AT Jakobus die Werke des Glaubens beschrieben hat als Liebe zu Gott, die sich im Opfer zeigt, und als Liebe zum Nächsten, die ihm zur Hilfe ist.

Die oben erwähnten Schriftstellen:

Hbr 11, 31: Durch den Glauben ward die Hure Rahab nicht umgebracht mit den Ungehorsamen, als sie die Kundschafter freundlich aufnahm.

Mt 1, 5. 6: Salma zeugte Boas von der Rahab. Boas zeugte Obed von der Ruth, Obed zeugte Jesse. Jesse zeugte den König David.

Lebenszeichen des Glaubens. – In dem allem geht es Jakobus nicht um eine Abwertung des Glaubens, sondern, wie Paulus, gerade darum, daß der Glaube wirklicher, lebendiger Glaube ist und bleibt.

5. Spruchreihe: ÜBER DEN RECHTEN GEBRAUCH DER GABE ZU REDEN

Jakobus 3, 1–12
(Vgl. auch Kap. 1, 19–27)

1 Werdet nicht in so großer Zahl Lehrer, meine Brüder; ihr wißt ja,
2 daß wir eine umso strengere Beurteilung erfahren werden. * Denn
wir fehlen alle vielfach. Wenn jemand (auch) im Wort nicht fehlt,
der ist ein vollkommener Mann, fähig, auch den ganzen Leib im
3 Zaum zu halten. * Wenn wir den Pferden die Zäume ins Maul legen,
damit sie uns gehorchen, dann lenken wir ihren ganzen Leib.
4 * Sehet auch die Schiffe! Sie, die so groß sind und von heftigen
Winden dahingetrieben werden, sie werden von einem ganz kleinen Steuerruder gelenkt, wohin die Absicht des Steuermanns geht.
5 * So ist auch die Zunge (nur) ein kleines Glied und rühmt sich
(doch) großer Dinge. Siehe, ein kleines Feuer! Was für einen gro-
6 ßen Wald setzt es (doch) in Brand. * Auch die Zunge ist ein Feuer;
als die Welt des Unrechts erweist sich die Zunge unter unsern Gliedern, sie, die den ganzen Leib befleckt und den Kreis des Lebens in Brand setzt und (ihrerseits selbst) von der Hölle in Brand
7 gesetzt wird. * Denn jede Art von wilden Tieren und Vögeln,
kriechenden und Seetieren, wird von der menschlichen Natur ge-
8 zähmt und ist (bleibend) gezähmt worden; * aber die Zunge kann
kein Mensch zähmen. Sie ist ein ruheloses Übel, voll todbringenden Giftes.
9 Mit ihr preisen wir den Herrn und Vater, und mit ihr fluchen wir
10 den Menschen, die nach dem Bild Gottes geschaffen sind. * Aus
demselben Mund gehen Lobpreis und Fluch hervor. Das darf so
11 nicht sein, meine Brüder. * Sprudelt etwa die Quelle aus derselben
12 Öffnung das Süße und das Bittere hervor? * Kann etwa, meine
Brüder, ein Feigenbaum Oliven bringen oder ein Weinstock Feigen? Ebensowenig kann eine salzige Quelle süßes Wasser geben.

Zu Vers 1: Mal 2, 7; 1 Ko 12, 28. 31; Hbr 13, 7. 17. 24; 1 Ko 4, 4
Zu Vers 2: Jo 14, 10. 24; 1 Ko 13, 9. 10. 12; 1 Jo 3, 2
Zu Vers 3–6: Ps 32, 9; 139, 4; Mt 12, 36. 37; 15, 11. 18; Spr 16, 27
Zu Vers 8: Ps 140, 4; Rö 3, 13; Lk 11, 22; Apg 2, 3
Zu Vers 9: Offb 4, 8; Mal 2, 10; Mt 5, 44
Zu Vers 10: Ps 51, 17; 1 Ko 6, 20; Rö 12, 14
Zu Vers 11: Jo 7, 38
Zu Vers 12: Mt 7, 16

Nach den Ausführungen über die schwierige Frage des Verhältnisses von Glauben und Werken erscheint es Jakobus geboten, ein Wort über das Lehren in der Gemeinde zu sagen; wir sollen es nicht zu leicht nehmen. Dann kommt er auf das Reden im allgemeinen zu sprechen.

I. Es nicht leicht nehmen, Lehrer in der Gemeinde zu sein

Jakobus 3, 1

1. Gott redet und hat geredet, deshalb kann und muß sein Wort in seiner Gemeinde und in der Welt weitergesagt werden. Die ungläubige Welt meint, Gott schweige. Aber die Bibel sagt: „Gott kommt und schweigt nicht" (Ps 50, 3). Vor allem „hat er zuletzt geredet in seinem Sohn" (Hbr 1, 2). Jesus ist das Wort Gottes in Person (Jo 1, 1; Offb 19, 13). Er hat uns durch sein Wort und seinen Geist ins Vertrauen gezogen (Jo 15, 15; 1 Ko 2, 10).

2. Die Gabe zu reden ist bereits allgemein menschlich eines der größten und wunderbarsten Geschenke, die wir empfangen haben. Mittels der Sprache können wir andern mitteilen, was wir selber denken, empfinden, wollen und erfahren haben. Und wir können Anteil nehmen an dem, was andere erleben, denken, empfinden und wollen. Unsere ganze menschliche Gemeinschaft und Kultur hängt mit dieser Gabe zusammen. Eine Welt eröffnet sich uns mittels der Sprache.

3. Und nun wird unsere Gabe zu reden in den höchsten Dienst gestellt: Gott legt sein Wort in Menschenmund; unser Sprechvermögen wird in den Dienst des Redens Gottes gestellt. Wir dürfen und sollen sein Wort weitersagen. Schon atst Propheten legte er sein Wort in den Mund (Jer 1, 9 u. a.). Die Priester hatten, mit ihrem Amt verbunden, den ständigen Auftrag, Verheißung und Weisung Gottes an Israel auszurichten (Mal 2, 7). Jeder Israelit hatte die Aufgabe, das Zeugnis von Gott seinen Kindern weiterzugeben (5 Mo 6, 7). Schon während der Erdentage Jesu bekamen die Jünger von ihrem Herrn den Auftrag, das Wort Gottes weiterzusagen (Mt 10, 7; Lk 10, 9). Auch andern gab er die Weisung, zu bezeugen, was sie empfangen

Die oben erwähnten Schriftstellen:

Jo 1, 1: Im Anfang war das Wort, und das Wort war bei Gott, und Gott war das Wort.

Offb 19, 13: Und er war angetan mit einem Kleide, das mit Blut besprengt war, und sein Name heißt: Das Wort Gottes.

Jo 15, 15: Euch aber habe ich gesagt, daß ihr Freunde seid; denn alles, was ich habe von meinem Vater gehört, habe ich euch kundgetan.

1 Ko 2, 10: Uns aber hat es Gott offenbart durch seinen Geist.

Jer 1, 9: Siehe, ich lege meine Worte in deinen Mund.

Mal 2, 7: Des Priesters Lippen sollen die Lehre bewahren, daß man aus seinem Munde Weisung suche; denn er ist ein Bote des Herrn Zebaoth.

5 Mo 6, 7: . . . und sollst sie deinen Kindern einschärfen und davon reden.

Mt 10, 7: Gehet aber und predigt und sprecht: Das Himmelreich ist nahe herbeigekommen.

Lk 10, 9: . . . und saget ihnen: Das Reich Gottes ist nahe zu euch gekommen.

hatten (Mk 5, 19). Nach Tod und Auferstehung Jesu empfängt die Jüngerschar – und so auch die Gemeinde Jesu aller Zeiten – den Auftrag, das Evangelium zu verkündigen (Mt 28, 19). Den Seinen allen stellt er die Aufgabe: „Ihr sollt meine Zeugen sein" (Apg 1, 8).

Doch nun gab es die besonderen „Lehrer" in der Gemeinde. In der Vielzahl der Dienste in den Gemeinden hatten sie den besonderen Auftrag, die Gemeindeglieder weiterzuführen in der Erkenntnis dessen, was Gott getan hat, tut und tun wird, und auch in der Erkenntnis dessen, was er von uns getan haben will. Bei Paulus (1 Ko 12, 28; Eph 4, 11. 12) haben die Lehrer in einer differenzierten Ämterverfassung der Gemeinden neben Aposteln, Evangelisten und Propheten diesen speziellen Dienst. In andern Schriftstellen hat das Wort „Lehrer", grie „didáskalos", die Bedeutung eines allgemein mit dem Verkündigungsauftrag, der Schriftauslegung, vor allem in der Gemeindeversammlung, betrauten Christen; der „Lehrer" in diesem Sinn ist dem jüdischen Rabbi vergleichbar. Diese Bedeutung hat das Wort in Hbr 13, 7. 17. 24 und auch hier[40].

[40] Im Deutschen hängt das Wort „Lehrer" sprachlich mit dem Wort „Geleise" zusammen. „Lehren" heißt also, jemand „ins Geleise" bringen. Es kann sich dabei nicht darum handeln, daß ein Mensch gegängelt werden soll. Doch es wäre grausam, ihn einfach sich selber zu überlassen. Es müssen ihm Hilfen gegeben werden, seinen Weg zu finden. Unter Christen handelt es sich vor allem darum, daß einem Menschen Hilfen gegeben werden, in das „Geleise" der Nachfolge Jesu zu finden, seinen „Fußstapfen nachzufolgen" (1 Pt 2, 21), mit dem auferstandenen und gegenwärtigen Herrn den Weg durchs Leben zu gehen. Hier kann es sich erst recht nicht um ein Gängeln handeln. Jeder ist in die Gott-Unmittelbarkeit berufen. „Ein jeder steht und fällt seinem Herrn" (Rö 14, 4). Doch auf jeden Fall: auch andere haben den Geist. Auch hat Gott schon mit den Vätern geredet und gehandelt; das soll nicht verloren und vergessen, sondern für uns nutzbar gemacht werden. Wir dürfen nicht als christliche „Robinsone" und „Selbstversorger" durch die Welt gehen und meinen, wir seien die einzigen und die ersten, die es mit Jesus halten. Früher hat man sich vielleicht von den vorausgehenden Generationen geistlich zu sehr abhängig gemacht. Heute muß man viel Lehrgeld zahlen, weil man nicht bereit ist, von ihnen zu lernen. Auf jeden Fall, damit Christen auch heute den rechten Weg finden, sind Lehrer not.

Die oben erwähnten Schriftstellen:

Mk 5, 19: Gehe hin in dein Haus zu den Deinen und verkündige ihnen, wie große Wohltat dir der Herr getan und sich deiner erbarmt hat.

Mt 28, 19: Darum geht hin und machet zu Jüngern alle Völker.

1 Ko 12, 28: . . . und Gott hat gesetzt in der Gemeinde aufs erste Apostel, aufs andre Propheten, aufs dritte Lehrer, danach Wundertäter, danach Gaben, gesund zu machen, Helfer, Regierer, mancherlei Zungen.

Eph 4, 11. 12: . . . und er hat etliche zu Aposteln gesetzt, etliche zu Propheten, etliche zu Evangelisten, etliche zu Hirten und Lehrern, daß die Heiligen zugerüstet würden zum Werk des Dienstes.

Hbr 13, 7. 17: Gedenkt an eure Lehrer. Gehorchet euren Lehrern.

24: Grüßet alle eure Lehrer.

4. Jakobus warnt davor, sich zu dieser Aufgabe zu drängen:
1 **„Werdet nicht in so großer Zahl Lehrer"**: In der damaligen Umwelt galten die Lehrer viel, sowohl in Israel die Gesetzeslehrer als auch in der grie Welt die Weisheitslehrer, die Philosophen. Und nun sahen offenkundig manche Christen eine Chance, im Rahmen ihrer Gemeinde eine ähnlich gewichtige Stellung zu erlangen. Es war eben so schön, reden und lehren zu können, während die andern andächtig lauschten. Es handelt sich um eine menschliche Neigung unter nicht wenigen im allgemeinen und um ein grie Ideal im besonderen, „immer der erste zu sein und vorzustreben den andern". Doch bei Jesus und in seiner Gemeinde gelten andere Maßstäbe: Wer hier „groß" und dem Herrn am nächsten sein möchte, der sei willig, die Rolle des Dieners zu übernehmen (Mt 20, 26—28). Die höchste Gabe ist die sich selbst vergessende Liebe (1 Ko 12, 31; 13, 1 ff). Die Gemeinde Jesu gleicht einem Leib, an und in dem jedes Glied und jedes Organ unentbehrlich ist und seine eigene Bedeutung hat (1 Ko 12, 12 ff). Die Aufgabe der Lehrer ist eine unter anderen. Sie ist wichtig, aber auch die der andern Dienstleute. Es muß einer nicht gerade unbedingt Lehrer sein.

5. **„Ihr wißt ja, daß wir eine umso strengere Beurteilung erfahren werden."** „Gottes Wort in Menschenmund" ist eine Riesenverantwortung. Man sollte sich deshalb nicht gerade zu dieser Aufgabe drängen oder gar sie leicht nehmen. (Es besteht Anlaß, auch das Umgekehrte zu sagen: Im Vertrauen auf unseren Herrn können wir es wagen, diese Aufgabe zu übernehmen. Er gibt zur Aufgabe auch die Gabe — vgl. Jak 1, 5; 2 Tim 1, 6.)[41]

[41] Die Größe der Verantwortung bei der Ausrichtung von Gottes Wort kommt uns heute besonders deutlich zum Bewußtsein. In der derzeitigen theologischen Auseinandersetzung geht es weitgehend um die Frage, wie man denn das Evangelium, die biblische Botschaft, Gottes Wort, dem Menschen von heute in seine Lage und sein Fragen und Denken hinein recht ausrichtet. Gewiß, die Liebe gebietet, daß wir dem Menschen, auf dessen Rettung Gott bedacht ist, das Wort so verständlich wie möglich sagen. Doch sollten wir uns nicht so sehr durch die ängstliche Sorge bestimmen lassen, ob wir denn mit unserem Wort auch noch „ankommen" und ob der Mensch von heute in dieser

Die oben erwähnten Schriftstellen:

Mt 20, 26—28: So soll es nicht sein unter euch; sondern wer groß sein will unter euch, der sei euer Diener; und wer der Erste sein will, sei euer Knecht; gleichwie des Menschen Sohn ist nicht gekommen, daß er sich dienen lasse, sondern daß er diene und gebe sein Leben zu einer Erlösung für viele.

1 Ko 12, 31: Strebet aber nach den besten Gaben. Und ich will euch noch einen köstlicheren Weg zeigen.

Jak 1, 5: Wenn aber jemandem unter euch Weisheit mangelt, der bitte Gott, der da gern gibt jedermann.

2 Tim 1, 6: Um solcher Ursache willen erinnere ich dich, daß du erweckest die Gabe Gottes, die in dir ist durch die Auflegung meiner Hände.

Wichtig ist es, das Wort „recht auszuteilen“ (2 Tim 2, 15), in Gericht und Gnade, in Weisung und Verheißung, je den Stolzen und den Verzagten, den Leichtsinnigen und den Schwermütigen, den in menschlichem Eifer Tätigen und den nur Innerlichen. Ein besonderes Wagnis ist es, das Wort unter vielen so verschiedenen Menschen zugleich auszurichten, sowohl vor Leuten, die man nicht kennt, als vor solchen, die man recht wohl kennt. Hier ist Bitte und Fürbitte not.

Die „Beurteilung“, die bevorsteht (1 Ko 4, 4), kann zur „Verurteilung“ werden. Wenn ein Arzt etwas versäumt, nicht rechtzeitig nach seinem Patienten sieht, fahrlässigerweise die Diagnose falsch stellt, bei einem Eingriff einen Kunstfehler macht, die nötigen Vorsichtsmaßnahmen unterläßt, eine falsche Spritze gibt, so hat er u. U. ein Strafverfahren und einen zivilen Schadenersatzprozeß zu befürchten. Wenn wir Gottes Wort falsch ausrichten, wenn wir Gesetz statt Evangelium predigen, wenn wir die Gnade billig machen, wenn wir am Ernst des Bußrufs etwas abbrechen, wenn wir „davon“ oder „dazu tun“ (Offb 22, 18. 19), so droht uns keine Verfolgung durch den Staatsanwalt. Doch es droht uns das göttliche Gericht, das nicht weniger schwer wäre als das Gericht Gottes über die Ungläubigen (Lk 12, 46—48)[42].

Umso mehr muß es unsere Bitte sein: „Herr, tue meine Lippen auf, daß mein Mund *deinen* Ruhm verkündige“ (Ps 51, 17).

Hinsicht überhaupt ein „Bedürfnis“ habe. Vielmehr muß uns in der Verantwortung vor Gott die eine Sorge erfüllen, ob wir denn recht ausrichten, was Gott uns aufgetragen hat. Alles andere, auch ob dann die Kirche und unsere Gemeinschaft noch weiterbestehen, sei nicht so sehr unsere Sorge; wo Gott ein Wort gibt, da gibt er auch Ohren.

42 So dürfen wir uns auch die biblische Botschaft nicht durch einen modernen historischen Überkritizismus, eine existentiale Interpretation oder durch eine sozial-revolutionäre Eintragung verkürzen und verändern lassen.

Die oben erwähnten Schriftstellen:

2 Tim 2, 15: Befleißige dich, vor Gott dich zu erzeigen als einen rechtschaffenen und unsträflichen Arbeiter, der da recht austeilt das Wort der Wahrheit.

1 Ko 4, 4: Ich bin mir nichts bewußt, aber darin bin ich nicht gerechtfertigt; der Herr ist's aber, der mich richtet.

Offb 22, 18. 19: Wenn jemand etwas dazusetzt, so wird Gott zusetzen auf ihn die Plagen, die in diesem Buch geschrieben stehen. Und wenn jemand etwas davontut von den Worten des Buchs dieser Weissagung, so wird Gott abtun seinen Anteil vom Baum des Lebens und von der heiligen Stadt, davon in diesem Buch geschrieben steht.

Lk 12, 46—48: Desselben Knechtes Herr wird kommen an dem Tage, da er sich's nicht versieht, und zu der Stunde, die er nicht weiß, und wird ihn in Stücke hauen lassen und wird ihm seinen Lohn geben mit den Ungläubigen. Der Knecht aber, der seines Herrn Willen weiß, hat aber nichts bereitet noch nach seinem Willen getan, der wird viel Streiche leiden müssen. Der ihn aber nicht weiß und hat getan, was der Streiche wert ist, wird wenig Streiche leiden. Denn welchem viel gegeben ist, bei dem wird man viel suchen; und welchem viel anbefohlen ist, von dem wird man viel fordern.

II. Unsere Zunge (unser Reden) spielt in unserem ganzen Leben die entscheidende Rolle

Jakobus 3, 2–8

Jakobus kommt nun zu sprechen auf unser Vermögen zu reden im allgemeinen Sinn.

2 1. „**Wir fehlen** (zwar) **alle vielfach**": Auf allen Lebensgebieten haben wir Fehler, auch wir Christen[43].

„**Wenn jemand** (auch) **im Wort nicht fehlt, der ist ein vollkommener Mann**": Der wäre am Ziel. (Das grie Wort „téleios" = „vollkommen" hängt sprachlich zusammen mit „télos" = „Ende", „Vollendung", „Ziel".) Bei dem wären gewiß auch alle anderen Lebensgebiete in Ordnung. Jakobus schreibt zuvor: „Wir fehlen alle vielfach." Und das Letzte, womit wir fertigwerden, sind die Versündigungen mit Worten. Also sind wir alle nicht dieser „vollkommene Mann". Doch er kannte den Einen, der sagen konnte: „Wer kann mich auch nur einer Sünde zeihen?" (Jo 8, 46). „Die Worte, die ich

[43] Bezieht sich das auch auf die Abfassung dieses zum NT gehörenden Briefes und auf die andern ntst Schriftsteller und ihre Arbeit? Müßte uns dann nicht alles, was sie sagen, als unsicher und unverbindlich erscheinen? Das NT sagt an anderer Stelle, daß „alle Schrift von Gott eingegeben", von seinem „Geist durchhaucht" ist (2 Tim 3, 16. 17; 2 Pt 1, 21). Die biblischen Schriftsteller sind nicht an sich fehler- und irrtumslose Leute gewesen; aber sie konnten, was sie sollten: uns „allen Rat Gottes" mitteilen (Apg 20, 27). Wir erfahren nicht alles, was wir gerne wissen möchten. Aber uns ist gesagt, was zu unserem Heil nötig ist. Wir können das V e r t r a u e n haben, daß Gott, der in der Mitte der Weltgeschichte, in der Wüste der Welt, die Quelle aufbrechen ließ (Jo 7, 37; Offb 22, 17), auch dafür Sorge trug, daß für uns, die wir nicht Augenzeugen waren, sozusagen die Quelle gefaßt und uns zugeleitet wurde. Wo Gott Aufgaben stellt, da gibt er auch Gaben, seiner Gemeinde die Geistesgaben, die Charismata. So dürfen wir damit rechnen, daß unser Herr jenen ersten Generationen seiner Gemeinde die Aufgabe und die Gabe verlieh, die Schriftzeugnisse über seine „großen Taten" (Apg 2, 11) und die Grundlinien ihrer Konsequenzen abzufassen, zu sammeln und abzugrenzen.

Die oben erwähnten Schriftstellen:

2 Tim 3, 16. 17: Denn alle Schrift, von Gott eingegeben, ist nütze zur Lehre, zur Aufdeckung der Schuld, zur Besserung, zur Erziehung in der Gerechtigkeit, daß ein Mensch Gottes sei vollkommen, zu allem guten Werk geschickt.

2 Pt 1, 21: Denn es ist noch nie eine Weissagung aus menschlichem Willen hervorgebracht; sondern von dem Heiligen Geist getrieben haben Menschen im Namen Gottes geredet.

Apg 20, 27: Denn ich habe nicht unterlassen, euch zu verkündigen den ganzen Ratschluß Gottes.

Jo 7, 37: Wen da dürstet, der komme zu mir und trinke!

Offb 22, 17: Und wen dürstet, der komme; und wer da will, der nehme das Wasser des Lebens umsonst.

Apg 2, 11: Wir hören sie in unsern Zungen die großen Taten Gottes reden.

zu euch rede, die rede ich nicht von mir selbst" (Jo 14, 10. 24). Petrus, der lang mit Jesus gelebt hatte, konnte bezeugen: „Er hat keine Sünde getan und ist auch kein Betrug in seinem Munde erfunden. Er schalt nicht wieder, da er gescholten ward; er drohte nicht, da er litt" (1 Pt 2, 22. 23). Doch von uns kann das nicht gesagt werden. „Wir fehlen vielfach", am allermeisten und allerlängsten auf dem so wichtigen und entscheidenden Gebiet unseres Redens. Hier kann nur das eine helfen, daß „sich die Barmherzigkeit über das Gericht rühmt" (Jak 2, 13), das Vergeben Gottes und sein Geist, durch den er selbst in unseren Herzen wohnt (Eph 3, 17); „der Herr ist der Geist" (2 Ko 3, 17). Es hilft nur, daß unser Herr in uns ist und wir in ihm. Denn „ist jemand in Christus, so ist er eine neue Kreatur" (2 Ko 5, 17)[44].

[44] Auch Paulus redet von der Vollkommenheit etwa der Erkenntnis als von einem jetzt noch nicht erreichten Ziel (1 Ko 13, 9. 10. 12; vgl. 1 Jo 3, 2). Doch Paulus sagt auch, daß bei Menschen, die an Jesus glauben, das Entscheidende geschehen ist und sie so „vollkommen" sozusagen zum „Vollen gekommen" sind, indem sie mit und in Christus leben (1 Ko 2, 6; Phil 3, 15; vgl. auch Rö 8, 1; 2 Ko 5, 21). Das schließt nicht aus, daß auch bei Paulus auf den Indikativ (Aussageform) der Imperativ (Befehlsform) folgt, auf den Zuspruch der Anspruch, auf die Gabe die Aufgabe (Rö 3, 28; 12, 1 ff; Phil 3, 15; Kol 3, 1 ff). „Sei was du bist!"

Die oben erwähnten Schriftstellen:

Eph 3, 17: . . . daß Christus wohne durch den Glauben in euren Herzen, und ihr in der Liebe eingewurzelt und gegründet werdet.

1 Ko 13, 9. 10. 12: Denn unser Wissen ist Stückwerk, und unser Weissagen ist Stückwerk. Wenn aber kommen wird das Vollkommene, so wird das Stückwerk aufhören. — Wir sehen jetzt durch einen Spiegel in einem dunkeln Wort; dann aber von Angesicht zu Angesicht. Jetzt erkenne ich stückweise; dann aber werde ich erkennen, gleichwie ich erkannt bin.

1 Jo 3, 2: Meine Lieben, wir sind nun Gottes Kinder; und es ist noch nicht erschienen, was wir sein werden. Wir wissen aber, wenn es erscheinen wird, daß wir ihm gleich sein werden; denn wir werden ihn sehen, wie er ist.

1 Ko 2, 6: Wovon wir aber reden, das ist dennoch Weisheit bei den Vollkommenen; nicht eine Weisheit dieser Welt, auch nicht der Herrscher dieser Welt, welche vergehen.

Phil 3, 15: Wie viele nun unter uns vollkommen sind, die lasset uns so gesinnt sein. Und solltet ihr in einem Stück anders denken, so wird euch Gott auch das offenbaren.

Rö 8, 1: So gibt es nun keine Verdammnis für die, die in Christus Jesus sind.

2 Ko 5, 21: Denn Gott hat den, der von keiner Sünde wußte, für uns zur Sünde gemacht, auf daß wir würden in ihm die Gerechtigkeit, die vor Gott gilt.

Rö 3, 28: So halten wir nun dafür, daß der Mensch gerecht werde ohne des Gesetzes Werke, allein durch den Glauben.

Rö 12, 1: Ich ermahne euch nun, liebe Brüder, durch die Barmherzigkeit Gottes, daß ihr eure Leiber gebet zum Opfer, das da lebendig, heilig und Gott wohlgefällig sei. Das sei euer vernünftiger Gottesdienst.

Phil 3, 15: s. oben!

Kol 3, 1: Seid ihr nun mit Christus auferstanden, so suchet, was droben ist, da Christus ist, sitzend zu der Rechten Gottes.

2. Mit zwei Vergleichen macht Jakobus deutlich, wie das kleine Glied, unsere Zunge, das heißt, unser Vermögen zu reden, von entscheidender Bedeutung für unser ganzes Leben, sozusagen der Angelpunkt unseres Lebens ist. Und er zeigt, wie wir befähigt werden, **„auch den ganzen Leib“** (unser Leben mit seinen Kräften und Wirkungen) **„im Zaum“** (unter Kontrolle) **„zu halten“** (V. 3–4).

3 a) **„Wenn wir den Pferden die Zäume ins Maul legen, damit sie uns gehorchen, dann lenken wir** (auch) **ihren ganzen Leib“**: Mit dem Zaum wird die Herrschaft über das ganze Tier ausgeübt. „Über“ dem Pferd steht sozusagen der Zaum; mit ihm wird über das Pferd bestimmt. Und „über“ dem Zaum steht der Reiter, der den Zaum bewegt. Die kleine Zunge gleicht dem kleinen Zaum. An diesem Punkt fallen weitgehend die Entscheidungen darüber, was ein Mensch ist und wirkt, welcher Einfluß von ihm ausgeht. Und vor allem vor Gott haben unsere Worte großes Gewicht: „Du weißt ein jedes Wort auf meiner Zunge“ (Ps 139, 4). „Die Menschen müssen Rechenschaft geben von einem jeden bösen Wort, das aus ihrem Munde geht“ (Mt 12, 36). Wir sind geneigt, den Worten keine so große Bedeutung beizumessen. Auf die Taten achten wir, auf unser Reden entfernt nicht im gleichen Maß. Doch die Bibel unterscheidet nicht in diesem Sinn zwischen Wort und Tat. Auch Worte sind Taten. – Unsere ganze Existenz entspricht in diesem Vergleich dem Pferdekörper, und unsere Zunge, unser Vermögen zu reden, dem Zaum, der ihn bewegt. Entscheidend, wer hier der Reiter ist! Sind wir es selbst, wirklich selbst? Wir Menschen sind nie nur Führende, wir sind immer auch Geführte, nie nur Subjekt, immer auch Objekt. Wer ist bei uns „im Sattel“? Der Geist von oben oder der Geist von unten? Paulus schreibt: „Welche der Geist Gottes führt, die sind Gottes Kinder“ (Rö 8, 14).

4 b) **„Sehet auch die Schiffe! Sie, die so groß sind und von heftigen Winden dahingetrieben werden, sie werden von einem ganz kleinen Steuerruder gelenkt, wohin die Absicht des Steuermanns geht“**: Die kleine, oft wenig beachtete Zunge, unser uns so selbstverständliches Vermögen zu reden, wird hier mit dem kleinen, im Wasser halb verborgenen Ruder verglichen. Das kleine Steuerruder bestimmt trotz der Größe des Schiffs und trotz der Macht der Stürme die Richtung des Schiffs. Da ist das Schiff, und sozusagen „drüber“ (nicht im räumlichen, sondern im geltungsmäßigen Sinn) das Steuerruder und über dem Steuerruder der Steuermann. Wieder ist die Frage, wer bei uns „am Steuer“, „am Ruder“ ist, und ob wir unsern Herrn „ans Steuer lassen“. „Herrscher, herrsche; Sieger, siege; König, brauch dein Regiment“ – über mich!

3. Bis dahin sprach Jakobus nur von der *großen* Wirkung, die von der Zunge ausgeht. In einem dritten Bild sagt er nun in biblischem

Realismus, welch verheerende Wirkung von der Zunge ausgeht, und auch ausdrücklich, woher diese Wirkung rührt (5–6).

Zunächst faßt Jakobus noch einmal das bisher Ausgeführte zusam-
men: **„So ist auch die Zunge** (nur) **ein kleines Glied und rühmt sich** 5
(doch) **großer Dinge."** Dann aber fährt er fort: **„Siehe, ein kleines
Feuer! Was für einen großen Wald setzt es** (doch) **in Brand."** Da
wirft einer achtlos ein Streichholz weg oder einen Zigarettenstummel,
oder eine Wandergruppe hat sich Würste gebraten und geht weg,
ohne das Feuer zu löschen. Und nachher ist das Erschrecken über die
katastrophalen Auswirkungen, den Waldbrand, groß. **„Auch die** 6
Zunge ist ein Feuer": Solch ein kleines, unscheinbares, wenig beach-
tetes Feuer. **„Als die Welt des Unrechts erweist sich die Zunge unter
unsern Gliedern"**: Sie ist in besonderer Weise die Einbruchstelle
eines bösen Geistes in unser Leben, aber auch die Ausbruchstelle
dieses Geistes, hinein in unsere Umwelt. Dadurch vermag von uns
ein bestürzend verwirrender Einfluß auszugehen, über den wir eben-
so erschrecken müssen wie über einen durch uns verursachten Wald-
brand. Man hat unbedacht etwas erzählt, ein Urteil geäußert oder
auch nur angedeutet, und man erschrickt nachher tief, welche Wir-
kung das hatte und was andere (nun noch durch entsprechende Hin-
zufügungen und Aufbauschungen) daraus gemacht haben.

„Sie befleckt den ganzen Leib": Unser Herr Jesus Christus spricht: „Was zum Munde eingeht, verunreinigt den Menschen nicht, sondern was zum Munde ausgeht" (Mt 15, 11)[45].

„Sie setzt den Kreis des Lebens in Brand": Die Vorstellung vom „Lebenskreis" oder „Lebensrad" mag — wie viele Forscher annehmen — aus der indischen Geisteswelt kommen. Doch Jakobus gebraucht den Ausdruck schlicht im Sinne des „Umkreises" eines Menschen, unsres Lebenshorizonts und des ganzen Bereichs unseres irdischen Daseins.

Wenn es irgendwo brennt in der Welt und nachher, im kleinen oder großen, ein Trümmerhaufen vorhanden ist, dann war von den Anfängen an bestimmt die menschliche Zunge beteiligt. **„Die Welt des Unrechts"** geht von der Zunge aus, ergießt sich hinein in die Umwelt des Menschen und verwirrt und zerstört sie. Die Möglichkeiten solch bösen Einflusses durch das gesprochene, geschriebene und im Funk gesendete menschliche Wort sind Legion: Lüge, Irreleitung, Verdächtigung, Manipulation, Hetze, Agitation. Und die Folge: Vorurteil, Neid, Haß, Fanatisierung, Ideologisierung, Begehrlichkeit, Zuchtlosigkeit ... Bei dem Großangriff des Feindes und seines dämonischen Anhangs in der endgeschichtlichen Phase dieser Welt wird ge-

[45] Man sieht auch hier, wie sehr Jakobus, obschon er nicht häufig den Namen seines Herrn erwähnt, doch in dessen Gedanken, Worten und Bildern lebt.

rade die Zunge, die das böse Feuer entfacht, eine besondere Rolle spielen (Offb 13, 5. 11). Das macht die Sünde aus der wundervollen Gottesgabe des Redens!

Und nun spricht Jakobus noch ausdrücklich aus, woher letztlich dieses Feuer stammt: **„Von der Hölle wird sie in Brand gesetzt."** Wieder sehen wir hier „über-" bzw. hintereinander den „Wald", das heißt die Welt, die entzündet und verheert wird, das menschliche Wort, das die Lunte wirft und den Brand legt, und schließlich das Feuer, an dem die Lunte entzündet wird.

4. Von uns aus werden wir Menschen mit dem allen nicht fertig
7 (V. 7–8). Wir können zwar erstaunlich viel: **„Jede Art von wilden Tieren und Vögeln, kriechenden und Seetieren, wird von der menschlichen Natur gezähmt und ist** (bereits bleibend) **gezähmt worden"**: Außer den Tieren könnte heute noch vieles andere hinzugefügt werden: auch die Elektrizität und die Atomkraft. Erstaunlich, wie der Mensch es gelernt hat, die Kraft der ihn umgebenden Natur für sich einzuspannen. Alles bekommt er in den Griff, nur nicht sich selbst, was sich besonders deutlich äußert an seiner Zunge, an seiner Weise zu reden. Die intellektuellen, sich in Naturwissenschaft und Technik auswirkenden Kräfte des Menschen sind sehr viel größer als seine ethisch-charakterlichen. Das droht schließlich zur Katastrophe zu führen[46].

8 **„Aber die Zunge kann kein Mensch zähmen. Sie ist ein ruheloses Übel"**: Wieviel redet doch ein Mensch in einem einzigen Jahr seines Lebens! Und „wo viele Worte gemacht werden, geht's ohne Sünde nicht ab" (Spr 10, 19). – **„. . . voll todbringenden Giftes"**: Der Apotheker würde mit den Gesetzen in Konflikt kommen, wenn er unbegrenzt Gift verkaufte. Wieviel Gift, die Menschen Vergiftendes, wird dagegen ungestraft gesprochen, gedruckt, gefunkt!

Wenn Jakobus ein „Gesetzesprediger" wäre, wie manche meinen, wenn er also den Menschen nur ein „Soll" auflegen wollte, so dürfte er keinesfalls in dieser negativen Weise von den menschlichen Möglichkeiten reden. Er müßte sagen: „Du sollst und du kannst!" Er müßte überhaupt mehr Weisungen geben und den Leuten im Blick auf ihre Möglichkeiten Optimismus suggerieren. Doch Jakobus redet in derselben biblischen Nüchternheit wie es auch Paulus in Rö 1, 18 bis 3, 20 tut. Der Mensch kann sich nicht selber helfen. „Wer Sünde

[46] „Die Möglichkeiten des Menschen sind fast unbegrenzt, seine Zielsetzungen jedoch verworren" (Einstein).

Die oben erwähnten Schriftstellen:

Offb 13, 5. 11: Und es ward ihm gegeben ein Maul zu reden große Dinge und Lästerungen . . . und redete wie ein Drache.

tut, der ist der Sünde Sklave" (Jo 8, 34). Die Hölle, der Feind ist am Werk. Da gilt: „Mit unsrer Macht ist nichts getan; wir sind gar bald verloren." Jakobus sagt wie Paulus: Du kannst dir nicht selber helfen und du mußt dir auch nicht selber helfen. Er weiß von der „Barmherzigkeit" Gottes (Jak 2, 13), die uns nicht in unserer Hilflosigkeit zappeln läßt. Christus spricht: „In der Welt habt ihr Angst; aber seid getrost, ich habe die Welt überwunden" (Jo 16, 33). Das Gift, das seit 1 Mo 3 sozusagen in unsern Adern ist und das wir verspritzen müssen, wird ausgeschieden dadurch, daß er durch seinen Geist in uns Wohnung macht (Eph 3, 17; Rö 8, 11). Der Stärkere wirft den starken Räuber aus dem Hause hinaus (Lk 11, 22). Das Feuer von unten wird überwunden durch das Feuer von oben, das Feuer aus der Hölle durch das Feuer von Gott (Lk 12, 49; Apg 2, 3). „Seid brennend durch den Geist" (Rö 12, 11). Feuer gegen Feuer! Jesus Christus, Gott und sein Geist muß bei uns in den „Sattel" und „ans Ruder" kommen. Sein Geist muß uns entzünden. „. . . daß unsre Zung ganz Feuer werd, red nichts denn dein Lob hie auf Erd und was den Nächsten bauet" (Ambrosius Blaurer).

III. Die Doppelzüngigkeit

Jakobus 3, 9—12

1. Jesus sagt: „Wes das Herz voll ist, des geht der Mund über" (Mt 12, 34). Und gerade hier wird deutlich, daß „zwei Seelen" in unserer Brust sind, zweierlei Geist in uns wohnt. Denn aus unserem Mund geht ein recht zwiespältiges Reden, gutes und böses.

a) Das gilt schon im Blick auf den natürlichen Menschen: Wie unser Lebensraum seit der ersten Sünde weder Himmel noch Hölle ist, sondern „Welt", die zwischen beiden liegt, so sind wir weder Engel noch Teufel: Wir sind nicht mehr nur gut, weil wir uns einem andern Einfluß geöffnet haben, aber auch nicht nur schlecht, weil Gott in seiner Langmut, solange wir noch das Leben in dieser Welt haben, uns seine guten Gaben beläßt, einschließlich der sittlichen Kräfte. Auch

Die oben erwähnten Schriftstellen:

Eph 3, 17: . . . daß Christus wohne durch den Glauben in euren Herzen und ihr in der Liebe eingewurzelt und gegründet werdet.

Rö 8, 11: Wenn nun der Geist des, der Jesus von den Toten auferweckt hat, in euch wohnt.

Lk 11, 22: Wenn aber ein Stärkerer über ihn kommt und überwindet ihn, so nimmt er ihm seinen Harnisch, darauf er sich verließ, und teilt den Raub aus.

Lk 12, 49: Ich bin gekommen, daß ich ein Feuer anzünde auf Erden.

Apg 2, 3: Und es erschienen ihnen Zungen, zerteilt, wie von Feuer.

und zuerst das Reden ist deshalb nie nur gut, aber auch nie nur schlecht.

b) In anderem Sinn gilt das auch für wiedergeborene Menschen. (Jakobus betont auffallend häufig, daß er mit „Brüdern", also Gläubigen, redet.) Das neue Leben ist bereits da, aber das alte Wesen ist auch noch da. „Das Fleisch gelüstet wider den Geist, und den Geist wider das Fleisch" (Gal 5, 17). Wichtig ist nur, daß wir für das neue Leben aus Gott Partei ergreifen (vgl. Gal 5, 24).

2. Jakobus zeigt uns nun die ganze Unnatur unserer Doppelzüngigkeit (V. 9–10).

9 a) **„Mit unserer Zunge preisen wir den Herrn"**: Es ist eine gute Antwort auf Gottes Liebe, ihn zu loben. So ist der große Kreislauf zwischen Gott und uns entstört: Gott schenkt, der Mensch dankt; Gott gibt, der Mensch gibt sich ihm hin (der ganze Schaden der Welt hängt mit der großen „Kreislaufstörung" zusammen). Es ist die Sinnerfüllung unseres Lebens, Gott zu danken und zu dienen. „Gott loben, das ist unser Amt." Es ist unser ewiger Beruf; hier ist keine „Umschulung" nötig, wenn wir in die Ewigkeit kommen[47].

Das Lob Gottes ist zugleich Bewunderung Gottes, Dank, Anbetung, Huldigung, Hingabe des Lebens an ihn, Verkündigung seiner Wunder und damit Aufforderung an andere, sie ebenfalls zu sehen und sie mit zu rühmen. – **„Den Vater"**: Auffallend, daß die beiden Bezeichnungen „Herr" und „Vater" nebeneinander gestellt werden: Er

[47] Immer wenn sich in der Schrift der Schleier zu der unsichtbaren Welt Gottes lichtet und ein wenig öffnet, vernehmen wir das Gotteslob der Ewigkeit (Jes 6, 3; Lk 2, 14; Offb 4, 8; 5, 12. 14). Das ist auch die letzte Sinnerfüllung aller Werkzeuge, die sich der Mensch schafft, daß er damit Gott lobt und ihm (und von ihm her den Menschen) dient. Das gilt insbesondere für die Musikinstrumente. Mund und Stimme sind dem Menschen für das Gotteslob aus übervollem Herzen nicht genug; er muß, was er an Instrumenten besitzt, hinzunehmen (Ps 150, 3–5).

Die oben erwähnten Schriftstellen:

Gal 5, 24: Welche aber Christus Jesus angehören, die haben ihr Fleisch gekreuzigt samt den Lüsten und Begierden.

Jes 6, 3: Heilig, heilig, heilig ist der Herr Zebaoth, alle Lande sind seiner Ehre voll!

Lk 2, 14: Ehre sei Gott in der Höhe!

Offb 4, 8: Heilig, heilig, heilig ist Gott der Herr, der Allmächtige!

Offb 5, 12. 14: Das Lamm, das erwürgt ist, ist würdig, zu nehmen Kraft und Reichtum und Weisheit und Stärke und Ehre und Preis und Lob. Und die vier Gestalten sprachen: Amen! und die Ältesten fielen nieder und beteten an.

Ps 150, 3–5: Lobet ihn mit Posaunen, lobet ihn mit Psalter und Harfen! Lobet ihn mit Pauken und Reigen, lobet ihn mit Saiten und Pfeifen! Lobet ihn mit hellen Zimbeln, lobet ihn mit klingenden Zimbeln!

ist zugleich hoch und nah. Die größte Verwunderung und Bewunderung ruft dabei seine Nähe hervor, die Tatsache, daß der große ewige Gott uns kleine Menschen zu seinen Kindern macht: „Seht, welch eine Liebe hat uns der Vater erzeigt, daß wir Gottes Kinder sollen heißen" (1 Jo 3, 1). Als Kinder sind wir auch Erben, Miterben, Mitteilhaber mit und in dem eingeborenen Sohn Jesus Christus, an dem, was Gott in alle Ewigkeit ist, hat und tut (Rö 8, 17; Gal 4, 7; Kol 1, 12; Offb 21, 7).

b) **„Mit unserer Zunge fluchen wir den Menschen, die nach dem Bild Gottes geschaffen sind"** (vgl. 1 Mo 1, 27): Das Normale wäre, die Menschen zu segnen, die doch nach dem Bild und zur Kindschaft Gottes geschaffen sind. Nicht in jedem Fall können wir sie loben. Gott ist leichter zu loben als die Menschen; er gibt lauter Anlaß zu loben (auch wenn wir ihn nicht immer verstehen — Hio 1, 21), die Menschen nicht. Dabei ist es wichtig, auch am Menschen zu loben, was immer man loben kann. Doch in jedem Fall können wir Menschen segnen, auch die, die uns fluchen, hassen, beleidigen und verfolgen (Mt 5, 44). Das heißt, wir können für sie Fürbitte tun und ihnen, von solcher Fürbitte herkommend, aufgrund des Opfers Jesu das Ja Gottes auch für ihr Leben mitbringen und anbieten[48].

Das ist nicht in jedem Fall eine Bestätigung des Menschen; es kann ihn auch in die Buße führen. Doch in allem ist es eine Hilfe dazu, ihn zurechtzubringen, ihn zu dem zu bringen, der auch ihn zur Gotteskindschaft berufen hat.

[48] Wenn Aaron sein Opfer dargebracht hatte, trat er aufgrund des geschehenen Opfers vor das Volk und legte von Gott her seinen Segen auf das Volk (3 Mo 9, 22. 23; 4 Mo 6, 27).

Die oben erwähnten Schriftstellen:

Rö 8, 17: Sind wir aber Kinder, so sind wir auch Erben, nämlich Gottes Erben und Miterben Christi.

Gal 4, 7: So bist du nicht mehr Knecht, sondern Kind; wenn aber Kind, dann auch Erbe durch Gott.

Kol 1, 12: So saget nun Dank mit Freuden dem Vater, der euch tüchtig gemacht hat zu dem Erbteil der Heiligen im Licht.

Offb 21, 7: Wer überwindet, der wird es alles ererben.

1 Mo 1, 27: Und Gott schuf den Menschen zu seinem Bilde.

Hio 1, 21: Der Herr hat's gegeben, der Herr hat's genommen; der Name des Herrn sei gelobt!

Mt 5, 44: Liebet eure Feinde; segnet die euch fluchen; tut wohl denen, die euch hassen; bittet für die, so euch beleidigen und verfolgen.

3 Mo 9, 22: Und Aaron hob seine Hände auf zum Volk und segnete sie.

3 Mo 9, 23: Und als sie (Mose und Aaron) wieder herauskamen, segneten sie das Volk.

4 Mo 6, 27: Denn ihr sollt meinen Namen auf die Kinder Israel legen, daß ich sie segne.

Und nun geschieht das Ungeheuerliche: Mit demselben Mund, mit dem man Gott gelobt, ja, vielleicht Menschen gesegnet hat, wird nun Menschen geflucht. Die Bibel versteht unter „fluchen" nicht den gotteslästerlichen „Kraftausdruck" eines Unbeherrschten. Es ist vielmehr der Gegensatz zum Segnen: der drängende Wunsch, Gott soll sein Nein über einen Menschen sprechen. Oder andere Menschen werden doch mindestens herabgesetzt, verdächtigt, entehrt, verurteilt. So etwas kann geschehen, unmittelbar nachdem das Lob Gottes über unsre Lippen kam, und noch auf dem Vorplatz des Gebäudes, in dem es laut wurde. Solche Doppelzüngigkeit ist die besondere Sünde der Frommen[49].

Wir sind beherrschte Leute. Im allgemeinen lassen wir uns in Worten nicht gehen; das würde uns selbst ein schlechtes Zeugnis eintragen. Doch um einen abwesenden Dritten bei den andern ins schlechte Licht zu setzen, genügen auch knappe Andeutungen, in denen man sich noch dagegen absichert, daß einem nachher einer „an den Wagen fahren" kann. Gewiß, wir müssen uns auch ein Urteil bilden. Unter Umständen müssen wir andere von Berufs wegen beurteilen. Doch wenn wir bedenken, daß wir selbst einmal beurteilt werden, so tun wir's mit Furcht[50].

49 Wenn den Menschen besonders rätselvolle Schicksale treffen, so kann es geschehen, daß er nicht nur mit demselben Mund Gott lobt und den Menschen flucht, sondern, nachdem er zuvor Gott gelobt hat, nun auch Gott flucht, ihn anklagt, mit ihm hadert und ihm das Vertrauen aufkündigt. — „Werfet euer Vertrauen nicht weg, welches eine große Belohnung hat" (Hbr 10, 35).

50 Schwer ist es in dieser Hinsicht auch, in dem theologischen Ringen von heute die richtige Weise zu finden. Es ist uns durch das NT fraglos geboten, die Lehre, die in der Gemeinde laut wird, zu prüfen und zu beurteilen (1 Ko 14, 29; 1 Th 5, 21; 1 Jo 4, 1; Offb 2, 6 u. a.). Es geht hier ja darum, daß Menschen den Weg zum Leben, den unser Herr ihnen gebahnt hat, finden und nicht irregeleitet werden. Aber es ist uns verboten, die Menschen, die lehren, zu verurteilen und zu verdammen. „Ein Mensch sieht, was vor Augen ist; der Herr aber sieht das Herz an" (1 Sam 16, 7). Das Gericht über die andern und uns ist die Sache unseres Herrn. Es hängt unsere innere Vollmacht davon ab, ob wir uns hier richtig verhalten.
Das ernste Wort des Apostels Paulus in Gal 1, 8. 9 zeigt, daß der, der falsch lehrt, also andere falsche Wege weist, sich selbst unter Fluch und Verurteilung Gottes stellt. Das spricht Paulus in apostolischer Vollmacht aus.

Die oben erwähnten Schriftstellen:

1 Ko 14, 29: Propheten aber lasset reden zwei oder drei, und die andern lasset die Rede prüfen.

1 Th 5, 21: Prüfet aber alles, und das Gute behaltet.

1 Jo 4, 1: Ihr Lieben, glaubet nicht einem jeglichen Geist, sondern prüfet die Geister.

Offb 2, 6: Aber das hast du, daß du die Werke der Nikolaiten hassest, welche ich auch hasse.

Gal 1, 8. 9: Aber wenn auch wir oder ein Engel vom Himmel euch würde Evangelium predigen anders, als wir euch gepredigt haben, der sei verflucht. Wie wir eben gesagt haben, so sage ich abermals: Wenn jemand euch Evangelium predigt anders, als ihr es empfangen habt, der sei verflucht.

„Aus demselben Mund gehen Lobpreis und Fluch hervor": Dabei 10
sollte doch auch unser *Mund ausschließlich* dem Dienst Gottes vorbehalten sein. Der Hohepriester Israels trug, wenn er ins Heiligtum eintrat, an seiner Kopfbedeckung die Worte: „Heilig dem Herrn" (2 Mo 28, 36; 39, 30), das heißt, er war Gott gehörig und ausschließlich seinem Dienst vorbehalten. So will unser Herr, der uns „teuer erkauft" hat (1 Ko 6, 20), sozusagen auch an unser Leben, insbesondere an unsere Zunge und unsere Lippen, „schreiben": „Heilig dem Herrn", mir gehörig und ausschließlich meinem Dienst vorbehalten (Ps 51, 17; 71, 23). Der Jakobusbrief ist Heiligungspredigt, wobei zur Heiligung auch die „neue, Gott wohlgefällige Natürlichkeit" (Blumhardt) gehört.

„Das darf so nicht sein, meine Brüder": Diese Doppelzüngigkeit ist eben nicht Natur, sondern Unnatur und Schuld. Das sagt uns die Bibel unablässig (2 Mo 20, 16; Ps 34, 14; Mt 5, 22; Rö 12, 14; 1 Pt 3, 9 u. a. m.). Das darf nicht mehr so sein und es *muß* nicht mehr so sein; denn „ist jemand in Christus, so ist er eine neue Kreatur" (2 Ko 5, 17). Wir können, aber wir müssen nicht mehr sündigen (Jo 8, 36). Und wir dürfen es nicht mehr. V. 8 sagt Jakobus: „Kein Mensch kann ..." Nun aber: „Das darf nicht sein." Ohne die Möglichkeit, dieser Weisung zu folgen, wäre sie sinnlos. Zwischen den Zeilen weist Jakobus auch hier auf den heilenden und heiligenden Herrn hin.

3. An zwei *Bildern* macht Jakobus abschließend deutlich, wie unnatürlich die Doppelzüngigkeit ist (V. 11–12).

„Sprudelt etwa die Quelle aus derselben Öffnung das Süße und 11/12
das Bittere hervor? Kann etwa, meine Brüder, ein Feigenbaum Oliven bringen oder ein Weinstock Feigen? Ebensowenig kann eine salzige Quelle süßes Wasser geben":

Die oben erwähnten Schriftstellen:

2 Mo 28, 36: Du sollst auch ein Stirnblatt machen aus feinem Golde und darauf eingraben, wie man Siegel eingräbt: „Heilig dem Herrn."
39, 30: Sie machten auch das Stirnblatt, den heiligen Kronreif, aus feinem Gold und gruben als Schrift ein: „Heilig dem Herrn."
1 Ko 6, 20: Denn ihr seid teuer erkauft; darum so preiset Gott an eurem Leibe.
Ps 51, 17: Herr, tu meine Lippen auf, daß mein Mund deinen Ruhm verkündige.
Ps 71, 23: Meine Lippen und meine Seele, die du erlöst hast, sollen fröhlich sein und dir lobsingen.
2 Mo 20, 16: Du sollst nicht falsch Zeugnis reden wider deinen Nächsten.
Ps 34, 14: Behüte deine Zunge vor Bösem und deine Lippen, daß sie nicht Trug reden.
Mt 5, 22: Wer mit seinem Bruder zürnt, der ist des Gerichts schuldig.
Rö 12, 14: Segnet, die euch verfolgen; segnet und fluchet nicht.
1 Pt 3, 9: Vergeltet nicht Böses mit Bösem oder Scheltwort mit Scheltwort, sondern dagegen segnet.
Jo 8, 36: Wenn euch nun der Sohn frei macht, so seid ihr recht frei.

a) Das Bild vom Brunnen: Aus einer Quelle (bzw. dem an sie angeschlossenen Brunnen) fließt nicht zugleich Süßwasser und Meerwasser. Aber bei uns Menschen gibt es fortlaufend diese seltsame Mischung. Auch bei einem Brunnen ist sie denkbar, nämlich dann, wenn er zugleich an zweierlei Quellen angeschlossen ist. Daß aus unserem Leben immer zweierlei hervorgeht, ist nicht anders zu erklären, als daß wir aus zweierlei Quellen gespeist werden: durch Gottes Geist und durch den Geist dieser Welt. Da gilt es zu bitten: „Halte dir mein Herze leer" (Michael Hahn). Auch ist es nötig, daß wir nicht hin und her laufen, sondern daß unsere Gemeinschaft mit Jesus fest und stetig wird (Jo 7, 38; Kol 2, 7; Hbr 13, 9).

b) Das Bild vom Feigenbaum und vom Weinstock: Pflanzen bleiben ihrer Art treu, nur wir Christen unnatürlicherweise so oft nicht — besonders in unseren Worten. Wieder sind wir daran erinnert, was Jesus in der Bergpredigt sagt: „Ein guter Baum bringt gute Früchte" (Mt 7, 16). — Allerdings gibt es auch das, daß *ein* Baum *zweierlei* Früchte trägt. Auf *einem* Apfelbaum kann es zugleich eine edle, wohlschmeckende Apfelsorte geben und daneben wilde, ungenießbare Holzäpfel. Dieses geschieht auf den Ästen, die nicht veredelt wurden. Da hilft nur eins, die hohen, wilden Äste absägen und Edelreiser einpfropfen. So müssen auch bei uns die „stolzen Äste" zerbrochen und die „Edelreiser", nämlich Gottes Geist, eingepflanzt werden. Die Bibel nennt das Buße und Neugeburt. Gott strebt danach, ein Ganzes zu schaffen in der Natur und in unserem Leben. Er will und er kann es.

6. Spruchreihe: ÜBER DIE WAHRE WEISHEIT

Jakobus 3, 13–18
(Vgl. Kap. 1, 5)

Zu Vers 13:
Eph 5, 15
Jak 2, 14–26
Mt 5, 5
Zu Vers 14:
1 Ko 3. 1–4
Eph 4, 31

13 Wer ist weise und verständig unter euch? Der zeige an dem guten
14 Wandel seine Werke in Sanftmut der Weisheit. * Wenn ihr aber
bittere Eifersucht und Zanksucht in euren Herzen habt, so rühmt

Die oben erwähnten Schriftstellen:

Jo 7, 38: Wer an mich glaubt, wie die Schrift sagt, von des Leibe werden Ströme lebendigen Wassers fließen.

Kol 2, 7: Seid verwurzelt und gegründet in ihm und fest im Glauben.

Hbr 13, 9: Lasset euch nicht durch mancherlei und fremde Lehre umtreiben, denn es ist ein köstlich Ding, daß das Herz fest werde, welches geschieht durch Gnade.

15 **euch nicht und lüget nicht wider die Wahrheit. * Denn diese Weis-**
heit kommt nicht von obenher, sondern sie ist irdisch, seelisch,
16 **teuflisch. * Denn wo Eifersucht und Zanksucht ist, da ist auch Zer-**
17 **rüttung und alles schlechte Tun. * Aber die Weisheit von oben ist**
fürs erste rein, sodann friedfertig, freundlich, fügsam, voll Barm-
18 **herzigkeit und guter Früchte, ohne Zweifel, ohne Heuchelei. * Die**
Frucht der Gerechtigkeit aber wird im Frieden gesät von denen,
die Frieden stiften.

Zu Vers 15: 1 Ko 2, 14 Offb 13, 6
Zu Vers 16: Gal 5, 15 1 Ko 3, 3
Zu Vers 17: 1 Tim 1, 5 Gal 5, 22 1 Pt 2, 5 Mt 7, 17—19
Zu Vers 18: Jes 32, 17 Mt 5, 9 Phil 1, 11

Für jede Zeit und jede Generation stellt sich die Frage nach dem rechten Weg. Das unbekannte Land der Zukunft liegt vor dem einzelnen, besonders vor jungen Menschen und der ganzen nachwachsenden Generation, wie ein unberührtes Schneefeld im Hochgebirge, schön, interessant und auch voller Gefahren und verdeckter Abgründe. So stand es in den Tagen des Jakobus auch mit der jungen Christenheit, die den Weg in die Welt hinein nahm. Da waren Fragen wie die nach dem Zusammenleben mit der heidnischen und jüdischen Umwelt, nach dem Verhältnis zum Judentum und zum römischen Staat, die Frage nach der Ordnung der Gemeinden und dem Zusammenleben der Christen untereinander.

Ebenso stellen sich auch für uns Christen heute in einer sich atemberaubend schnell verändernden Welt die Fragen nach dem richtigen Verhalten im Tun und Lassen, für uns als einzelne, als Gemeinde und als Kirche.

I. Wie den Weg finden?

Jakobus 3, 13

1. Lehrer sind not — von ihnen sprach Jakobus schon Kap. 3, 1 — und darüber hinaus allgemein Christen, die **weise und verständig** sind und so nicht nur für sich selber den Weg finden, sondern auch andern Wegleitung zu geben vermögen.

2. Sie brauchen als Ausrüstung für ihre Aufgabe **Weisheit**, grie „sophía" (vgl. das zu Jak 1, 5—8 Gesagte). Weisheit haben heißt, im Denken und Handeln den richtigen, zielklaren, von Gott gewiesenen Weg finden. Neben die Weisheit stellt hier Jakobus die **„Verständigkeit"**. Dieses Wort meint mehr das klare, nüchterne Erfassen der Situation, in der man sich befindet. Bei „Verständigkeit" und „Weis-

heit" ist also zu denken an die Situationsbeurteilung und an das „Aktionsprogramm", an die Diagnose und die Therapie[51].

13 Jakobus fragt: **„Wer ist weise und verständig unter euch?"**: Das heißt: Wer von euch kann den Weg weisen, voran der Gemeinde, aber auch der die Christen nach dem rechten Weg fragenden Umwelt? Offenkundig haben in den Gemeinden, denen Jakobus schrieb, recht viele schnellfertig und selbstsicher die Hand erhoben und gesagt: „Ich!" (Jak 3, 1).

3. Die Frage nach den Kriterien der wahren **Weisheit**, des richtigen Geistes.

Jakobus sagt: Bitte, nicht so schnell! (Vgl. Jak 3, 1.) Ihr müßt euch, wenn ihr andern den Weg weisen wollt, vorher noch einiges fragen lassen. Und ihr müßt als Christen die, deren Führung ihr euch anvertraut, noch einiges fragen. Es geht bei dieser Schriftstelle um die auch für uns so wichtige Frage nach der Geisterunterscheidung, nach der wirklichen Weisheit, nach dem Geist von oben, dem man sich anvertrauen kann. Es könnte ja Führung zur Verführung, Leitung zur Irreleitung werden. Wonach fragt Jakobus? **„Der zeige an dem guten Wandel seine Werke in Sanftmut der Weisheit."** Er fragt nicht nach Bildung, Examen, Gedankenschärfe, Redegewandtheit, Überzeugungskraft, wiewohl auch das alles gute Gaben sind, die mit in Dienst gestellt werden müssen. Aber für sich allein genügen sie noch nicht. Hinter dem allem kann sich noch ein falscher Geist verbergen, der Weisheit vortäuscht, irreleitet und statt ans Ziel ins Verderben führt (vgl. das zu Kap. 2, 19 Gesagte). Was nennt Jakobus als die Kriterien der wahren Weisheit und des echten Geistes?

a) **„Wandel"**: Das ist der Weg, den der Lehrende selber geht. Er darf nicht sein wie ein Wegweiser, der in seinem Leben nie den Weg gegangen ist, den er unablässig zeigt. Jesus ist der wahre Lehrer. Er hat den Weg gemacht und uns gebahnt. Er ruft auch uns auf diese Bahn: „Komm und folge mir!"

b) **„Werke"**: Das sind die Früchte des Glaubens und der Weisheit (vgl. das zu Kap. 2, 14—26 Gesagte). Es würde an dem Glauben und der Weisheit etwas nicht stimmen, wenn sie nicht auch Früchte trü-

[51] Das Wort „Weisheit" war eines der beherrschenden Wörter jener Zeit. Jeder Zeitabschnitt in der Geschichte hat ja seine Modewörter und Modewerte. Was Weisheit ist, hat man sich in den Tagen des Jakobus sehr verschieden vorgestellt. Im Judentum reichte das von der praktischen Lebensweisheit bis zu der Vorstellung einer fast personal gedachten, in der Welt wirkenden, den Menschen von Gott entgegengesandten Gabe. Im Griechentum ging es von dem Ergebnis kritischen Nachdenkens bis zu dem, was man im Zeremoniell von Geheimkulten erwartete. Philosophie war bei den Griechen nicht wissenschaftliches Denken im heutigen Sinn, sondern das Bemühen, Welt und Gottheit im ganzen zu begreifen; sie wollte Heilslehre sein.

gen. Weder kluge theologische Entwürfe noch eine den Alltag nicht berührende „Tiefe“ frommen Nachdenkens reichen als Echtheitserweis für einen in der Gemeinde führenden Christen und seine Weisheit aus. Die gesamte Existenz muß vom Glauben an Jesus bestimmt sein.

c) Jakobus sagt noch, daß Wandel und Werk des Christen allgemein und des Lehrers im besonderen von der **„Sanftmut“** bestimmt sein müssen, grie „praýtes“. „Sanftmut“ ist kein populäres Wort (vgl. das zu Jak 1, 21 Gesagte). Sie geht dem Menschen, wie er von Natur aus ist, „gegen den Strich“. In der Welt gebraucht man die Ellbogen, im Berufs-, Wirtschafts- und politischen Leben. Jeder begründet es damit, daß dies eben die Gesetzmäßigkeit dieser Welt heute sei. Es gehe hart zu. Anders komme man nicht durch. So bauen die Menschen ihr Leben, ihre Unternehmen, ihre Mächte und Mächtegruppierungen auf. Indes baut auch Jesus, still und unscheinbar, seine Gemeinde, das Reich Gottes. Und seltsam, während das, was die andern bauen, immer wieder zerfällt, hat seine Sache durch Jahrhunderte Bestand. Er baut eben ganz anders. Er bedrängt und vergewaltigt nicht. Er hat den langen Atem. Behutsam geht er vor. Er wirbt um die Menschen. Still umgeht er das samaritische Dorf, das ihn abwies (Lk 9, 51—57); und später nahmen die Samariter das Evangelium sogar von ohnmächtigen christlichen Flüchtlingen an (derselbe Lukas berichtet davon in Apg 8, 3—8). Paulus sagt: „Die göttliche Schwachheit ist stärker als die Menschen sind“ (1 Ko 1, 25). Diese Weise Jesu heißt die Bibel „Sanftmut“. So kündigt ihn schon die atst Prophetie an (Sach 9, 9 i. V. mit Mt 21, 5). Dazu bekennt er sich selbst (Mt 11, 29). Und Sanftmut erwartet er auch von seinen Nachfolgern und gibt ihr eine große Verheißung (Mt 5, 5). Auch nun als der erhöhte Herr lebt er sie. Er spricht: „Siehe, ich stehe vor der Tür und klopfe an“ (Offb 3, 20). So bietet er seinen Frieden an, steht und klopft und wartet. Nicht, daß er nicht Gewalt hätte, aber er gebraucht sie (noch) nicht. So etwas gibt es nur bei Jesus und denen, die unter seinem Einfluß, unter der Führung seines Geistes sind. Auch das menschliche Prinzip der Gewaltlosigkeit meint nicht dasselbe. Denn

Die oben erwähnten Schriftstellen:

Sach 9, 9: Siehe, dein König kommt zu dir, ein Gerechter und ein Helfer, arm und reitet auf einem Esel, auf einem Füllen der Eselin.

Mt 21, 5: Siehe, dein König kommt zu dir, sanftmütig und reitet auf einem Esel und auf einem Füllen der lastbaren Eselin.

Mt 11, 29: Nehmet auf euch mein Joch und lernet von mir; denn ich bin sanftmütig und von Herzen demütig.

Mt 5, 5: Selig sind die Sanftmütigen; denn sie werden das Erdreich besitzen.

auch mit ihr wollen sich Menschen durchsetzen, nur eben auf andere Weise. Die Sanftmut Jesu können wir nicht in eigener Kraft leben. Er muß durch sein Wort und seinen Geist in unser Leben eingetreten sein, die „Kommandobrücke" besetzt haben und das „Steuerruder" führen.
Und nun zeigt Jakobus noch weitere Merkmale der falschen und der echten Weisheit, des trügerischen und richtigen Geistes, damit wir uns nicht einer falschen Führung anvertrauen. Auch für unsere verwirrende Zeit sind uns mit dem allem wichtige Hilfen zur Geisterunterscheidung gegeben.

II. Merkmale der falschen Weisheit und des falschen Geistes, deren Führung wir uns nicht anvertrauen dürfen

Jakobus 3, 14–16

1. Worin sich der falsche Geist signalisiert (V. 14).

14 a) **„Bittere Eifersucht"**: Jakobus redet mit Christen. Wieviel Eifersüchteleien sind doch auch in unsern Gemeinden und Gemeinschaften! Da darf nur einer dem andern ein wenig vorgezogen werden, und sogleich kommt heraus, was im Menschen ist. Da hat einer schön und fromm geredet, und nachher wird er von jemand etwas unsachlich (oder auch sachlich) kritisiert, und schon ist er ärgerlich und ereifert er sich so, als ob der andere eine Majestätbeleidigung begangen hätte. Es zeigt sich, worum es ihm im Grund gegangen ist: um sich selbst und die eigene Ehre.

b) **„Zank"**: Da können in einer Gemeinde oder Gemeinschaft einwandfreie Predigten und Bibelstunden gehalten, tiefe biblische Erkenntnisse ausgesprochen, beachtliche diakonische Aufgaben erfüllt und erhebliche Opfer gebracht werden. Aber persönliche Spannungen und Streitigkeiten rauben der ganzen Arbeit den Segen Gottes. Jeder ist auf seine Geltung bedacht. In dem falschen Geist sucht der Mensch sich selbst. Darüber kommt es zwangsläufig zu Zusammenstößen und Entzweiungen (1 Ko 3, 1–4).

2. Keine Selbsttäuschung und keine Täuschung der andern! (V. 14)

„So rühmt euch nicht": Jakobus sagt: Tretet nicht so sicher vor den andern auf; es ist wahrlich kein Anlaß dazu. – **„Und lüget nicht ..."**, ein falscher Geist ist da; betrüget nicht die andern und nicht euch selbst! **„... wider die Wahrheit"**: Mit „Wahrheit" ist hier nicht nur der Gegensatz zur Lüge im Sinne einer einzelnen unwahren Aussage gemeint, sondern etwas viel Umfassenderes: **Jesus** ist „der

Weg und die Wahrheit und das Leben" (Jo 14, 6). Durch dick und dünn ihm folgen, nur das ist ein wahres Christenleben. „Sie folgen dem Lamme nach, wo es hingeht" (Offb 14, 4). Alles andere angebliche Christenleben ist eine große Lüge. Wahre Weisheit hat nur, rechter Lehrer und Leiter der Gemeinde kann allein der sein, der im biblischen Sinn zu Jesus bekehrt, ihm zugekehrt ist und in seiner Nachfolge lebt. So wird er den Jesusweg geführt, den unteren Weg, den Weg der Sanftmut. So ist er in Christus und Christus ist in ihm. Alles andere ist „Lüge wider **die** Wahrheit", die in Jesus erschienen ist. Es mag einer ein noch so beherrschter Mensch sein und seine Rolle noch so gut spielen, er kann nicht verhindern, daß da und dort doch noch der „Pferdefuß" seines alten Wesens herauskommt.

3. Die Herkunft der falschen Weisheit und des falschen Geistes (V. 15).

„Diese Weisheit kommt nicht von obenher": Gott ist „oben", nicht 15
im Sinn des andern Orts und so, als ob er bei uns nicht wäre („in ihm leben, weben und sind wir" – Apg 17, 28), sondern im Sinn der hohen Geltung (vgl. das zu Jak 1, 17 Gesagte). Wo Eifersucht und Streit ist und man sich selber sucht, da ist Gottes Geist nicht, man mag noch so schön und fromm reden.

Dieser Geist und diese Weisheit ist a) **„irdisch"**, das heißt, es ist Geist und Weisheit der Erde, als Wohnstatt der sündigen Menschheit. „Erde" ist hier im Sinne von „Welt" gebraucht (vgl. das zu Jak 1, 27 Gesagte). Die Welt trägt das seltsame Doppelgesicht: den Adel als Gottes Schöpfung und den Makel der Sünde; sie ist überflutet von einem anderen Geist. „Die Welt liegt im Argen" (1 Jo 5, 19). Jesus spricht vom Teufel als vom „Fürsten dieser Welt" (Jo 12, 31; 14, 30; 16, 11). Der Mensch schwimmt mit in der Denkart und im Wesen der Welt. b) **„seelisch"**, grie „psychikós". Das Wort meint den natürlichen Menschen und seine Art. Jakobus benützt dasselbe Wort wie Paulus 1 Ko 2, 14. Dort sagt dieser, daß der „seelische", der „natürliche", „fleischliche" Mensch vom Geist Gottes nichts vernimmt. Der fleischliche Mensch ist nicht nur in der Welt, die Welt ist in ihm; sein Wesen ist ganz von der Weltart bestimmt. c) **„teuflisch"**, wörtlich „dämonisch": „Irdisch" ist die Weisheit der den Menschen umgebenden Welt. „Seelisch" ist die Weisheit aus dem eigenen Herzen. „Teuflisch" sind Geist und Weisheit „von unten", die den Menschen

Die oben erwähnten Schriftstellen:

Jo 12, 31: Nun wird der Fürst dieser Welt ausgestoßen werden.
Jo 14, 30: Ich werde nicht mehr viel mit euch reden, denn es kommt der Fürst der Welt.
Jo 16, 11: . . . daß der Fürst dieser Welt gerichtet ist.

mit Stolz, Eigenmächtigkeit und Selbstliebe des Feindes infizieren (von 1 Mo 3, 5 bis Offb 13, 6)[52].

Wenn wir uns dem Geist von oben, seiner Zucht und Leitung entziehen, dann öffnen wir uns dem Geist von unten; wenn wir uns für Gott verschließen, öffnen wir uns dem Feind. Wenn wir uns dagegen ausstrecken danach, für Gott offen zu sein, verschließen wir uns dem Feind. Beides ist geradezu „im Verbund" miteinander. An anderer Stelle sagt Jakobus: „Widersteht dem Teufel, so flieht er von euch; nahet euch zu Gott, so naht er sich zu euch" (Jak 4, 7. 8).

4. Die Folgen (V. 16).

16 **„Wo Eifersucht und Zanksucht ist, da ist auch Zerrüttung und alles schlechte Tun"** (grie = „prágma", Zusammenhang mit „Praxis"): Die Weisheit von unten macht den Menschen nicht klein, sondern groß; nicht sanftmütig, sondern fordernd und gewalttätig; nicht demütig und einfügsam, sondern stolz; nicht frei von sich selbst, sondern ichhaft. Das stört und zerstört jede Gemeinschaft, im kleinen und großen, in Gemeinde und Welt. Wie manche hoffnungsvoll begonnenen Kreise und Werke von Christen sind schon durch das Eindringen dieses Geistes zertrennt und zerstört worden! Paulus sagt

[52] An einigen Stellen der Schrift (vgl. Jo 8, 44; Jud 6; 2 Pt 2, 4; Jes 14, 14. 15) wird angedeutet, daß dem menschlichen Sündenfall von 1 Mo 3 ein Urfall des Feindes vorausging. (Gottes Wort will uns vor allem sagen, was unsere Lage und unsere Hilfe als Menschen ist; deshalb deutet es jenes Geschehen nur an.) In Jes 14 ist wohl hinter dem König von Babel der Riesenschatten des Feindes, sein Stolz und Sturz, zu sehen. Weil er die Menschen als die von Gott Geliebten haßt und ihnen den Frieden nicht gönnt, sucht er sie unablässig in seinen Stolz und Sturz mit hineinzuziehen, von Adam an („Ihr werdet sein wie Gott" — 1 Mo 3, 5), bis zum Antichrist („Er wird ausgeben, er sei Gott" — 2 Thess 2, 4). Die Geschichte aller menschlichen Selbstherrlichkeit (Hybris) und aller daraus folgenden Katastrophen ist die Geschichte dieser fortdauernden und zunehmenden satanischen Infektion.

Die oben erwähnten Schriftstellen:

1 Mo 3, 5: Da sprach die Schlange zum Weibe: . . . an dem Tage, da ihr davon esset, werden eure Augen aufgetan, und ihr werdet sein wie Gott und wissen, was gut und böse ist.

Offb 13, 6: Und es (das Tier) tat sein Maul auf zur Lästerung gegen Gott, zu lästern seinen Namen und sein Haus und die im Himmel wohnen.

Jo 8, 44: Ihr habt den Teufel zum Vater . . . Der ist ein Mörder von Anfang.

Jud 6: Auch die Engel, die ihren himmlischen Stand nicht bewahrten, sondern ihre Behausung verließen, hat er behalten zum Gericht des großen Tages mit ewigen Banden in der Finsternis.

2 Pt 2, 4: Denn Gott hat selbst die Engel, die gesündigt haben, nicht verschont, sondern hat sie in finstere Höhlen hinabgestoßen und übergeben, daß sie zum Gericht behalten werden.

Jes 14, 14. 15: „Ich will auffahren über die hohen Wolken und gleich sein dem Allerhöchsten." Ja, hinunter zu den Toten fuhrest du, zur tiefsten Grube!

vom Feind: „Uns ist nicht unbewußt, was er im Sinn hat" (2 Ko 2, 11). Wir haben die Pflicht, die Geister zu prüfen und zu unterscheiden (1 Ko 12, 10; 14, 29; 1 Th 5, 21; 1 Jo 4, 1). Wir können diesem Ungeist gegenüber nicht wachsam genug sein, vor allem bei uns selbst. „Erforsche m i c h, Gott, und erfahre m e i n Herz, prüfe und erfahre, wie i c h's meine" (Ps 139, 23. 24). Jakobus ist ein Bußprediger, der seinesgleichen sucht.

III. Die Merkmale des rechten Geistes und der wahren Weisheit

Jakobus 3, 17

„Die Weisheit von oben ist fürs erste rein, sodann friedfertig, 17
freundlich, einfügsam, voll Barmherzigkeit und guter Früchte, ohne Zweifel, ohne Heuchelei": Diese Weisheit von oben ist eine Frucht des Geistes von oben. Und von ihm ist gesagt: „Der H e r r ist der Geist" (2 Ko 3, 17). Durch den Geist wohnt er mit seinem Wesen in unseren Herzen (Eph 3, 17). Gal 5, 22 zählt Paulus die Wesenszüge des durch Christus erneuerten Menschen auf: „Die Frucht des Geistes ist Liebe, Freude, Friede, Geduld ..." Beschrieben hat er hier im Grund einfach die Art Jesu (vgl. die Einzahlform „Frucht"); sie ist in eine Anzahl Wesensmerkmale aufgefächert wie das Sonnenlicht in die Regenbogenfarben. Dasselbe tut hier Jakobus:

a) **„Rein"**: Gedacht ist hier wohl nicht zuerst an geschlechtliche Reinheit, sondern an die Lauterkeit des Sinnes gegenüber Gott und Menschen, die nicht sich selber sucht. — b) **„Friedfertig"**: Jesus ist der große Brückenschläger zwischen Gott und Mensch. Er will auch uns als Brückenschläger, als Bindeglieder in seiner Gemeinde und unter den Menschen in der Welt haben. Beim Bau des Reiches Gottes (1 Pt 2, 5) gibt es viele kantige und oft auch ungefüge Steine; es ist gut, wenn wir hier den unscheinbaren, aber nötigen Dienst des Mörtels tun. — c) **„Freundlich"**: Wenn man Menschen mit Gott in Verbindung bringen will, muß man „verbindlich" (im Sinne der Freundlichkeit) sein. So ist Jesus in seinen Erdentagen gerade denen be-

Die oben erwähnten Schriftstellen:

1 Ko 12, 10: . . . einem andern wird gegeben, die Geister zu unterscheiden.

1 Ko 14, 29: Propheten aber lasset reden zwei oder drei, und die andern lasset die Rede prüfen.

1 Th 5, 21: Prüfet aber alles, und das Gute behaltet.

1 Jo 4, 1: Glaubet nicht einem jeglichen Geist, sondern prüfet die Geister.

Eph 3, 17: . . . daß Christus wohne durch den Glauben in euren Herzen und ihr in der Liebe eingewurzelt und gegründet werdet.

1 Pt 2, 5: Und bauet auch ihr euch als lebendige Steine zum geistlichen Hause.

gegnet, die es gewohnt waren, daß man ihnen „den Leviten verlas". – **„Einfügsam"**: Wer in der Erziehung Gottes und seines Geistes steht, wird gemeinschaftsfähig. So kommt es dazu, daß „eins das andere höher achtet denn sich selbst" (Phil 2, 3), auch der alte, erfahrene und menschlich gesehen verdiente Christ den jungen, anfängerhaften und schwach begabten. Wir wissen nicht, was Gott noch mit ihm tun wird und welchen Rang er einem jeden in der Ewigkeit verleiht. Unsere Rollenverteilung (s. das zu Kap. 2, 1 Gesagte) in dieser Welt ist nur sehr vorläufig. Sich eigensinnig zum Maß der Dinge machen wollen, ist Torheit[53]. d) **„Voll Barmherzigkeit"**: Gott ist Barmherzigkeit (2 Mo 34, 6 – s. auch das zu Jak 2, 13 Gesagte). Jesus ist die uns erschienene, auf den Plan getretene, sich für uns opfernde Barmherzigkeit Gottes in Person. Wer diese Barmherzigkeit erfahren hat und darüber in die Gemeinschaft Jesu gelangt ist, läßt sich zu gleicher Barmherzigkeit mitnehmen. „Weil uns denn Barmherzigkeit widerfahren ist, so werden wir nicht müde" (2 Ko 4, 1). – e) **„... und guter Früchte"**: Der natürliche Mensch, der in der Welt ist und die Welt in ihm, bringt Gott keine Frucht. „Da ist keiner, der Gutes tue, auch nicht einer" (Rö 3, 12; vgl. auch Gal 5, 19–21). Nur wer durch Buße und Glauben „veredelt", in den das von Gott „importierte" Edelreis, sein Geist, eingepflanzt worden ist, der vermag Gott Frucht zu bringen: ein Jesus gemäßes Leben (vgl. Gal 5, 22; Mt 7, 17–19;

[53] Eine Redensart im Schwäbischen: „Wenn man dumm ist, das ist so: selber merkt man nichts davo(n)."

[54] Es zeigt sich erneut, wie verfehlt die Annahme mancher Forscher ist, der Jakobusbrief sei eine jüdische Ermahnungsschrift, nur ein wenig christlich garniert und dann in den Kanon der ntst Schriften aufgenommen. Der Brief erweist sich vielmehr als durch und durch getränkt von dem, was Jesus sagte, tat und war; die Evangelienberichte, insbesondere die Bergpredigt, stehen immer dicht bei den Worten des Jakobus.

Die oben erwähnten Schriftstellen:

2 Mo 34, 6: Herr, Herr, Gott, barmherzig und gnädig und geduldig und von großer Gnade und Treue.

Gal 5, 19–21: Offenbar sind aber die Werke des Fleisches, als da sind: Unzucht, Unreinigkeit, Ausschweifung, Götzendienst, Zauberei, Feindschaft, Hader, Eifersucht, Zorn, Zank, Zwietracht, Spaltungen, Neid, Saufen, Fressen und dergleichen, von welchen ich euch vorausgesagt habe und sage nocheinmal voraus, daß, die solches tun, werden das Reich Gottes nicht erben.

Gal 5, 22: Die Frucht aber des Geistes ist Liebe, Freude, Friede, Geduld, Freundlichkeit, Gütigkeit, Glaube, Sanftmut, Keuschheit.

Mt 7, 17–19: Ein jeglicher guter Baum bringt gute Früchte; aber ein fauler Baum bringt arge Früchte. Ein guter Baum kann nicht arge Früchte bringen, und ein fauler Baum kann nicht gute Früchte bringen. Ein jeglicher Baum, der nicht gute Früchte bringt, wird abgehauen und ins Feuer geworfen.

12, 33; Jo 15, 16)[54]. f) **„Ohne Zweifel"**: Ohne Mißtrauen gegenüber den Menschen, mit denen wir es gerade zu tun haben, obschon wir uns über die Art der Menschen nicht hinwegtäuschen (wir kennen sie, weil wir unser eigenes Herz kennen). Jedem wollen wir mit Offenheit begegnen und ihm einen Kredit von Vertrauen entgegenbringen. – g) **„Ohne Heuchelei"**: Dem andern ein Theater vorspielen, hieße ihn nicht ernst nehmen, sondern ihn erniedrigen. Die Art Jesu begegnet dem Nächsten mit Ernsthaftigkeit und Liebe, um so ihm zurecht und zum Ziel zu helfen.

IV. Wie kommen wir zu diesem Geist, dieser Weisheit und dieser Fruchtbarkeit?

Jakobus 3, 18

**„Die Frucht der Gerechtigkeit aber wird im Frieden gesät von de- 18
nen, die Frieden stiften"**: Die „Frucht der Gerechtigkeit" ist die, die Gott recht ist und den Menschen Hilfe bringt. – Sie „wird gesät": Man kann einen Acker fünfmal pflügen und viel Kunstdünger auf ihn streuen. Das alles gibt noch keine Frucht. Es muß gesät werden. Jesus sagt, was das Saatgut ist: „Der Same ist das Wort Gottes" (Lk 8, 11; vgl. auch Jak 1, 21)[55].

Zur Frucht in einem Menschenleben kommt es nicht durch gute Vorsätze, die er faßt, und auch nicht durch Appelle von seiten anderer. Die Frucht muß **gesät**, das Wort Gottes muß ausgerichtet werden.

Es muß **„im Frieden"** gesät werden: Das bedeutet ein Doppeltes: a) „Im Frieden" allein geschieht, wo w i r H ö r e n d e s i n d, die Aussaat in unserem eigenen Leben richtig. Nicht „im Frieden gesät" wird bei uns dagegen, wenn wir dem Gefühl der Antipathie gegenüber dem Zeugen Raum geben, dem Ärger über irgend etwas, was uns bei ihm oder bei andern stört, wenn wir uns von dem Gedanken besetzen lassen, daß wir es natürlich viel besser machen würden, oder

[55] „Schrift muß mit Schrift ausgelegt werden" (Joh. Albr. Bengel). Weil bei aller Individualität der einzelnen ntst Zeugen doch in allem, was sie sagen, und durch alles zugleich der eine Gott mit seinem Geist am Werk war, deshalb bildet die Schrift eine Einheit, und es kann „Schrift mit Schrift" (auch aus andern biblischen Büchern) ausgelegt werden.

Die oben erwähnten Schriftstellen:

Mt 12, 33: Setzet entweder einen guten Baum, so wird die Frucht gut; oder setzet einen faulen Baum, so wird die Frucht faul. Denn an der Frucht erkennt man den Baum.

Jo 15, 16: Ihr habt mich nicht erwählt, sondern ich habe euch erwählt und gesetzt, daß ihr hingeht und Frucht bringet und eure Frucht bleibe.

wenn wir uns von der inneren Aufgewühltheit, die wir hergebracht haben, umtreiben lassen. „Nur an einer stillen Stelle legt Gott seinen Anker an." b) Das gilt aber auch dann, wenn w i r a n d e r n das Wort Gottes a u s z u r i c h t e n haben. Es ist wichtig, daß wir „im Frieden" säen. Im Frieden mit Gott: Deshalb ist die Bitte wichtig, daß doch nichts zwischen ihm und uns stehe; wir säen sonst Wind und werden Sturm ernten. Im Frieden mit den Menschen: Es ist nötig, von ihnen Verzeihung zu erbitten und sie ihnen zu gewähren. Auch kann man nicht im Scheltton das Evangelium verkündigen, nicht mit Ingrimm die Liebe. Auch eine theologische Polemik, so gewiß die Abwehr der Irreführung nötig ist, sollte, wo wir positiv und einladend die Botschaft ausrichten wollen, sich nicht breit machen.

„Von denen, die Frieden stiften": „Frieden verkündigen" denen in der Nähe und denen in der Ferne (Eph 2, 17), das ist unsere erste Aufgabe, die wir im Auftrag Jesu zu erfüllen haben. Es genügt nicht, daß wir friedliche Leute sind, in unserer Wirksamkeit muß es um den Frieden gehen, zuerst und vor allem um den Frieden zwischen Mensch und Gott, dann aber auch um den Frieden zwischen Mensch und Mensch. Das gehört nicht zuletzt zum Echtheitsmerkmal des Geistes und der Weisheit von oben: Der Heilige Geist macht demütig und führt zusammen. Ein Geist aber, der die Meinung suggeriert, man sei „etwas Besonderes", und der dadurch Menschen auseinander führt, ist nicht von oben, mag er noch so fromm scheinen und eine noch so große Wirksamkeit entfalten (vgl. V. 15).

7. Spruchreihe: ÜBER UNSERE GEFÄHRDUNG DURCH DEN ALTEN GEIST

Jakobus 4, 1—12

I. Die böse Wurzel — unsere Eigensucht

Jakobus 4, 1—3

Zu Vers 1—3:
Rö 7, 23
Gal 5, 17
1 Pt 2, 11
Mt 4, 4. 9. 10

1 **Woher kommen Kriege und woher Kämpfe unter euch? Rühren sie**
2 **nicht daher: aus euren Lüsten, die in euren Gliedern streiten? * Ihr**
begehrt und habt nichts. Ihr mordet und eifert und könnt nichts
erlangen. Ihr kämpft und führt Kriege und erhaltet nichts, weil
3 **ihr nicht bittet. * Ihr bittet und empfanget nicht, weil ihr in übler**
Gesinnung bittet, um (das Erbetene) **in euren Lüsten zu verzehren.**

Im vorausgehenden Abschnitt erwähnt Jakobus unter anderem Streitsucht und Streitigkeiten. Diese bilden das Thema der neuen Spruchreihe.

1. Die Tatsache des Unfriedens (V. 1).

„Krieg", grie „pólemos": Es ist die Bekämpfung eines Gegners mit allen zu Gebote stehenden Mitteln, einschließlich der Waffen, mit dem Ziel, ihn zu vernichten. Wieviel Kriege hat doch auch unser Jahrhundert in allen Teilen der Welt gesehen! Wie oft drohen immer wieder Kriege! Wie sehr haben wir uns an die Konflikte bereits gewöhnt! Die Welt ist voll von „Kriegen und Geschrei von Kriegen" (Mt 24, 6). 1

„Kämpfe": Das ist der umfassendere Ausdruck: Auch die feineren Streitigkeiten sind mitgemeint. Die gibt es überall: im politischen Alltag, unter den Sozialpartnern, im Wirtschafts- und Berufsleben, unter Nachbarn und Hausbewohnern, zwischen den Generationen und unter Ehegatten.

„Unter euch": Das heißt innerhalb der Gemeinde Jesu. Das ist das Bestürzende. Denken wir, wenn wir vom Unfrieden reden, nur an die andern oder nicht besser zuerst an uns? „Unsere Sache" wird hier verhandelt. Landauf, landab gibt es unter Christen, in Gemeinden, Gemeinschaften und christlichen Kreisen Rivalitäten, Eifersüchteleien, Empfindlichkeiten, Geltungssucht, Spannungen, Unversöhnlichkeit, Entzweiungen. Auch wo es sich um den nötigen Kampf für die Wahrheit handelt, läuft viel Menschliches mit; er ist oft von einem falschen Geist infiziert. Das Wort ist ein Bußruf unsres Herrn an uns alle. – „Unter euch" heißt wörtlich: „in euch". Der Ausdruck bezieht sich auf unsere Gemeinschaft, also auf zwischenmenschliche Verhältnisse. Er kann aber auch auf uns persönlich bezogen werden: In uns selber wogt der Kampf. Weil in uns selber oft so viel Unordnung, Unfrieden und Zerrissenheit ist, deshalb reagieren wir nicht selten so ungut. Der zwischenmenschliche Unfrieden im kleinen und großen, in Streitigkeiten und Kriegen, ist nur die Multiplikation dessen, was in jedem einzelnen ist.

2. Die Ursache des Unfriedens – woher er rührt (V. 1).

„Woher kommen Kriege und woher Kämpfe unter euch? Rühren sie nicht daher: aus euren Lüsten, die in euren Gliedern streiten?"

Diese **„Lüste"** und Begierden richten sich auf das, was der Mensch selbst zum Leben braucht, was die nachwachsende Generation nötig hat, was Freude bringt und uns Glück oder Annehmlichkeit schafft, was unser Leben zu erhöhen verspricht, was uns in der Nachwelt vor dem Vergessenwerden zu bewahren verheißt, was uns und unsern Kindern die Zukunft sichern soll, was wir bei andern sehen ... Vieles von diesem Begehren hat sein Recht. Aber es ist bei uns wie unterwandert, befallen, durchtränkt durch den Geist von unten, dem wir immer wieder Einlaß gewähren. Es ist vergiftet und verdorben, seitdem die Sünde in der Welt ist. Wir leben im Reich der Sünde, in der Welt, und von Natur aus ist die Welt in uns. Diesen Zustand des Menschen nennt die Bibel „Fleisch". Alle Lebensgebiete sind davon ergriffen: das Streben nach Besitz, nach Aufstieg, nach Macht, nach Lebenserfüllung, nach Glück. Auch unsere Geschlechtlichkeit ist davon ergriffen.

„In euren Gliedern": Alle menschlichen Organe, Begabungen, Möglichkeiten, Lebensbereiche sind von diesem Geist mitbefallen. Dieses Wesen liegt bei uns „im Blut". Den vielzitierten „guten Kern" suchen wir im Menschen vergeblich. Nach dem Urteil der Bibel hat er vielmehr einen bösen Kern, einen steinharten. Sie redet vom „steinernen Herzen" (Hes 36, 26. 27); Gott selber nur kann die rettende „Herzverpflanzung" vornehmen. Und noch mehr sagt dieses „in euren Gliedern": Diese Organe, Begabungen und Lebensbereiche werden zu Werkzeugen, „Waffen" (vgl. Rö 6, 13) in diesem erbitterten Kampf um die Selbstbehauptung, Geltung und das Sichausleben des Menschen: Verstandeskräfte, Kontaktfähigkeit, Auge, Ohr, Sprechvermögen, Hand, Fuß, Geschlechtsorgane, kurz: Leib, Seele, Geist.

„Die Lüste streiten in euren Gliedern": So ist der Mensch umgetrieben und aufgewühlt. Sorge und Angst als Folge dieses Begehrens (des eigenen und des der andern) werden zur „Grundbefindlichkeit seines Daseins", wie die Philosophen sagen. Er ist wie ein Tier, das im Blick auf sich selbst immer „sichern" und, immer sprungbereit, eine Blöße beim andern suchen muß. Entsprechend geht es auch weitgehend zu im beruflichen, geschäftlichen, politischen, gesellschaftlichen, ja selbst im familiären Leben. Wo das Vertrauen zu Gott geschwunden ist, da schwindet auch das Vertrauen der Menschen untereinander. So steht es mit dem Menschen, der mit Gott nicht rechnet und Gott nichts zutraut, mit dem Menschen, der selber groß sein will (1 Mo 3, 5) und der meint, sich selber helfen zu müssen. Es ist der Mensch, der denkt, er sei allein und müsse deshalb auch die Riesenlast der Zukunftssorge allein tragen. Deshalb wehrt er sich so erbit-

Die oben erwähnten Schriftstellen:

Hes 36, 26. 27: Und ich will euch ein neues Herz und einen neuen Geist in euch geben und will das steinerne Herz aus eurem Fleisch wegnehmen und euch ein fleischernes Herz geben. Ich will meinen Geist in euch geben und will solche Leute aus euch machen, die in meinen Geboten wandeln und meine Rechte halten und danach tun.

Rö 6, 13: Auch ergebet nicht der Sünde eure Glieder zu Waffen der Ungerechtigkeit.

1 Mo 3, 5: Sondern Gott weiß: an dem Tage, da ihr davon esset, werden eure Augen aufgetan, und ihr werdet sein wie Gott und wissen, was gut und böse ist.

tert, deshalb dieser tierische Ernst und diese Feindseligkeiten. Und nun — das ist das Aufregende — gibt es das auch in der christlichen Gemeinde.

3. Wohin der Unfriede führt (V. 2).

a) In Vers 2 wird mit drei Worten, die eine Steigerung ausdrücken,
das menschliche Verhalten gezeigt: **„Ihr begehrt"**: Es ist die unstill- 2
bare eigensüchtige Begierde gemeint: „Je mehr er hat, je mehr er will"[56]. — **„Ihr mordet und eifert"**: Man könnte dem andern „Gift geben"[57]. **„Ihr kämpft und führt Kriege"**: Nun tritt das Ganze, in grober und feiner Weise, auch nach außen.

b) Das alles führt im Grund, im Schlußergebnis zu nichts. Dreimal hören wir: **„Ihr habt nichts — ihr erlangt nichts — ihr erhaltet nichts."** „Sie kommen belastet mit Sünden und unbefriedigt zurück." Die Kriege schaffen trotz aller gegenteiligen Behauptung nichts Gutes. Wieviel haben doch die beiden letzten großen Kriege verschlungen, Menschenleben, Ehen, Familien, Heimat, Glück, Besitz, Sittlichkeit! Und was kommt heraus bei einem übersteigerten Kampf der Sozialpartner? Die Schraube der Löhne und Preise wird eine Umdrehung weitergeführt und die schleichende Geldentwertung auch. So ist es erst recht in Häusern, Familien und Ehen: Die Leute seufzen: „. . . und wie schön könnten wir's haben!" — „Ihr erhaltet nichts": Gott in seiner Güte wäre bereit zu beschenken. Aber wo diesem Geist und dieser Unart Raum gegeben wird, verschließt er sich.

c) **„Weil ihr nicht bittet"**: Sie wollen selbst erjagen, was nur bei dem großen Geber zu erhalten ist. Sie meinen, ganz allein für sich sorgen zu müssen und nützen die große Möglichkeit des Gebets nicht aus. Sie nehmen nicht den einzigartigen Ausweg aus aller Not: sie

[56] „Die Herrschaft der leeren Begierden ist der eigentliche soziale Explosivstoff" (Karl Barth).

[57] Schon Erasmus von Rotterdam hat vorgeschlagen — und viele Exegeten folgen ihm — das „morden" durch „neiden" zu ersetzen, grie „phoneuete", durch „phtoneite". Sie meinen, es müsse sich um einen alten Verschreibfehler handeln, denn in der christlichen Gemeinde habe man ja nicht gemordet. Auch bei Luther lesen wir „neiden", denn er übersetzte das NT anhand des von Erasmus wenige Jahre zuvor herausgegebenen grie Textes. Doch wenn wir an die Bergpredigt denken, so kommt es auch unter Christen zur Verletzung des 5. Gebots (Mt 5, 21. 22). Und Jakobus lebte, wie es sich immer wieder neu zeigt, offenkundig in besonderem Maß in den Worten Jesu, wie wir sie in der Bergpredigt finden.

Die oben erwähnten Schriftstellen:

Mt 5, 21. 22: „Du sollst nicht töten; wer aber tötet, der soll des Gerichts schuldig sein." Ich aber sage euch: Wer mit seinem Bruder zürnt, der ist des Gerichts schuldig.

klopfen nicht an der Tür, die immer für uns offen steht (Mt 7, 7; 1 Pt 5, 7; Phil 4, 6; Ps 37, 5).

4. Sogar das Gebet wird verdorben (V. 3).

Der böse Geist der Eigensucht, der Geist von unten, verdirbt sogar auch das Gebet (wo es überhaupt noch vorhanden ist), so daß es ver-
3 geblich sein kann: **„Ihr bittet und empfanget nicht, weil ihr in übler Gesinnung bittet, um** (das Erbetene) **in euren Lüsten zu verzehren".** Der Mensch, auch der scheinbare Christ, befindet sich in einer „Igelstellung", einer „Rundumverteidigung". Für Gott selbst und was ihm gefällt, interessiert er sich im Grunde nicht. Wo er zu Gott betet, soll dieser nur der Lieferant der Mittel sein, mit denen er sich behaupten und seine Stellung ausbauen kann. Gott soll nur Sorge tragen für die Hilfen zu seinem Glück, seinem Behagen, seiner Lust, zu dem Bau des Postaments seiner Selbsterhöhung. Sogar um Gaben des Geistes, grie „charismata", in der Gemeinde – um möglichst auffallende – kann einer in der Absicht bitten, damit zu glänzen, sie als Auszeichnung seiner besonderen Frömmigkeit zur Schau zu stellen. Auch auf diesem Gebiet Triumphe feiern zu wollen, hieße das Erbetene „in seinen Wollüsten zu verzehren". – Doch Gott übernimmt diese Lieferantenrolle nicht. Vergeblich wird auf die Erhörung solcher Bitten gewartet. Auch ein himmelstürmendes Gebet empfängt aus diesem Grund keine Antwort. Und u. U. wird einer darüber offen für trügerische „Gaben", für Pseudo-Charismata, für „Falschgeld", das von einer andern „Münzstätte", einem andern Absender kommt.

5. Was hilft.

Jakobus hatte in seinem Brief nicht nur Worte der Bergpredigt im Ohr, sondern auch den „Bergprediger", der sie sprach, im Auge. Auch diesen versuchte der Geist von unten zu besetzen: „Er war versucht gleichwie wir, doch ohne Sünde" (Hbr 4, 15). Doch er blieb völlig im Vertrauen zum Vater, ganz unter seinem Willen: Nichts, aber auch nicht das Nötigste, wollte er sich an seinem Vater vorbei beschaffen. Er hatte das Vertrauen, daß der Vater ihn auch ohne Brot, allein durch sein Wort erhalten konnte. Nichts wollte er von einem andern an-

Die oben erwähnten Schriftstellen:

Mt 7, 7: Bittet, so wird euch gegeben; suchet, so werdet ihr finden; klopfet an, so wird euch aufgetan.

1 Pt 5, 7: Alle eure Sorge werfet auf ihn; denn er sorget für euch.

Phil 4, 6: Sorget nichts, sondern in allen Dingen lasset eure Bitten im Gebet und Flehen mit Danksagung vor Gott kund werden.

Ps 37, 5: Befiehl dem Herrn deine Wege und hoffe auf ihn, er wird's wohl machen.

nehmen (Mt 4, 4. 9. 10). Nicht der Vater sollte seinem Willen, sondern er wollte dem Willen des Vaters gehorsam sein (Mt 4, 5—7). Das hielt er durch bis zum letzten Atemzug. In der Willigkeit für Gottes Willen übernahm er vor allem auch sein Kreuz: „Ja, Vater, ja von Herzensgrund, leg auf, ich will dir's tragen" (P. Gerhardt).

Jakobus macht seinen Lesern zum Vorwurf, daß sie „übel bitten". Wir dürfen zwar Gott alles sagen und ihn um alles, was uns wichtig und nötig erscheint, bitten: „Schüttet euer Herz vor ihm aus, liebe Leute" (Ps 62, 9). Aber in dem allen müssen wir unter dem Willen Gottes bleiben und uns seiner Korrektur unterstellen: „Nicht mein, sondern dein Wille geschehe" (Lk 22, 42). Damit uns Jesu Art bestimmt, im Gebet zu Gott und im Gespräch mit den Menschen, ist vor allem die **eine** Bitte nötig, daß Christus durch den Heiligen Geist in unseren Herzen wohne. Hier tun wir keine Fehlbitte; sie ist gewiß dem Willen Gottes gemäß (vgl. 1 Jo 5, 14; Lk 11, 13). Darüber wird „Christus in uns eine Gestalt gewinnen" (Gal 4, 19). „In Wort und Werk und allem Wesen sei Jesus und sonst nichts zu lesen" (G. Tersteegen). Das sei recht eigentlich unser „Begehren" (vgl. Lk 19, 3).

Die oben erwähnten Schriftstellen:

Mt 4, 4: Jesus antwortete und sprach: Es steht geschrieben: „Der Mensch lebt nicht vom Brot allein, sondern von einem jeglichen Wort, das durch den Mund Gottes geht."

Mt 4, 9: Der Teufel sprach zu ihm: Das alles will ich dir geben, so du niederfällst und mich anbetest.

Mt 4, 10: Da sprach Jesus zu ihm: Hebe dich weg von mir, Satan! denn es steht geschrieben: „Du sollst anbeten Gott, deinen Herrn, und ihm allein dienen."

Mt 4, 5—7: Da führte ihn der Teufel mit sich in die heilige Stadt und stellte ihn auf die Zinne des Tempels und sprach zu ihm: Bist du Gottes Sohn, so wirf dich hinab, denn es steht geschrieben: „Er wird seinen Engeln über dir Befehl tun und sie werden dich auf den Händen tragen, auf daß du deinen Fuß nicht an einen Stein stoßest." Da sprach Jesus zu ihm: Wiederum steht auch geschrieben: „Du sollst Gott, deinen Herrn, nicht versuchen."

1 Jo 5, 14: Und das ist die Zuversicht, die wir haben zu ihm, daß, wenn wir etwas bitten nach seinem Willen, so hört er uns.

Lk 11, 13: . . . wieviel mehr wird der Vater im Himmel den heiligen Geist geben denen, die ihn bitten!

Luk 19, 3: Und er begehrte, Jesus zu sehen.

II. Die gefährlichen Bündnisse

Jakobus 4, 4—10

Zu Vers 4:
Hos 2, 21
Lk 6, 26
Rö 8, 7
1 Jo 2, 15 ff
Zu Vers 5:
Gal 5, 17
2 Ko 3, 17
Jo 14, 23
Zu Vers 6:
2 Mo 20, 3. 5
Hio 22, 29
Spr 3, 34
1 Pt 5, 5. 6
Zu Vers 7:
Mt 4, 1 ff
1 Pt 5, 8. 9
Zu Vers 8:
Spr 18, 10
Sach 1, 3
1 Jo 1, 7
Zu Vers 9:
2 Ko 7. 10
Zu Vers 10:
1 Pt 5, 6
2 Ko 5, 21
Rö 8, 1

4 **Ihr Ehebrecher** (wörtlich: Ehebrecherinnen), **wißt ihr nicht, daß**
die Freundschaft mit der Welt Feindschaft gegen Gott ist? Wer
also ein Freund der Welt sein will, der erweist sich als Feind Got-
5 **tes. * Oder meint ihr, die Schrift sage umsonst: „Ein eifersüch-**
tiges Verlangen hat der Geist, der in uns Wohnung gemacht hat"?
6 *** Er gibt aber desto größere Gnade. Daher sagt sie: „Gott wider-**
7 **steht den Hoffärtigen, den Demütigen aber gibt er Gnade." * So**
unterwerfet euch nun Gott. Widersteht aber dem Teufel, so wird
8 **er von euch fliehen; * nahet euch Gott, so wird er sich euch nahen.**
Reinigt die Hände, ihr Sünder, und heiligt die Herzen, die ihr
9 **zwiespältigen Wesens seid. * Fühlet euer Elend, trauert und wei-**
net; euer Lachen soll sich in Traurigkeit verwandeln und eure
10 **Freude in Niedergeschlagenheit. * Demütiget euch vor dem Herrn,**
so wird er euch erhöhen.

In den vorausgehenden Versen zeigt Jakobus, wohin das führt, wenn wir auf weltliche Weise nach den Gütern dieser Welt streben. Nun sagt er uns noch, wie sehr die Liebe zur Welt speziell unsere **Gemeinschaft mit Gott** gefährdet.

1. Die Welt gewinnen, bedeutet Gott verlieren (V. 4—6).

4 **„Ihr Ehebrecher** (wörtlich: Ehebrecherinnen), **wißt ihr nicht, daß die Freundschaft mit der Welt Feindschaft gegen Gott ist? Wer also ein Freund der Welt sein will, der erweist sich als Feind Gottes."**

a) **„Welt"**: Was meint die Bibel damit?

aa) Das grie Wort „kósmos" bedeutet „Schmuck" (unser Wort „Kosmetik" hängt damit zusammen). Die Welt also ist nach der Meinung der Griechen ein „schmuckes Ding", eine „schöne Ordnung". Eine Anzahl von Schriftstellen meinen mit „Welt" die schöne, wundervolle Schöpfung Gottes. „Gott hat die Welt gemacht und alles, was darinnen ist" (Apg 17, 24; vgl. Hbr 11, 3; Ps 50, 1; 90, 2; Spr 30, 4).

Die oben erwähnten Schriftstellen:

Hbr 11, 3: Durch den Glauben erkennen wir, daß die Welt durch Gottes Wort gemacht ist.

Ps 50, 1: Gott, der Herr, der Mächtige, redet und ruft der Welt zu vom Aufgang der Sonne bis zu ihrem Niedergang.

Ps 90, 2: Ehe denn die Berge wurden und die Erde und die Welt geschaffen wurden, bist du, Gott, von Ewigkeit zu Ewigkeit.

Spr 30, 4: Wer ist hinaufgefahren zum Himmel und wieder herab? Wer hat den Wind in seine Hände gefaßt? Wer hat die Wasser in ein Kleid gebunden? Wer hat alle Enden der Welt bestimmt?

bb) Sehr viele Bibelstellen, besonders im NT, gebrauchen „Welt" im Sinne von „Menschheit", „Menschenwelt", mit einem bestimmten einheitlichen Wesen und Wollen: Der Mensch, dem Gott die Erde anvertraut hat (1 Mo 1, 28), hat den Feind eingelassen, sich auf ihn eingelassen; nun sitzt dieser ihm im Nacken. Die ganze Menschheit ist feindbesetztes Gebiet. Jesus redet vom Teufel als vom „Fürsten dieser Welt" (Jo 12, 31; 14, 30; 16, 11). Paulus bezeichnet den Feind sogar als den „Gott dieser Welt" (2 Ko 4, 4). Und Johannes sagt, daß die „Welt im Argen liegt" (1 Jo 5, 19). Vgl. auch das zu Kap. 1, 27 Gesagte. Gott „hat die Welt geliebt" (Jo 3, 16), aber nicht, um sie in ihrem Wesen zu bestätigen, sondern um durch seinen Sohn zu retten, was sich retten läßt. Wir als Christen haben im Sinne der Liebe und des Retterwillens unseres Gottes Dienst an der Welt und müssen dazu „hingehen", hineingehen in die Welt (Mt 28, 19). Jesus spricht zu den Seinen: „Wie mich mein Vater gesandt hat, so sende ich euch" (Jo 20, 21). Doch wir dürfen uns nicht an die Welt verlieren und in ihr aufgehen, sonst können wir den Menchen auch nicht mehr sein, was wir ihnen schulden. In diesem (negativen) Sinn redet die Schrift sehr häufig von der „Welt". Johannes mahnt: „Habt nicht lieb die Welt noch was in der Welt ist. So jemand die Welt liebhat, in dem ist nicht die Liebe des Vaters" (1 Jo 2, 15 ff). Paulus schreibt: „Stellt euch nicht dieser Welt gleich" (Rö 12, 2). Er klagt, daß Demas „diese Welt liebgewonnen" habe (2 Tim 4, 10). Und die ntst Zeugen stellen fest, daß die Welt mit ihrem Wesen und ihrer Lust vergehe und verdammt werde (1 Ko 7, 31; 1 Jo 2, 17; 1 Ko 11, 32). In diesem negativen und warnenden Sinn redet hier auch Jakobus von der Welt.

b) **„Die Freundschaft mit der Welt"**: Unter Hintansetzung oder gar Verleugnung dessen, was Gott ist, gibt und will, wird hier Übereinstimmung gesucht mit dem, was bei Menschen gilt und ihre Anerkennung, ihre Zustimmung und ihren Beifall findet. Man paßt sich der Umwelt an, um es nicht mit ihr zu verderben. Das geschieht

Die oben erwähnten Schriftstellen:

1 Mo 1, 28: Seid fruchtbar und mehret euch und füllet die Erde und machet sie euch untertan.
Jo 12, 31: Nun wird der Fürst dieser Welt ausgestoßen.
Jo 14, 30: . . . denn es kommt der Fürst der Welt.
Jo 16, 11: . . . über das Gericht: daß der Fürst dieser Welt gerichtet ist.
2 Ko 4, 4: . . . den Ungläubigen, denen der Gott dieser Welt den Sinn verblendet hat.
1 Jo 5, 19: Wir wissen, daß wir von Gott sind, und die ganze Welt liegt im Argen.
Jo 3, 16: Also hat Gott die Welt geliebt . . .
1 Ko 7, 31: Das Wesen dieser Welt vergeht.
1 Jo 2, 17: Und die Welt vergeht mit ihrer Lust.
1 Ko 11, 32: Wenn wir aber von dem Herrn gerichtet werden, so werden wir gezüchtigt, auf daß wir nicht samt der Welt verdammt werden.

auch deshalb, weil ihre Ungunst und Feindschaft Nachteile bringen oder gar gefährlich werden könnte.

c) Die verhängnisvolle Wirkung der Freundschaft mit der Welt: **„Feindschaft gegen Gott."** Gott will sich versöhnen mit dem Sünder; aber er ist unversöhnlich im Blick auf die Sünde, den Feind und sein Wesen. Es geht eine Frontlinie durch die Welt zwischen Gott und Satan. Wer sich diesem und den von seinem Wesen bestimmten Menschen zuwendet, wendet sich damit zwangsläufig von Gott ab und gegen ihn. Man kann nicht mit Gott und der vom Feind gegängelten Welt zugleich gut Freund sein (vgl. Mt 6, 24; 12, 30). Lieber alle Welt als ihn verlieren! Wenn der Mensch „nein" sagt zu Gott, sagt Gott schließlich „nein" zu ihm und seinem Leben. „Schrecklich ist es, in die Hände des lebendigen Gottes zu fallen" (Hbr 10, 31). Den Judas-Tausch einzugehen, Jesus und in ihm Gott wegzugeben und dafür die Freundschaft (und die Güter) der Welt zu bekommen, ist in seinen Folgen für uns nicht auszudenken.

d) Warum sich die Bundesgenossenschaft mit der Welt so verhängnisvoll auswirkt, erhellt Jakobus mit der seltsamen Feststellung: **„Ehebrecherinnen"** seid ihr! Nach V. 5 ist hier nicht die Übertretung des 6. Gebots zum Vorwurf gemacht: „Du sollst nicht ehebrechen", sondern die des 1. Gebotes: „Ich bin der Herr, dein Gott, du sollst keine anderen Götter neben mir haben."

aa) Die Gemeinschaft, die der große heilige Gott seinem Volk, dem kleinen, sündigen Menschen gewährt, wird in der Schrift immer wieder verglichen mit den beiden engsten menschlichen Gemeinschaften, mit dem Verhältnis von Vater und Sohn und dem von Mann und Frau, bzw. Bräutigam und Braut. Ja, das eigentliche Vater-Kind-Verhältnis[58], die eigentliche Ehe ist die Gemeinschaft, die Gott gewährt. Sie ist das Urbild der menschlichen Gemeinschaft. Was Menschen bestenfalls zustande bringen, ist immer nur ein mehr oder weniger getreues Abbild. Die Worte, in denen die Schrift die Gemeinschaft Gottes mit seiner Gemeinde Alten und Neuen Testaments als Ehe bzw. Verlöbnis darstellt, ziehen sich wie ein roter Faden durch die ganze Bibel.

[58] Von ihm hat alles Vatersein, grie „patrià", den Namen (Eph 3, 15).

Die oben erwähnten Schriftstellen:

Mt 6, 24: Niemand kann zwei Herren dienen: entweder er wird den einen hassen und den andern lieben, oder er wird dem einen anhangen und den andern verachten. Ihr könnt nicht Gott dienen und dem Mammon.

Mt 12, 30: Wer nicht mit mir ist, der ist wider mich, und wer nicht mit mir sammelt, der zerstreut.

Der Sinai-Bund (2 Mo 19, 1–9) war etwas wie ein Eheschluß. Später wurde das dann ausdrücklich ausgesprochen (Hos 2, 21; Hes 16; 23; Jes 61, 10; 62, 5; Eph 5, 32; Offb 19, 7; 21, 2; 22, 17). Die Welt schüttelt heute über die Botschaft von der Gemeinschaft, die Gott dem Menschen gewährt, den Kopf. Sie sagt: „Wir haben nun einen Begriff von der Größe des Kosmos; es ist undenkbar, daß – wenn es einen Gott gibt – dieser sich so um den einzelnen winzigen Menschen kümmert." Dem Glaubenden dagegen, der etwas von der Liebe Gottes begriffen hat, wird sie nun zum umso größeren Wunder. In Ps 8 begegnen wir erstmalig dem Staunen, das den Menschen dann ergreift, wenn er einerseits die Macht Gottes, des Schöpfers, und andererseits die Liebe Gottes, des Vaters, zu seinen Kindern wahrnimmt: „Wenn ich sehe den Himmel, deiner Finger Werk, den Mond und die Sterne, die du bereitet hast: Herr, was ist der Mensch, daß du seiner gedenkst, und des Menschen Kind, daß du dich seiner annimmst? Du hast ihn wenig niedriger gemacht denn Gott" (Ps 8, 4–6). Johannes gibt dieser Verwunderung und Bewunderung mit den Worten Ausdruck: „Seht, welch eine Liebe hat uns der Vater erzeigt, daß wir Gottes Kinder sollen heißen!" (1 Jo 3, 1). Davon mußte hier so ausführlich gesprochen werden, weil nur von daher diese Schriftstelle, die Schwere der Abkehr von Gott, zu verstehen ist: Nur wer den Tag kennt, empfindet ganz die Tiefe der Finsternis. Nur wenn man um Gottes Liebe weiß und sie erfahren hat, kann man ermessen, was es bedeutet, diese Liebe wie etwas Wertloses wegzuwerfen und sie gegen irgend etwas einzutauschen. Eben das wird hier „Ehebruch" genannt. Das ernste Wort hier gilt nicht Ungläubigen, die die Liebe Gottes nicht kennen, sondern solchen, die die „Brautwerbung" im verkündigten Wort vernahmen, Gott darauf ihr Ja gaben, seine Liebe erfuhren und

Die oben erwähnten Schriftstellen:

Hos 2, 21: Ich will mich mit dir verloben für alle Ewigkeit, ich will mich mit dir verloben in Gerechtigkeit und Recht, in Gnade und Barmherzigkeit.

Jes 61, 10: . . . denn er hat mir die Kleider des Heils angezogen und mich mit dem Mantel der Gerechtigkeit gekleidet, wie einen Bräutigam mit priesterlichem Kopfschmuck geziert und wie eine Braut, die in ihrem Geschmeide prangt.

Eph 5, 32: Dieses Geheimnis ist groß; ich rede aber von Christus und der Gemeinde.

Offb 19, 7: . . . denn die Hochzeit des Lammes ist gekommen, und seine Braut hat sich bereitet.

Offb 21, 2: Und ich sah die heilige Stadt . . . bereitet wie eine geschmückte Braut ihrem Mann.

Offb 22, 17: Und der Geist und die Braut sprechen: Komm!

in seiner Gemeinschaft lebten, nun aber Gott den Rücken kehrten (vgl. Hbr 6, 4—6)[59].

bb) Neben der lichten Linie von der „Braut" geht durch die Bibel auch die dunkle Linie des Gott untreu gewordenen Gottesvolkes, das das Wunder seiner Liebe verschmäht hat (Hos 1 ff; Jes 1, 21; Hes 16; 23). Auch Offb 17 ist hier zu nennen[60].

„Ehebrecherinnen" werden von Jakobus die Christen genannt, die mit der Welt liebäugeln, zu ihr überlaufen und sich mit ihr verbinden. Die weibliche Sprachform hängt wohl damit zusammen, daß in dem „Ehebund" zwischen Gott und seinem Volk seine Gemeinde, wie auch der einzelne Christ als Teil des Ganzen, den Platz der „Gattin" einnimmt[61].

[59] Das Bild von der Braut steht sonst nicht für den einzelnen Christen und sein Verhältnis zu Gott bzw. Christus, sondern für die Gemeinde Alten und Neuen Testaments. Manche christlichen Kreise meinen, sowohl im AT als auch im NT sei nur Israel die „Braut" bzw. Frau. Die ntst, auch aus den andern Völkern gesammelte Gemeinde heiße im Unterschied dazu der „Leib". Doch Paulus schreibt: Aus beiden — aus den Glaubenden aus Israel und den Glaubenden aus den andern Völkern — habe Gott eins gemacht (Eph 2, 14); im Grie steht das Zahlwort „eins", „hen". Rö 11, 17 sagt Paulus, daß die Glaubenden aus den Völkern eingepflanzt werden in den Ölbaum Israel (vgl. das in der Einleitung dieser Auslegung zur Frage der „Brief-Empfänger" Gesagte). Wir dürfen aus denen, die Gott zu „einem" gemacht hat, nicht wieder zwei machen. Aus Eph 5, 22—32, insbesondere Vers 30 und 32, wird deutlich, daß die beiden Bilder, Frau und Leib, ineinander übergehen. „Braut" hat die Gemeinschaft der Liebe im Auge. „Leib" mit seinen „Gliedern" meint das Werkzeug, durch das der Herr wirkt. Das Eines-sein des Volkes Gottes ist uns deshalb so wichtig, weil so die Verheißungen Gottes nicht auf zwei Gruppen verteilt werden müssen, sondern die Adressaten aller Verheißungen alle Glieder des ntst, aus Israel und den Völkern gesammelten Gottesvolkes sind. — Zu Beginn des Tausendjährigen Reiches wird Israel noch als ganzes Volk gerettet werden (Rö 11, 26). Auch in dieser Phase der Heilsgeschichte wird es das erstgeborene sein unter allen Völkern, die nun im kommenden Friedensreich Jesu Gott die Ehre geben und ihn anbeten (Offb 15, 4; 20, 3; Phil 2, 10. 11).

[60] Viele Ausleger denken bei der „Hure Babylon" an eine Welthauptstadt, insbesondere an Rom, das auf sieben Hügeln gebaut wurde. Doch es wird ausdrücklich gesagt, daß die hier genannten „sieben Berge" nicht Berge, sondern Könige bedeuten (Offb 17, 9). Auch ist unwahrscheinlich, daß der Antichrist seine eigene Reichshauptstadt zerstört (Offb 17, 16). An einigen wenigen Schriftstellen werden auch außer-israelitische Hauptstädte „Hure" genannt (Nah 3, 4; Jes 23, 15—18). Aber die weitaus große Mehrzahl der Prophetenworte meinte damit Jerusalem und Israel, das entartete Gottesvolk (Hos 2, 4; 3, 3; 4, 15; 6, 10; 9, 1; Jes 1, 21; Hes 16, 31. 35; 23, 44). Auch in dieser Hinsicht muß „Schrift mit Schrift ausgelegt werden". Das gilt hier umso mehr, als die Offenbarung sehr in der Sprache der atst Prophetie lebt. „Hure" ist sonach die der Welt angepaßte, mit ihr verbündete, ihr verfallene, zur „Weltkulturmacht" entartete Gottesgemeinde.

[61] Manche alten grie Handschriften haben: „Ehebrecher und Ehebrecherinnen". Auch die Ausgabe des Erasmus von Rotterdam, die Luther für seine Übersetzung vorlag, hatte diese erweiterte Wendung. Doch es ist wahrscheinlich, daß die Worte „Ehebrecher und" erst durch Abschreiber eingefügt wurden, weil ihnen die Schriftstelle anders zu seltsam vorkam. Schon im 18. Jahrhundert hat der schwäbische Theologe und Pietist Johann

Auf die mögliche Frage der Leser, warum denn eine Zukehr zur
Welt und damit verbunden eine Abkehr von Gott so überaus
schwerwiegende Folgen habe, antwortet Jakobus mit einem Zitat, das
wir weder aus dem AT noch aus den Apokryphen kennen; es muß
aus einer uns unbekannten Schrift stammen: **„Ein eifersüchtiges Ver-** 5
langen hat der Geist, der in uns Wohnung gemacht hat." Das grie
Wort, das hier für „Verlangen" steht, drückt das „liebende Begehren
nach dem vollen Besitz des Geliebten" aus (Fritz Rienecker). Das ist
ja die Botschaft des Evangeliums: Gott ist uns nah gekommen als der
Vater über uns, noch näher als der große Bruder Jesus Christus neben
uns und am nächsten als der Geist in uns. („Der Herr ist der Geist"
— 2 Ko 3, 17.) Der Herr geht in seiner unausdenklich großen Liebe

Albrecht Bengel (1687—1752) die Grundsätze für die Bearbeitung früherer Texthandschriften entwickelt. Dabei sagte er, daß die schwierigere, schwerer verständliche Fassung wahrscheinlich die ursprüngliche sei; beim nachdenkenden Abschreiben für einen bestimmten Leserkreis bestehe immer die Neigung zur Glättung.

Zu den nebenstehend erwähnten Schriftstellen:

Eph 2, 14: Denn er ist unser Friede, der aus beiden eines gemacht hat.

Rö 11, 17: . . . und du, der du ein wilder Ölbaum warst, bist unter sie gepfropft und teilhaftig geworden der Wurzel und des Saftes im Ölbaum.

Eph 5, 30: Denn wir sind Glieder seines Leibes.

Eph 5, 32: Dieses Geheimnis ist groß; ich rede aber von Christus und der Gemeinde.

Rö 11, 26: . . . und alsdann wird das ganze Israel gerettet werden.

Offb 15, 4: Ja, alle Völker werden kommen und anbeten vor dir.

Offb 20, 3: . . . daß er (der Teufel) nicht mehr verführen sollte die Völker, bis daß vollendet würden die tausend Jahre.

Phil 2, 10. 11: . . . daß in dem Namen Jesu sich beugen sollen aller derer Knie, die im Himmel und auf Erden und unter der Erde sind, und alle Zungen bekennen sollen, daß Jesus Christus der Herr sei, zur Ehre Gottes, des Vaters.

Offb 17, 9: Die sieben Häupter sind sieben Berge, auf welchen das Weib sitzt, und sind sieben Könige.

Offb 17, 16: Und die zehn Hörner, die du gesehen hast, und das Tier, die werden die Hure hassen und werden sie einsam machen und bloß und werden ihr Fleisch essen und werden sie mit Feuer verbrennen.

Nah 3, 4: Das alles um der großen Hurerei willen der schönen Hure, die mit Zauberei umgeht, die mit ihrer Hurerei die Völker und mit ihrer Zauberei Land und Leute an sich gebracht hat.

Hos 2, 4: . . . daß sie die Zeichen ihrer Hurerei von ihrem Angesichte wegtue.

Hos 3, 3: Lange Zeit sollst du bleiben, ohne zu huren . . .

Hos 4, 15: Willst du, Israel, schon huren, so soll Juda sich nicht auch verschulden!

Hos 6, 10: Ich sehe im Hause Israel, wovor mir graut; denn da treibt Ephraim Hurerei und Israel macht sich unrein.

Hos 9, 1: . . . denn du, Israel, läufst mit deiner Hurerei deinem Gott weg; gern nimmst du Hurenlohn auf allen Tennen.

Jes 1, 21: Wie geht das zu, daß die treue Stadt zur Hure geworden ist?

Hes 16, 31: . . . daß du deinen Hurenaltar bautest an allen Straßenecken und dir ein Hurenlager machtest auf allen Plätzen!

Hes 16, 35: Darum, du Hure, höre des Herrn Wort!

Hes 23, 44: Denn man ging zu ihr, wie man zu einer Hure geht.

so auf uns ein, daß er in uns eingeht (Joh 14, 23; 15, 4; Eph 3, 17). Der Heilige Geist ist die engste Gemeinschaft, die Gott in dieser Weltzeit mit uns eingeht. Doch da, wo die Liebe am völligsten ist, ist sie auch am empfindlichsten: Eine Frau kann von ihrem Chef, ihrer Kollegin oder ihrer Nachbarin nicht so tief verletzt werden wie von ihrem Mann, dem sie sich in Liebe hingegeben hat und der nun ihre Liebe mit Füßen tritt. (Das Bild ist hier umgekehrt: Die Liebe des Mannes wird durch die ehebrecherische Frau verletzt.)

cc) Doch gerade am ganzen Ernst dieses Eiferns Gottes wird auch die ganze Glut seiner Liebe, seiner reinen, erbarmenden, uns suchen-
6 den, deutlich: **„Er gibt aber desto größere Gnade"** (6).

e) Was demzufolge zu tun ist.

7 aa) **„,Gott widersteht den Hoffärtigen, den Demütigen aber gibt er Gnade.' So unterwerfet euch nun Gott."**

Jakobus zitiert hier ein atst Wort (Spr 3, 34; vgl. 1 Pt 5, 5), um zu zeigen, was Gott mißfällt und gefällt und was wir demzufolge zu tun haben. – **„Gott widersteht den Hoffärtigen"**, den „Hochfahrenden", dem ungeduldigen Stolz, der nicht auf Gott und seine Stunde warten will, sondern ausbricht aus den „Schranken, die sein Liebesrat gesetzt" (Joh. A. Rothe). Er will sich selber helfen und andere Hilfe und Bündnisse suchen, die schneller zur Erhöhung zu führen versprechen (vgl. „die Hure" Offb 17, 3; 18, 7). Dieser Geist kommt aus derselben Quelle wie der der gottwidrigen, eigenmächtigen und selbstherrlichen Welt (vgl. den Antichrist Offb 13, 5): Es ist der Infekt des maßlos stolzen Geistes, des Feindes. –**„Aber den Demütigen gibt er Gnade"**: Aus zwei Gründen ist diese Demut wichtig: Einmal – sie macht willig für Gottes Willen. Sie ist bereit, den Platz einzunehmen, den er anweist, wo und solang er will; und sie ist doch zugleich fröhlich im Vertrauen und in der Hoffnung auf ihn. „Hier ist Geduld und Glaube der Heiligen" (Offb 13, 10; 14, 12). Zum andern – Gott will uns sozusagen da treffen, wo wir sind: u n t e n. Wer hoch hinaus will, verfehlt ihn. Jesus, in dem uns Gott aufsuchte,

Die oben erwähnten Schriftstellen:

Jo 14, 23: . . . und wir werden zu ihm kommen und Wohnung bei ihm machen.

Jo 15, 4: Bleibet in mir und ich in euch.

Eph 3, 17: . . . daß Christus wohne durch den Glauben in euren Herzen.

Offb 17, 3: Und ich sah ein Weib sitzen auf einem scharlachfarbnen Tier, das war voll lästerlicher Namen.

Offb 18, 7: Wie viel sie sich herrlich gemacht und ihren Übermut getrieben hat, so viel schenkt ihr Qual und Leid ein! Denn sie spricht in ihrem Herzen: Ich sitze da und bin eine Königin und keine Witwe, und Leid werde ich nicht sehen.

Offb 13, 5: Und es ward ihm gegeben ein Maul, zu reden große Dinge und Lästerungen.

war „von Herzen demütig" (Mt 11, 29); er hat sich in die Krippe legen und ans Kreuz heften lassen. „Hinab geht Christi Weg."

bb) **„So unterwerfet euch nun Gott"**: Damit zieht Jakobus die Schlußfolgerung aus dem zuvor Gesagten: Hört auf, euch selber behaupten zu wollen! Kapituliert vor Gott! Gebt das „eigene Unternehmen" auf! Verzichtet auf die eigenen Pläne! Kehrt zurück zu eurem Herrn! Laßt euch von seiner Liebe neu das Herz abgewinnen! Legt euer Leben in seine Hände! Laßt euch gebrauchen für sein Werk, wie und wo er will! Das ist der Platz der Kinder Gottes, der Braut Christi. Laßt euch neu und täglich dahin stellen! Dabei zu bleiben, wird gerade auf dem letzten Wegstück der Gemeinde Jesu entscheidend wichtig sein.

2. Sich zu Gott bekehren, heißt den Feind abwehren (V. 7b–10).

a) Der Feind – er wird nun ausdrücklich genannt – macht mobil. Wo ein Mensch anfängt, Gott untertan zu sein, da sieht er seine Herrschaft gefährdet. So war es bei Jesus (Mt 4, 1 ff), so ist es bei denen, die ihm folgen.

b) **„Widersteht dem Teufel"**: Weder in Gleichgültigkeit noch in Angst dürfen wir ihm Raum geben, so wie ihm Jesus bis zu seinem letzten Atemzug nicht Raum gab. – Wie können wir das? Jesus blieb völlig unter dem Willen des Vaters: „Ich tue nichts, als was ich sehe den Vater tun" (Joh 5, 19). Er blieb in den Willen des Vaters eingehüllt bis zum letzten Blutstropfen. So ließ er sich auch nicht am Kreuz dazu herausfordern, seine Wundermacht zu zeigen. Aller Zauber des Feindes verfing bei ihm nicht. Jakobus macht deutlich, daß das auch bei uns die Weise ist, wie wir dem Feind Widerstand leisten können: „Unterwerfet euch Gott." Diese Aufforderung geht der, dem Feind Widerstand zu leisten, voran. Wenn ein Mensch so „unter Gott" bleibt (vgl. Joseph in Ägypten 1 Mo 50, 19), hat der Teufel nichts zu bestellen; **„er flieht"**.

c) Noch ein anderer Grund wird hier erkennbar, warum der Teufel
flieht: **„Nahet euch Gott"**, dem, der die uns zugewandte Seite Gottes 8
ist, dem Sohn. Der hat den Feind an Karfreitag und Ostern besiegt. Jetzt handelt es sich für uns nur noch um einen geschlagenen Feind, um Nachhutgefechte. Wo wir zu Jesus „eilen", das heißt uns gleich hilfesuchend im Gebet an Jesus wenden, da kann er uns nicht mehr

Die oben erwähnten Schriftstellen:

Mt 11, 29: . . . denn ich bin sanftmütig und von Herzen demütig.
1 Mo 50, 19: Fürchtet euch nicht, denn ich bin unter Gott!

verfolgen (vgl. Spr 18, 10). „Der Teufel geht umher wie ein brüllender Löwe und sucht, welchen er verschlinge" (1 Pt 5, 8). „Umher", das heißt sozusagen „außen herum", heran wagt er sich nicht. Er kann nur darauf warten, daß sich einer wieder von Jesus distanziert. Den ergreift er dann und trägt ihn davon. Das schlichte Wort: „Satan flieht, wenn er dich am Kreuze sieht", ist aus großer seelsorgerlicher Erfahrung gesprochen. — Und nun sagt uns Jakobus, was es uns so leicht macht, uns Gott in Jesus Christus zu nahen: **„So wird er sich euch nahen."** Wir können keinen Schritt auf ihn zu tun, ohne daß er nicht vielmehr auf uns zugeht. So zeigt es auch Jesus im Gleichnis vom verlorenen Sohn: Nicht nur der Sohn ging dem Vater entgegen, der Vater auch dem Sohn, er machte ihm die Heimkehr leicht (Lk 15, 20).

d) Was nötig ist, wenn wir zu ihm kommen.

aa) **„Reinigt die Hände, ihr Sünder"**: Jakobus betont etwas, was heute bei vielen Verkündigern klein geschrieben wird oder überhaupt wegbleibt: Der Vater, der uns zu empfangen bereit ist, ist der heilige Gott. Die Sünde paßt nicht in seine Gemeinschaft. Der verlorene Sohn im Gleichnis hat den ganzen Schaden offengelegt. Auch wir müssen das tun. So reinigt er Hände und Herzen. „Das Blut Jesu Christi, des Sohnes Gottes, macht uns rein von aller Sünde" (1 Jo 1, 7).

bb) **„Heiligt die Herzen"**: Es geht nicht nur um das Vergeben vergangener Schuld, sondern auch um das Aufgeben der gegenwärtigen Liebe zur Sünde (vgl. Jo 17, 19; Rö 1, 4; Gal 5, 24; 1 Pt 3, 15; Hbr 12, 14). „Heilig" heißt, Gott ungeteilt zu eigen und seinem ausschließlichen Dienst vorbehalten sein (vgl. 1 Ko 6, 19). „Nun gehören unsre Herzen ganz dem Mann von Golgatha" (F. v. Bodelschwingh). — Und

Die oben erwähnten Schriftstellen:

Spr 18, 10: Der Name des Herrn ist eine feste Burg; der Gerechte läuft dorthin und wird beschirmt.

Lk 15, 20: Da er aber noch ferne von dannen war, sah ihn sein Vater und es jammerte ihn, lief und fiel ihm um seinen Hals und küßte ihn.

Jo 17, 19: Ich heilige mich selbst für sie, auf daß auch sie geheiligt seien in der Wahrheit.

Rö 1, 4: . . . und nach dem Geist, der da heiligt.

Gal 5, 24: Welche aber Christus Jesus angehören, die haben ihr Fleisch gekreuzigt samt den Lüsten und Begierden.

1 Pt 3, 15: Heiligt aber den Herrn Christus in euren Herzen.

Hbr 12, 14: Jaget dem Frieden nach gegen jedermann und der Heiligung, ohne die niemand den Herrn sehen wird.

1 Ko 6, 19: Wisset ihr nicht, daß euer Leib ein Tempel des Heiligen Geistes ist, der in euch ist, welchen ihr habt von Gott, und seid nicht euer eigen?

nun wird der schwere Schaden so vieler Christen in des Jakobus Tagen und auch heute ausgesprochen: **„Die ihr zwiespältigen Wesens seid"** (im Grie steht hier dasselbe Wort wie Kap. 1, 8: „dípsychos"): Man ist ja nicht gleichgültig, aber da sind die „zwei Seelen in der Brust", die Liebe zu Jesus und die zur Welt. Das muß anders werden. Dieses „Grenzgängerchristentum" muß ein Ende haben. Auch das in Christi Tod zu geben, gehört zur „Heiligung der Herzen".

cc) **„Fühlet euer Elend, trauert und weinet; euer Lachen** (so, als ob alles in Ordnung wäre) **soll sich in Traurigkeit verwandeln und eure Freude in Niedergeschlagenheit"**: Vieles „halblebendige" Christsein steht gewiß damit im Zusammenhang, daß von vielen Christen heute nicht mehr die Phase der „göttlichen Traurigkeit" (2 Ko 7, 10), die zu einer rechtschaffenen Bekehrung gehört, durchschritten wird. Von manchen Auslegern wurde schon gesagt, Jakobus habe die Heimkehr des Menschen zu Gott in zu düsteren Farben gemalt, Buße sei doch eine frohe Sache. Die Freude kommt bei ihm schon zu ihrem Recht (V. 10b). Aber zunächst muß es, wenn etwas Gesundes werden soll, durch das, was Jakobus hier zeigt, hindurchgehen. 9

dd) **„Demütiget euch vor dem Herrn"**: Wenn es sogar erforderlich sein kann, daß sich ein Mensch vor einem andern Menschen beugt, der ihn lieb hat und den er schwer verletzte, wieviel mehr ist es nötig, daß wir uns vor dem heiligen und reinen Gott, der uns unausdenklich liebt, beugen wegen unserer Schuld in Gedanken, Worten und Werken, mit der wir seine Liebe aufs schwerste verletzt haben. Sich vor Gott demütigen heißt, ohne Wenn und Aber, ohne Einschränkung und Selbstrechtfertigungsversuch die eigene Schuld und Gottes gerechtes Gericht anerkennen. Das ist die Haltung, aus der allein recht um Vergebung und Gnade gebeten werden kann (vgl. das Beispiel des Königs David 2 Sam 12, 13a; Ps 51). 10

e) **„So wird er euch erhöhen"** (vgl. 1 Pt 5, 6): Gott läßt den Menschen, der sich vor ihm demütigt, nicht beschämt liegen. Er umkleidet ihn mit seiner uns durch Jesus Christus erworbenen Gerechtigkeit (2 Ko 5, 21; Rö 8, 1). Er hebt ihn auf und beschenkt ihn mit der

Die oben erwähnten Schriftstellen:

2 Ko 7, 10: Denn die göttliche Traurigkeit wirkt zur Seligkeit eine Reue, die niemand gereut.

2 Sam 12, 13a: Da sprach David zu Nathan: Ich habe gesündigt gegen den Herrn.

1 Pt 5, 6: So demütiget euch nun unter die gewaltige Hand Gottes, daß er euch erhöhe zu seiner Zeit.

2 Ko 5, 21: Denn Gott hat den, der von keiner Sünde wußte, für uns zur Sünde gemacht, auf daß wir würden in ihm die Gerechtigkeit, die vor Gott gilt.

Rö 8, 1: So gibt es nun keine Verdammnis für die, die in Christus Jesus sind.

Gotteskindschaft (Rö 8, 15; 1 Jo 3, 1)[62]. So kommt es jetzt schon in diesem Leben nach dem Durchschreiten der „göttlichen Traurigkeit" zur großen Freude der Heimkehr (Lk 15, 24b). „Buße ist ein fröhliches Geschäft" (A. Schlatter). Gott erhöht uns so, daß er nicht nur Segensvolles an uns, sondern auch durch uns tut, vielleicht nichts menschlich Großes, aber in innerer Vollmacht etwas wahrhaft Hilfreiches und Fruchtbares[63].

III. Gegen den Richtgeist in der Gemeinde

Jakobus 4, 11. 12

Zu Vers 11:
3 Mo 19, 16
Ps 15, 3 ff
Mt 13, 30
Zu Vers 12:
Rö 14, 4
Mt 7, 1

11 Redet nicht schlecht übereinander, Brüder. Wer über einen Bruder schlecht redet oder seinen Bruder richtet, der redet schlecht über das Gesetz und richtet das Gesetz. Wenn du aber das Gesetz richtest, so bist du nicht ein Täter des Gesetzes, sondern Richter.
12 * Einer ist der Gesetzgeber und Richter, der retten und verderben kann. Du aber, wer bist du, daß du den Nächsten richtest?

Wer eben als schuldig gewordener Mensch durch den Herrn in seiner Gnade von den Knien aufgehoben und mit seinem Vergeben und seiner ganzen Liebe beschenkt worden ist, der kann unmöglich sich gleich nachher wieder zum Richter über andere aufwerfen (vgl. Mt 18, 23—34). So kommt Jakobus im Zusammenhang mit dem Wort „Demütiget euch vor dem Herrn, so wird er euch erhöhen" auf einen weiteren wunden Punkt im Leben der Gemeinde zu sprechen, das Richten.

1. Die böse Nachrede (V. 11).

11 **„Redet nicht schlecht übereinander, Brüder"**: Sehr anschaulich ist die Übersetzung Luthers: „Afterredet nicht", das heißt: redet nicht

[62] Kaiser Otto I. löste einst im Christfest-Gottesdienst die Spange an seinem Kaisermantel und ließ ihn auf seinen vormals rebellischen Bruder Heinrich niedersinken, der nun reumütig vor ihm kniete, hob ihn auf und setzte ihn wieder in die alte Stellung ein. Das war ein kleines menschliches Abbild der großen Begnadigung durch Gott (vgl. das Gedicht von Konrad Ferdinand Meyer „Der gleitende Purpur").

[63] Er wird die Seinen „erhöhen" nicht nur als wegen ihrer Schuld Gebeugte, sondern auch als unter das Kreuz der Jesus-Nachfolge Gebeugte (1 Pt 5, 6; Apg 14, 22).

Die oben erwähnten Schriftstellen:

Rö 8, 15: Ihr habt einen kindlichen Geist empfangen, durch welchen wir rufen: Abba, lieber Vater!

1 Jo 3, 1: Sehet, welch eine Liebe hat uns der Vater erzeiget, daß wir Gottes Kinder sollen heißen; und es auch sind!

Lk 15, 24b: Und sie fingen an, fröhlich zu sein.

Apg 14, 22: . . . daß wir durch viel Trübsal müssen in das Reich Gottes gehen.

„hintenherum" übereinander. Da geht einer vorüber, und kaum ist er weg, da stecken schon zwei die Köpfe zusammen ... Wenn wir richtend über andere reden, sind wir in der Gefahr, die Haltung von V. 10 sehr schnell wieder zu verlieren: „Demütiget euch vor dem Herrn." Wer richtet, erhebt sich über die andern und maßt sich ein Urteil über sie und eine besondere Stellung vor Gott an. So geben wir dem falschen Geist wieder Einlaß.

„Redet nicht schlecht übereinander": Die Gesetzgebung des Staates gewährt hier keinen starken Rechtsschutz. Das Eigentum des Menschen ist durch die Strafgesetze viel nachhaltiger geschützt als sein guter Name. Wenn einer durchs Paterrefenster in eine Wohnung steigt und aus einem verschlossenen Schrank einen Gegenstand entwendet, wird er als Einbrecher verfolgt. Wer dagegen gezielt und mit der nötigen Vorsicht ein böses Gerücht ausstreut, also dem andern den guten Namen stiehlt und ihn so viel schwerer schädigt, den verfolgt der Staatsanwalt nicht. (Die mögliche Privatklage ist ein schwacher und u. U. auch kostspieliger Rechtsschutz.) So spielt die üble Nachrede in der Welt eine große Rolle: Auf diese Weise schaltet man den Rivalen am Arbeitsplatz aus, macht die geschäftliche Konkurrenz madig und erledigt den politischen Gegner.

„Redet nicht schlecht übereinander, **Brüder**": Jakobus meint die Christen. Im Glaubensgehorsam, in der Heiligung ihres Lebens meinen sie vielleicht, schon weit gekommen zu sein. Aber diese Unart hält sich bei ihnen immer noch. Wir müssen zugeben, daß es auch bei uns in diesem Stück immer noch krankt. — Man kann sich fragen, warum denn ein Mensch, auch ein Christ, so gern Schlechtes über andere sagt und hört: Der andere wird zur dunklen Folie, vor der man sich umso vorteilhafter abhebt. Man ist angesichts der eigenen Fehler beruhigt. Und wenn der andere ein Rivale ist, so liegt man dadurch selbst im Rennen umso besser. Doch das alles kommt aus dem falschen Geist; dieser verrät sich geradezu dadurch[64].

[64] Eine Frage besonderer Art ist, wie wir uns hier angesichts der theologischen Verwirrung unserer Zeit zu verhalten haben. Fraglos müssen wir uns auf diesem Gebiet ein Urteil bilden: „Prüfet die Geister" (1 Jo 4, 1; 1 Ko 14, 29). Doch es ist wichtig, daß wir uns davor hüten, grob unbiblische Aussagen der Gegenseite mit Genugtuung unserer „Sammlung" einzuverleiben, um sie bei passender Gelegenheit gegen sie auszuwerten. Wer selber vor Gott gedemütigt ist, der kann nie mit Genugtuung die Fehler der anderen entdecken und registrieren, sondern er wird im Leidtragen vor Gott in diesen schmerzlichen Auseinandersetzungen stehen. Joh. Albrecht Bengel betete in einem seiner Lieder um „ein Herz, das heimlich Leide trägt". So hatten die Väter in dem ihnen gebotenen Kampf innere Vollmacht.

Die oben erwähnten Schriftstellen:

1 Ko 14, 29: Propheten aber lasset reden zwei oder drei und die andern lasset die Rede prüfen.

2. Der angemaßte Beruf.

„Wer über einen Bruder schlecht redet oder seinen Bruder richtet ...“: Da setzen wir uns also u. U. hinter den Richtertisch, und unser Bruder soll den Platz des Angeklagten einnehmen. Doch hier sind wir fehl am Platz. Und wir verfolgen auch ein falsches Ziel. Das Wort für „richten“ im Grie, „krínein“, bedeutet auch „scheiden“ und „ausscheiden“. Dafür ist aber jetzt noch gar nicht die Zeit. Gott selbst tut das noch nicht. Paulus sagt: „Richtet nicht vor der Zeit“ (1 Ko 4, 5). Jetzt ist nicht die Zeit des Ausscheidens (Mt 13, 28–30. 47–50), sondern die Zeit des Hereinholens, des Evangelisierens. Und auch die Zeit der Seelsorge, durch die der einzelne mit Geduld von dem Bösen, das ihn – wenn er es behält – in Ewigkeit von Gott scheiden müßte, gelöst wird (Gal 6, 1). Unser Herr selber hat dieses Werk unter Händen. Und wir dürfen Gottes Mitarbeiter sein (1 Ko 3, 9). Der Glaubende hofft mit Gott für den Nächsten.

3. Der Richtende übt Kritik an Gott und seinem Gebot.

Wer jetzt schon richten will, der kritisiert Gott darin, daß er – wie wir eben gesehen haben – immer noch Langmut übt. – **„Und er richtet auch das Gesetz“**: Die Gebote Gottes sind für die Gemeinde Jesu Christi nicht etwa das Soll, das sie zu erfüllen haben, bevor sie sich Gott überhaupt nahen dürfen (vgl. das zu Jak 2, 14 Gesagte). Und sie sind auch nicht das Mittel dazu, dreiviertel der Glieder unserer Gemeinden und Gemeinschaften hinauszukatapultieren. Jesus sagt: „Laßt beides miteinander wachsen bis zur Ernte“ (Mt 13, 30). Das Gebot Gottes ist für uns vielmehr der heilige und heilsame, uns gnädig geoffenbarte Gotteswille, die gute, wohltätige Hausordnung der bereits zum Vater heimgekehrten, verloren gewesenen Söhne. Wenn wir dagegen die Gebote Gottes anders gebrauchen wollen, dann kritisieren wir sie bzw. den, der sie gegeben hat, und das, wozu er sie jetzt gibt. – Auch wird insofern an den Geboten Gottes „Kritik“ geübt (das Wort kommt ebenfalls von dem grie „krínein“ – „richten“, „scheiden“), als man im Blick auf die Gebote Gottes Unterschiede macht: für das eine will man mit Macht eintreten (weil es sich gegen andere zu wenden scheint) und das andere, das 8., das gegen uns steht, wird in keiner Weise beachtet.

Jakobus zwingt uns, die Dinge zu Ende zu denken: **„So bist du nicht ein Täter des Gesetzes, sondern Richter“**: Der Täter steht **unter** dem

Die oben erwähnten Schriftstellen:

Gal 6, 1: Wenn ein Mensch etwa von einem Fehl übereilt würde, so helfet ihm wieder zurecht mit sanftmütigem Geist, ihr, die ihr geistlich seid; und siehe auf dich selbst, daß du nicht auch versucht werdest.

1 Ko 3, 9: Denn wir sind Gottes Mitarbeiter.

Gebot, im Gehorsam, unter Gott selbst. Er ist der Demütige, dem die Verheißung V. 10 gilt. „Wer sich selbst erniedrigt, der wird erhöht werden" (Lk 14, 11). Wer aber über das Gesetz Gottes zu Gericht sitzt, es (unmittelbar oder mittelbar) kritisiert und in Eigenmächtigkeit Akzente setzt, der erhebt sich über die Gebote und den, der sie gegeben hat. Ihm gilt das Wort: „Gott widersteht den Hoffärtigen" (6). „Wer sich selbst erhöht, der wird erniedrigt werden" (Lk 14, 11). Heute wird vielfach Kritik gefordert, auch in der Kirche. Das hat in gewissem Maß sein Recht. Aber zur Kritik an Gottes Wort und dessen Verbindlichkeit darf es auf keinen Fall werden. Gottes Wort kritisiert uns und nicht wir dieses Wort. Andernfalls erlauben wir dem Geist von unten den Einbruch und wir werden nach Art des Antichrists in Sturz und Stolz des Feindes mit hineingerissen.

4. Wir werden an den uns zukommenden Platz gestellt (V. 12).
„Einer ist der Gesetzgeber und Richter, der retten und verderben 12
kann": Wir alle stehen einmal miteinander **vor** dem Richtertisch. Das macht uns bescheiden und verantwortungsbewußt, auch wenn wir in der Vorläufigkeit dieser Welt dann und wann ein Urteil über jemanden abgeben müssen. — Jakobus ruft den so selbstsicher Urteilenden zur Besinnung: **„Wer bist du, daß du den Nächsten richtest?"**: Lassen wir uns jetzt schon von dem falschen, uns nicht zustehenden Platz wegweisen und an den Platz stellen, an den wir hingehören. Das verläuft jetzt gnädiger als dann, wenn der wiederkommende Herr uns an dem angemaßten Platz vorfindet.

8. Spruchreihe: ÜBER DAS SELBSTSICHERE PLÄNEMACHEN

Jakobus 4, 13—17

13 Wohlan nun, die ihr sprecht: Heute oder morgen wollen wir in
die oder die Stadt reisen, dort ein Jahr zubringen und Handel
14 treiben und Gewinn machen. * Ihr wißt ja nicht, wie es morgen
um euer Leben steht. Denn ein Dampf seid ihr, der eine kleine
15 Zeit sichtbar ist, danach aber verschwindet. * Statt dessen sollt
ihr sagen: Wenn der Herr will und wir leben, wollen wir dies
16 oder jenes tun. * Jetzt aber rühmt ihr euch in euren Prahlereien.
17 Jedes derartige Rühmen ist böse. * Wer nun weiß, Gutes zu tun,
und tut es nicht, dem ist es Sünde.

Zu Vers 13:
Spr 27, 1
Lk 12, 16—21
Zu Vers 14:
Ps 144, 4
39, 6. 12
Lk 12, 20
Zu Vers 15:
Apg 18, 21
1 Ko 4, 19
Hbr 6, 3
Zu Vers 17:
Lk 12, 47
2 Pt 2, 21

Vers 6 schreibt Jakobus: „Gott widersteht den Hoffärtigen, aber den Demütigen gibt er Gnade." Gott sagt „nein" zum Leben derer, die tun, als ob kein Gott wäre und sie alles in ihrer eigenen Faust und Verfügungsmacht hätten. Und er stellt sein Ja über das Leben derer, die wissen: Gott ist Gott und wir sind Menschen. In diesem Zusammenhang kommt Jakobus auf etwas zu sprechen, was bei uns tüchtigen und aktiven Abendländern, vollends heute, besondere Aktualität besitzt, auf das Pläneмachen, den Terminkalender.

1. Planung ist nötig (V. 13).

13 **„Heute oder morgen wollen wir reisen"**: Vom Planen ist hier die Rede. Planungen gibt es heute überall: In Bund, Ländern und Gemeinden, mittelfristige Finanzplanungen, Entwicklungspläne, Landes- und Stadtplanungen. Es handelt sich hier überall um Aufgaben, die auf lange Sicht geplant werden müssen. Die Wirtschaft muß planen. Die Betriebe müssen, um konkurrenzfähig zu bleiben und um die Arbeitsplätze zu erhalten, weit hinaus planen mit der Entwicklung ihrer Artikel und mit der Produktionsvorbereitung. In der Bildungspolitik muß geplant werden, auch um das ganze Volk in der Welt konkurrenzfähig zu erhalten. Es gibt eine Wissenschaft, die sich mit möglichen künftigen Entwicklungen beschäftigt und für Planungen Grundlagen erarbeitet und Anregungen gibt. Und auch im Einzelleben gibt es heute allerorts Planungen: Die eigene Ausbildung und Weiterbildung wie auch die Ausbildung der Kinder muß geplant werden; man muß sehen, was da später einmal gebraucht wird. Beim Hausbau und seiner Finanzierung ist Planung erforderlich. Ein verantwortungsbewußter Familienvater wird eine Planung treffen für den Fall, daß er nicht mehr arbeitsfähig ist oder gar stirbt. Alle diese Planungen sind erforderlich, insbesondere heute in unserer sehr differenzierten und komplizierten Industriegesellschaft in unserem dichtbevölkerten Land. Für einen Christen wird eine sorgfältige Planung zur Treue gehören, die von einem rechten Haushalter verlangt wird (vgl. Lk 12, 42; 1 Ko 4, 2).

2. Wie wird unser Plänemachen falsch?

a) Was ist es denn eigentlich, was Jakobus hier beanstandet (vgl. V. 16), wovor uns Gottes Wort warnt? Nicht das Plänemachen an sich, sondern der Geist, in dem geplant wird. Es ist ein Planen, in dem der Mensch nicht mehr bedenkt: „Meine Zeit steht in deinen Händen" (Ps 31, 16). Es ist ein Plänemachen gemeint, in dem der Mensch so

Die oben erwähnten Schriftstellen:

Lk 12, 42: Wer ist denn der treue und kluge Haushalter, welchen der Herr setzt über sein Gesinde, daß er ihnen zu rechter Zeit gebe, was ihnen gebührt?

1 Ko 4, 2: Nun sucht man nicht mehr an den Haushaltern, als daß sie treu erfunden werden.

rechnet, als seien alle Faktoren in seiner Hand, in dem er alles tut nach eigenem Willen, mit eigenen Mitteln und mit eigener Kraft, in dem er letztlich tut, als sei er selber Gott. Jakobus, Gottes Wort, will uns auch nach dieser Seite hin verschließen gegen den Ungeist des Feindes, der selber, obschon er Geschöpf ist, Gott neben Gott, Gott gegen Gott, ja, Gott über Gott sein will und der die Menschen mit seinem bösen Geist infiziert: „Ihr werdet sein wie Gott" (1 Mo 3, 5). Wie eine dunkle Linie zieht sich diese Hybris, dieser Größenwahn des Menschen, durch die Weltgeschichte, bis hin zum Antichrist (2 Thess 2, 3—12; Offb 13), dem „Christus des Teufels", der in Reinkultur diesen Geist verkörpert.

b) Wir heutigen Menschen sind in besonderem Maß in der Gefahr, diesem Geist Raum zu geben, weil wir genötigt sind zu planen und vor allem, weil wir so großartige Möglichkeiten haben zu planen. — Das Turmbaugeschlecht (1 Mo 11) ist ein Modell gerade der menschlichen Gesellschaft von heute: Sie haben wichtige Erfindungen und Entdeckungen gemacht: künstliche Steine konnten sie schaffen, Ziegel; sie fanden einen sehr haltbaren Mörtel, Erdharz, Asphalt. Ein hervorragendes Baugelände haben sie gefunden, die Ebene Sinear. Dabei waren nicht die Erfindungen und Entdeckungen an sich falsch. Sie gehörten zu der Erfüllung des Auftrags: „Machet euch die Erde untertan" (1 Mo 1, 28). Falsch jedoch war ihre innere Haltung. Sie wollten Gottes Willen trotzen und entgegen seiner Weisung beieinander bleiben. Als Wahrzeichen ihres Zusammenhalts planten sie einen riesenhaften Turm, auf dem sie so hoch zu thronen meinten wie Gott. (Der menschliche Größenwahn ist immer zugleich Narrheit.) Sie wollten „sich einen Namen machen" (1 Mo 11, 4), statt Gottes Namen zu erhöhen (Ps 34, 4) und zu warten, bis Gott ihnen einen Namen machte (1 Mo 12, 2). Selber wollten sie „ihre Ewigkeit" schaffen, ein Erinnerungsmal „für alle Zeiten".

c) Das ist genau der Geist, den Jakobus in seinem Brief durchgehend bekämpft und vor dem er als ein eindrucksvoller Bußprediger warnt. Es ist der Geist, durch den wir heute so gefährdet sind und der der besondere Anlaß für Gottes Gerichte ist auf dem Weg und am Ziel der Geschichte. Besonders wo Christen in Staat, Wirtschaft und Forschung in verantwortungsvoller Stellung tätig sind, bildet für sie gerade die in diesem Schriftabschnitt bezeichnete Einbruchstelle des satanischen Geistes einen besonderen Gefahrenpunkt. Wir sind ins

Die oben erwähnten Schriftstellen:

Ps 34, 4: Preiset mit mir den Herrn und laßt uns miteinander seinen Namen erhöhen!

1 Mo 12, 2: Und ich will dich zum großen Volk machen und will dich segnen und dir einen großen Namen machen, und du sollst ein Segen sein.

Gebet gewiesen angesichts eigener Gefährdung und für unsere Mitchristen in solchen Stellungen.

d) Auch wo wir Christen für das Reich Gottes wirken, sind wir hier gefährdet: In Werken der Diakonie, in Aktionen für die Hilfe unter farbigen Völkern, in missionarischen Feldzügen. Gerade die Begabten und Aktiven sind in Gefahr, hier schließlich nur noch nach eigenen Plänen, im Vertrauen auf die eigene Kraft, mit eigenen Mitteln und zur eigenen Ehre zu wirken. Doch das alles gehörte dann zu „Stroh, Heu, Stoppeln", die nach 1 Ko 3, 12–15 einmal verbrennen werden. – Auch in der Schrift sehen wir Beispiele, wie (auch wohlmeinende) Menschen, die in solcher Weise wirkten, scheitern mußten: Als Mose in eigenem Gutmeinen, nach eigenen Plänen, in eigener Kraft, mit eigenen Mitteln und zur selbstgewählten Zeit etwas für sein Volk tun wollte, da wurde es ein übler Fehlschlag (2 Mo 2, 11–15). Die Schwierigkeit besteht oft darin, daß es nicht leicht ist, den Plan Gottes von der eigenen Wahl zu unterscheiden. Vgl. dazu den Exkurs am Schluß der Auslegung dieses Schriftabschnitts: „Wie erkennen wir die Führungen Gottes in unserem Leben?" –

Nun zur Einzelauslegung:

3. Der Mensch hat keinen Anlaß zur Selbstsicherheit (V. 13. 14).

„Wohlan nun": Wir hören den Tatmenschen in seiner Entschlossenheit, mit der er auch andere mitreißt. Auf diese Redeweise spielt hier Jakobus an[65].

„Heute oder morgen": Gedacht ist daran, wie rasch er die Pläne faßt und zur Durchführung bringt. – **„In die oder die Stadt"**: Der Mann stellt Überlegungen an, wo gerade jetzt der Markt am günstig-
14 sten ist. – **„Ein Jahr"**: Heute macht man Vier- oder Fünfjahrespläne und tut so, als ob man mit Sicherheit weit hinaus über die Zukunft verfügen könnte. Doch wir sind nicht Herren der Zukunft; über sie verfügt Gott. **„Ihr wißt ja nicht, wie es morgen um euer Leben steht."** Vielerlei kann den Menschen ereilen und seine Pläne vereiteln: Krankheit und Unfall, eine Veränderung der Lage in Politik und Wirtschaft u. a. m. Zweierlei sei hier hervorgehoben, die Frage unserer Lebensdauer und die der raschen Veränderung der Zeitverhältnisse:

a) Die kurze und unsichere Dauer unseres Lebens ist Grund dafür, nicht so sicher zu sein: **„Denn ein Dampf seid ihr, der eine kleine Zeit sichtbar ist, danach aber verschwindet."** Das menschliche Leben ist

[65] „Man beachte, wie anschaulich Jakobus zu reden versteht. Er nimmt das Wort dieses Geschäftsmannes auf, der sich nichts weiter dabei gedacht hat, und läßt ihn selber zu Wort kommen. Er zeigt daran die verkehrte Grundeinstellung, die nicht mehr mit Gott als dem Herrn des Lebens rechnet. Jeder Verkündiger des Wortes Gottes tut gut daran, auch methodisch bei Jakobus in die Lehre zu gehen" (Walter Warth).

wie der Dampf aus dem kochenden Kessel Wasser oder der Hauch aus dem Mund in der Morgenkühle, wie die Rauchfahne einer Dampflokomotive oder die Dampfsäule aus ihrem Ventil, wie die „Himmelsschrift", die ein Flugzeug zur Werbung vor das Himmelsblau setzt: eine kleine Weile steht es da, dann verändert es sich und nach kurzer Zeit sieht man überhaupt nichts mehr (vgl. Ps 90, 5. 6; Jes 40, 6. 7; Lk 12, 20).

b) Ein weiterer Grund solcher Unsicherheit ist heute u. a. die Tatsache, daß die auf allen Gebieten atemberaubend schnelle Entwicklung von niemand voll vorausgesehen werden kann. Niemand weiß mit Sicherheit, wie sich alles auswirkt und gerade sich im Zusammenwirken auswirkt. Früher war der Mensch durch die Natur gefährdet, heute ist noch mehr die Natur durch den Menschen gefährdet. Gerade den an vorderer Front Tätigen wird, wenn es verantwortungsbewußte Leute sind, oft recht bang.

4. Die richtige Haltung (V. 15).

„Statt dessen sollt ihr sagen: ‚Wenn der Herr will und wir leben, 15
wollen wir dies oder jenes tun.'" (Vgl. auch Apg 18, 21; 1 Ko 4, 19; 16, 7; Hbr 6, 3): Das Wort erscheint heute vielen als eine hausbackene Weisheit, eine frömmelnde, abgegriffene Redensart (und es ist da und dort auch dazu gemacht worden). Doch dieses Wort beschreibt genau die rechte Haltung eines Christen. Auf diese Weise werden wir an den richtigen Platz gestellt: „Wenn der Herr will ... wollen wir" – dann auch wirklich. Die richtige Haltung eines Christen in dieser Hinsicht hat besonders klar Zinzendorf, gewiß aus der Erfahrung seines Lebens heraus, in seinem Lied beschrieben: „Merk, Seele, dir dies große Wort: Wenn Jesus winkt, so geh ..." „Wenn der Herr will ... wollen wir": Das hat Jesus gelebt. So hat ihn auch Jakobus, sein Bruder, der vermutliche Verfasser unseres Briefes, kennengelernt. Seine Brüder erwarteten, daß er auf die große Bühne des

Die oben erwähnten Schriftstellen:

Ps 90, 5. 6: Du lässest sie dahinfahren wie einen Strom, sie sind wie ein Schlaf, wie ein Gras, das am Morgen noch sproßt, das am Morgen blüht und sproßt und des Abends welkt und verdorrt.

Jes 40, 6. 7: Alles Fleisch ist Gras, und alle seine Güte ist wie eine Blume auf dem Felde. Das Gras verdorrt, die Blume verwelkt; denn des Herrn Odem bläst darein.

Lk 12, 20: Du Narr! Diese Nacht wird man deine Seele von dir fordern; und wes wird's sein, das du bereitet hast?

Apg 18, 21: Will's Gott, so will ich wieder zu euch kommen.

1 Ko 4, 19: Ich werde aber gar bald zu euch kommen, so der Herr will.

1 Ko 16, 7: Denn ich hoffe, ich werde etliche Zeit bei euch bleiben, wenn es der Herr zuläßt.

Hbr 6, 3: Das wollen wir ein ander Mal tun, wenn Gott es zuläßt.

Festes in Jerusalem trete. Doch er lehnte ab. Später aber ging er dann doch (Jo 7, 8. 10). Er hat den Wink seines Vaters abgewartet. So verhielt er sich auf der Hochzeit in Kana (Jo 2, 4. 12) – möglicherweise war dort auch Jakobus dabei – und ebenso angesichts von Krankheit und Tod seines Freundes Lazarus (Jo 11, 6 ff). Jesus sagt: „Des Menschen Sohn muß viel leiden" (Mt 16, 21; 17, 22; 20, 17–19; 26, 2). „Heute muß ich in deinem Hause einkehren" (Lk 19, 5). In diesem „muß", grie „dei", wird ebenfalls immer wieder Wille, Plan und Wink des Vaters erkennbar. Und schließlich betet Jesus: „Nicht mein, sondern dein Wille geschehe" (Lk 22, 42). – Auch Israel ließ sich von Gott durch die Wolken- und Feuersäule den Weg bestimmen (2 Mo 13, 21. 22) und Paulus durch den Wink seines Herrn (Apg 16, 6–10). Die Gemeinde Jesu, gerade auch die der Endzeit, „folgt dem Lamme nach, wo es hingeht" (Offb 14, 4). Der Geist von unten dagegen stiftet dazu an, aus den Bahnen der Nachfolge in Eigenmächtigkeit auszubrechen. (Vgl. das bei Jak 4, 4 über die „Hure Babylon" in Offb 17 Gesagte.) – „Dir zur Verfügung, mein Gott und mein Herr, dir zur Verfügung je länger je mehr. Dir zur Verfügung in Freude und Leid; täglich und stündlich für Jesus bereit" (Fr. Traub, in China frühverstorbener Missionar).

5. In Wirklichkeit noch immer die alte Art! (V. 16. 17).

16 a) Die Selbstsicherheit: **„Jetzt aber rühmt ihr euch in euren Prahlereien"**: Eine besondere Gefahr für nicht wenige Christen ist der Gedanke, mit dem, was sie sind, wirken oder zu wirken vorhaben, „eben doch etwas Besonderes" zu sein[66].

[66] Dr. Ludwig Krapf, Ostafrika-Missionar, Entdecker des Kenia (eines Berges in dem heute gleichnamigen Land): „Weil ich so lange meinte, ein außerordentlicher Christ zu sein, bin ich lange nicht dazugekommen, wenigstens ein ordentlicher zu werden."

Die oben erwähnten Schriftstellen:

Jo 7, 8. 10: Ich will noch nicht hinaufgehen auf dieses Fest, denn meine Zeit ist noch nicht erfüllt.
Als aber seine Brüder hinaufgegangen waren zu dem Fest, da ging er auch hinauf.

Jo 2, 4. 12: Meine Stunde ist noch nicht gekommen.
Danach zog er hinab nach Kapernaum.

Mt 16, 21: Zu der Zeit fing Jesus Christus an und zeigte seinen Jüngern, wie er müßte hin nach Jerusalem gehen und viel leiden.

Mt 17, 22: Es wird geschehen, daß des Menschen Sohn überantwortet wird in der Menschen Hände.

Mt 26, 2: Und des Menschen Sohn wird überantwortet werden, daß er gekreuzigt werde.

2 Mo 13, 21. 22: Und der Herr zog vor ihnen her, am Tage in einer Wolkensäule, um sie den rechten Weg zu führen, und bei Nacht in einer Feuersäule, um ihnen zu leuchten, damit sie Tag und Nacht wandern konnten. Niemals wich die Wolkensäule von dem Volk bei Tage noch die Feuersäule bei Nacht.

„Jedes derartige Rühmen ist böse": Das grie Wort „ponerós", „böse", das hier steht und das als Hauptwort den Teufel bezeichnet, ist ein Hinweis darauf, daß **der** Böse dabei die Hand im Spiel hat.

b) Die Verweigerung des Gehorsams: **„Wer nun weiß, Gutes zu tun, und tut es nicht, dem ist es Sünde"**: In diesem Zusammenhang also steht das bekannte Wort V. 17. Wohl mag man ihm auch die allgemeine Bedeutung geben, daß sich der versündige, der weiß, was in seiner Lage gut wäre, und es dennoch unterläßt. Doch nach dem Zusammenhang ist das Spezielle gemeint, daß wir für Gottes Plan, Willen und Wink bereit und willig sein sollen. „Gut" ist im allgemeinen und konkret im Einzelfall, was Gott will. („Gut" ist nicht, was menschliche Moral dazu erklärt.) – Dazu, daß wir Gottes Willen, Plan und Wink gehorsam werden, gehört auch, daß wir uns nicht in solchem Maß von unseren eigenen Planungen, auch was den Tageslauf betrifft, besetzen und gefangennehmen lassen, daß wir nicht mehr offen und frei sind für die Aufträge, zu denen Gott uns jeweils ruft. Es ist recht, mit Sorgfalt seine Zeit einzuteilen, doch es ist wichtig, auch jederzeit dazu bereit zu sein, sich von Gott Pläne umwerfen und neue Aufträge geben zu lassen. Es ist nötig, flexibel zu sein für Gott. Vielleicht ist der Priester in Lk 10, 31 deshalb nicht dazugekommen, dem armen Menschen zu helfen, weil seine Zeit bereits verplant war. Bei so manchem „Priester", der heute an der Not eines ihm von Gott hingelegten Menschen vorübergeht, ist das auf jeden Fall so. Wie willig haben sich dagegen Philippus und Petrus durch ihren Herrn von ihrem Konzept weg zu andern Aufträgen, auch wo sie nur einzelne Menschen betrafen, rufen lassen (Apg 8, 26. 27; 10, 23). 17

EXKURS: In diesem Zusammenhang mag sich für viele die Frage erheben: **„Wie erkennen wir die Führungen Gottes in unserem Leben?"**

Sie erscheint denen unwichtig, die meinen, die Fahrt durchs Leben auf eigene Faust, das heißt nach eigenem Plan und in eigener Kraft machen zu können. Wer aber weiß, daß er nur dann den richtigen

Die oben erwähnten Schriftstellen:

Lk 10, 31: Es begab sich aber von ungefähr, daß ein Priester dieselbe Straße hinabzog, und da er ihn sah, ging er vorüber.

Apg 8, 26. 27: Aber der Engel des Herrn redete zu Philippus und sprach: Stehe auf und gehe gen Süden. Und er stand auf und ging hin.

Apg 10, 23: Da rief er sie herein und herbergte sie.
Des andern Tages machte er sich auf und zog aus mit ihnen.

Weg geht und im Leben am richtigen Platz und in den richtigen Aufgaben steht, wenn er sich von Gott leiten läßt, dem ist diese Frage überaus wichtig. Doch gerade wenn wir gehorsam sein wollen, kann sie uns sehr notvoll werden: Wie erkennen wir denn nun Gottes Willen?

1. Sehr oft erfahren wir seinen Willen unmittelbar durch sein Wort, das uns Wahrhaftigkeit, Reinheit, Versöhnlichkeit, Selbstlosigkeit und Liebe gebietet. „Es ist dir gesagt, Mensch, was gut ist und was der Herr von dir fordert" (Mi 6, 8).

2. Doch es kommt vor, daß wir an einer Wegscheide stehen und beide vor uns liegenden Wege an sich gut sind, etwa in der Frage, welche Lebensaufgabe wir übernehmen sollen. An welchem Platz will uns nun Gott haben? In Apg 16, 6. 7 wird berichtet, wie Paulus ein neues Arbeitsfeld suchte. Zunächst wollte er nach Südwesten in die volkreiche Provinz Asia um Ephesus; aber „der Heilige Geist wehrte es ihnen". Dann suchte er den Ort seiner Missionsarbeit im Norden, in der Landschaft Bithynien, und wohl auch am Südufer des Schwarzen Meers; „doch der Geist Jesu ließ es ihnen nicht zu". Paulus ist wohl bei dem Gedanken, dorthin zu gehen (möglicherweise blieb es nicht nur bei Gedanken), im Gebet innerlich unruhig geworden; er erhielt keine innere Bestätigung seines Planes. Für die Geistesleitung durch Gott ist es wichtig, „auf Empfang", im steten Gebetsumgang zu bleiben. So haben wir das Organ für Gottes Wink und Weisung. Auch Paulus empfing hier nicht „Vorrat auf viele Jahre", sondern nur den Befehl, den beabsichtigten Schritt n i c h t zu tun. Wir dürfen uns nicht wundern, wenn uns zunächst auch nicht mehr deutlich wird. Luther, in der Rückschau auf sein Leben: „Gott hat mich geführt wie einen geblendeten Gaul."

3. Was sollen wir aber tun, wenn wir trotz allem inneren Fragen und Beten keine Antwort erhalten? Auf dem bisherigen Weg weitergehen (bzw. auf dem Weg, der so allein noch offen bleibt). Ebenso hat es auch Paulus damals in Kleinasien gehalten. Und gerade darüber ist es zu dem wichtigen Ereignis gekommen, daß das Evangelium nach Europa getragen wurde. Wir sind oft so sehr ungeduldig. (François Poncet: „Die Deutschen sind die pressiertesten Leute der Welt; das hat sie schon viel gekostet.") „Wird Jesus in der Seele still, so nimm du auch nichts vor" (Zinzendorf).

4. Wir müssen uns aber doch manchmal gleich entscheiden, was dann? Auch Paulus mußte sich schließlich entscheiden, als er in Troas ans Meer kam. Er hat dort möglicherweise nach einem Zeichen Ausschau gehalten. Und Gott hat es ihm gegeben. Ein Zeichen, das Gott uns gibt, kann auch sein: ein Bibelwort, dem wir begegnen und das für unsere Lage in besonderer Weise zu uns redet; eine klar geöffnete

Tür (vgl. 2 Ko 2, 12), während andere Türen und Möglichkeiten für uns verschlossen bleiben; der Rat reifer Christen, die aus der Fürbitte für uns kommen; die Tatsache, daß wir für bestimmte Aufgaben ganz einfach gebraucht werden. Das Zeichen ist aber für sich allein nie ausreichend; nötig ist, daß wir im Gebetsumgang gewiß werden. (Wie wollen nicht vorschnell etwas als Zeichen von Gott deuten, vor allem, wenn es unsere eigenen Wünsche bestätigen soll. „Geht's der Natur entgegen, so geht's gerad und fein" – G. Tersteegen). Wichtig ist es, gleich zu gehorchen, weil uns sonst leicht wieder verblaßt und zweifelhaft wird, was uns zunächst durch Gott und seinen Geist sehr klar war (Apg 16, 10 – „alsbald"; Apg 8, 27. 30 – „er lief"; 1 Mo 22, 3 – „früh").

5. Was aber sollen wir tun, wenn wir kein Zeichen entdecken und auch der Rat anderer Christen widersprechend und wenig überzeugend ist? Das Leben erneut ganz Gott übergeben, damit er darüber verfüge: „Hier bin ich, mach aus mir, was dir gefällt!" Dann wollen wir ihn bitten: „Herr, lenke du meine Gedanken und Überlegungen, die klugen und die törichten, so, daß dadurch dein guter, gnädiger und für mich und andere heilsamer Wille herauskommt." Und schließlich wollen wir getrost nach bestem Wissen und Gewissen entscheiden, so wie wir kurzsichtigen Menschen es eben vermögen. Wenn das echt geschieht, sehen wir in der Rückschau oft, daß durch unsere Entscheidungen Richtigeres herausgekommen ist, als wir es zur Zeit unserer Entscheidung übersehen konnten. „Er führt mich auf r e c h t e r Straße" (Ps 23, 3).

9. Spruchreihe: ÜBER DEN NAHENDEN TAG DES HERRN

Jakobus 5, 1–12

I. Gerichtswort im Blick auf den Tag Jesu Christi

Jakobus 5, 1–6

1 Wohlan nun, ihr Reichen, weinet und jammert über die Drangsale,
2 die über euch hereinbrechen! * Euer Reichtum ist verfault und eure

Zu Vers 1:
Ps 73, 12
Spr 11, 28
Lk 6, 24. 25
1 Tim 6, 9. 10
Zu Vers 2. 3:
Jer 17, 11
Mt 6, 19. 20
Mt 25, 40
1 Jo 2, 17

Die oben erwähnten Schriftstellen:

2 Ko 2, 12: Als ich aber nach Troas kam, zu predigen das Evangelium Christi, und mir eine Tür aufgetan war in dem Herrn . . .

Apg 16, 10: Als er aber das Gesicht gesehen hatte, da trachteten wir alsbald, zu reisen nach Mazedonien, gewiß, daß uns Gott dahin berufen hätte.

Apg 8, 27. 30: Und er stand auf und ging hin.
Da lief Philippus hinzu.

1 Mo 22, 3: Da stand Abraham früh am Morgen auf . . . und ging hin an den Ort, von dem ihm Gott gesagt hatte.

Zu Vers 4:
3 Mo 19, 13
5 Mo 24, 15
Lk 10, 7
Zu Vers 5:
Lk 16, 19. 25
Jer 12, 3
Zu Vers 6:
Mt 26, 53. 54
16, 24
Apg 14, 22
Offb 14, 4

3 **Kleider sind von Motten zerfressen. * Euer Gold und Silber ist**
verrostet und ihr Rost wird zum Zeugnis über euch sein und euer
Fleisch verzehren wie Feuer. Ihr habt euch Schätze gesammelt in
4 **den letzten Tagen. * Siehe, der Lohn der Arbeiter, die eure Felder**
abgemäht haben, welcher von euch zurückbehalten worden ist,
schreit laut, und der Klageruf der Schnitter ist zu den Ohren des
5 **Herrn Zebaoth gedrungen. * Ihr aber habt auf Erden geschwelgt**
und gepraßt und eure Herzen gesättigt am Tag der Schlachtung.
6 *** Ihr habt den Gerechten verurteilt, getötet. Er** (aber) **widersetzt**
sich euch nicht.

Im vorausgehenden Abschnitt sprach Jakobus von den selbstsicheren Menschen, die Gott nicht zu brauchen meinen. Nun dachte er möglicherweise an den Einwand: „Aber Erfolg haben sie eben doch und bringen es zu etwas. Sie haben alle Trümpfe in der Hand und spielen sie aus. Wir kleinen Leute haben genug darunter zu leiden." Daraufhin zeigt Jakobus in unserem Abschnitt, wie das mit dem Reichtum von Gott her aussieht. Hier sind die, von denen gesprochen wird, zunächst vornehmlich n i c h t Leute aus der Gemeinde (wenn auch manche aus ihr sich fragen lassen mußten und müssen: „Herr, bin ich's?"). Die Reichen außerhalb der Gemeinde werden zunächst diesen Brief nicht gesehen haben (so wie auch die Prophetenworte über Babylon, Assur, Tyrus usw. – Jes 13–23; Jer 46–51 u. a. – in diesen Städten nicht verkündigt wurden). Doch das Wort diente der Klarstellung.

1 1. **„Ihr Reichen"**, grie „ploúsios" (V. 1).

a) In Ps 73, 12 steht: „Die Gottlosen werden reich". Dort wird das Bild trotziger Menschen gezeichnet: „Sie brüsten sich." „Sie stehen fest wie ein Palast." Jedes Mittel ist ihnen recht. „Sie tun, was sie nur gedenken" (Ps 73, 4. 7). Es gilt zwar nicht die Gleichung: reich = gottlos, arm = fromm. Auch Abraham war reich (1 Mo 13, 2). Aber die Reichen stehen doch weitgehend auf der anderen Seite. Viele wären erst gar nicht reich geworden, wenn sie in den Mitteln wählerisch gewesen wären, und zum andern ist der Mensch offenkundig dafür anfällig, daß er seinen Reichtum zum Götzen macht und dann Gott nicht mehr zu brauchen meint. Die Reichen waren auch in den Evangelien oft auf der Gegenseite zu finden (Mt 23, 14; Lk 16, 14). Jesus selbst zeigt in seinen Gleichnissen zwei Ge-

Die oben erwähnten Schriftstellen:

1 Mo 13, 2: Abram aber war sehr reich an Vieh, Silber und Gold.
Mt 23, 14: Weh euch, Schriftgelehrte und Pharisäer, die ihr der Witwen Häuser fresset.
Lk 16, 14: Die Pharisäer waren geldgierig und spotteten sein.

stalten von reichen Männern, denen ihr großer Besitz zum Verhängnis wurde: den Reichen, der den Lazarus vor seiner Tür so sehr übersah (Lk 16, 19 ff), und den reichen Kornbauern, der meinte, an seinem Reichtum genug zu haben und ihn ausschließlich für sich selbst einsetzen zu können (Lk 12, 16–21). Jesus urteilt: „Es ist leichter, daß ein Kamel durch ein Nadelöhr gehe, als daß ein Reicher ins Reich Gottes komme" (Mt 19, 24; Lk 18, 25). Und Paulus schreibt: „Die da reich werden wollen, die fallen in Versuchung und Stricke" (1 Tim 6, 9).

b) Auch heute sind viele Atheisten nicht so sehr wegen intellektueller Zweifel, sondern im Grund weil sie Gott nicht zu brauchen meinen und sich auf ihr Vermögen, eine gute Stellung, ihre Begabung verlassen; diese sind ihre Götzen. Dabei ist u. U. gar nicht sehr viel an Besitz, Stellung und Geist nötig, damit sich einer für einen „Reichen" im Sinne unseres Schriftabschnitts hält. – Wir alle sind der Gefahr nicht entnommen, daß wir unsere größeren oder kleineren Besitztümer und Sicherheiten zu unsern Götzen machen: Bankkonto, Haus, regelmäßiges gutes Einkommen. Und die Gefahr ist dann auch, daß wir auf dem allen „sitzenbleiben". „Der Geiz ist eine Wurzel alles Übels" (1 Tim 6, 10). Er führt zu einer Fehlhaltung gegenüber Gott und Menschen.

c) Für das letzte Wegstück der Weltgeschichte wird angekündigt, daß der Antichrist alles kontrolliert und die, die Jesus die Treue halten, boykottiert (Offb 13, 17). Hier wird die andere Linie sichtbar, die durch die Schrift geht: Da sind Menschen, die mit ihrem Gewissen an Gott gebunden sind, die schlicht und unbeirrt auf der Seite Gottes bleiben und die, weil der Teufel der „Fürst dieser Welt" ist, an allen Ecken und Enden benachteiligt werden. In den Psalmen heißen sie die „Elenden" (Ps 10, 2. 12; 12, 6; 34, 3. 7; 74, 19–22 u. a.). Jesus nennt sie die „Armen". Aber er sagt: „Selig seid ihr Armen" (Lk 6, 20).

2. Die Lage ändert sich (V. 1–3).

a) Die Tatsache des Stimmungsumschwungs. Jakobus sieht kommen, was die Reichen noch nicht sehen: **„Wohlan nun, ihr Reichen,**

Die oben erwähnten Schriftstellen:

Offb 13, 17: . . . daß niemand kaufen oder verkaufen kann, er habe denn das Malzeichen.

Ps 10, 2: Weil der Gottlose Übermut treibt, müssen die Elenden leiden.

Ps 10, 12: Gott, erhebe deine Hand! Vergiß die Elenden nicht!

Ps 12, 6: „Weil die Elenden Gewalt leiden und die Armen seufzen, will ich jetzt aufstehen", spricht der Herr.

Ps 34, 3: Meine Seele soll sich rühmen des Herrn, daß es die Elenden hören und sich freuen.

Ps 34, 7: Als einer im Elend rief, hörte der Herr und half ihm aus allen seinen Nöten.

weinet und jammert über die Drangsale, die über euch hereinbrechen!" Wie sonst der Hausherr beim Anfang einer Festlichkeit das Glas erhebt und anstößt zum Zeichen dafür, daß das Fest beginnt: „Wohlan!" So ruft hier Jakobus zur Klage auf. Noch sitzen sie im „Fetten". Doch damit wird es demnächst zu Ende sein. Jetzt schon sollen sie sich darauf einstellen. Das ist wie bei Jeremia, der bereits die Totenklage anstimmte (vgl. Jer 4, 19 ff u. a.), als viele sich in Jerusalem noch sicher dünkten. „Wie liegt die Welt so blind und tot! Sie schläft in Sicherheit und meint, des großen Tages Not sei noch so fern und weit" (J. Chr. Rube). Vgl. auch Lk 17, 26–30.

2 b) Die Ursache des Umschwungs. **„Euer Reichtum ist verfault"**: Gedacht ist wohl an die reichen Lebensmittelvorräte, die gehortet wurden und nun verdorben waren. Man blieb viel lieber auf diesen Vorräten sitzen, als daß man sie Armen gab (Ps 41, 2; Spr 19, 17; Sir 4, 1–6; Mt 5, 42; 25, 40; Lk 6, 38; Gal 6, 9. 10; Hbr 13, 16). Vielleicht wollte man auch Zeiten abwarten, in denen man sie zu Wucherpreisen absetzen konnte. – **„Eure Kleider sind von Motten zerfressen"**: Die Alten hatten nicht im heutigen Maß Geld. Man hat vor allem Sachwerte gesammelt, Stoffe, kostbare Gewänder usw. Auch Johannes der Täufer hat – für viele in Israel vernehmbar – zu einem anderen Verhalten aufgerufen (Lk 3, 11). Wieder sind wir auch hier
3 an die Bergpredigt erinnert (Mt 6, 20). – **„Euer Gold und Silber ist verrostet"**: Die Alten hatten noch nicht die Möglichkeit, die Edelmetalle in dem Maß von andern Bestandteilen zu reinigen wie wir heute. So konnten u. U. auch Gold und Silber oxydieren. Und all der Schmuck und andere Wertgegenstände aus Edelmetall erfuhren eine starke Wertminderung. Alles in allem: Das, worin der Reichtum besteht, vergeht, ist der allgemeinen Vergänglichkeit unterworfen, auch heute: Das „Wetter" in der Wirtschaft eines Landes schlägt um.

Die oben erwähnten Schriftstellen:

Ps 41, 2: Wohl dem, der sich des Schwachen annimmt!

Spr 19, 17: Wer sich des Armen erbarmt, der leiht dem Herrn.

Mt 5, 42: Gib dem, der dich bittet, und wende dich nicht von dem, der dir abborgen will.

Mt 25, 40: Was ihr getan habt einem unter diesen meinen geringsten Brüdern, das habt ihr mir getan.

Lk 6, 38: Gebet, so wird euch gegeben.

Gal 6, 9. 10: Lasset uns aber Gutes tun und nicht müde werden. Lasset uns Gutes tun an jedermann.

Hbr 13, 16: Wohlzutun und mitzuteilen vergesset nicht.

Lk 3, 11: Wer zwei Röcke hat, der gebe dem, der keinen hat; und wer Speise hat, tue auch also.

Mt 6, 20: Sammelt euch aber Schätze im Himmel, wo sie weder Motten noch Rost fressen, und wo die Diebe nicht nachgraben noch stehlen.

Die Aktien fallen. Namhafte Betriebe geraten in Konkurs oder müssen schleunigst sehen, daß sie von andern aufgekauft werden; den bisher Beteiligten bleibt nicht viel. Arbeitslosigkeit zieht ein. Gute Posten gehen verloren. Andere Wirtschaftszweige sind mitbetroffen. Die Steuereinnahmen fallen. Eins hängt am andern. Der Boden wankt unter den Füßen. Oder es geht gar der Pflug von Krieg und Revolution über das Land; große Leute von gestern werden heute zu Bettlern. –

c) Nicht genützter Besitz wird zur Anklage: **„Ihr Rost wird zum Zeugnis über euch sein"**: In dem großen Gerichtstermin Gottes werden einmal die verdorbenen Lebensmittel und Kleider, das gehortete, wertgeminderte Geld, das sozusagen nicht dadurch blank erhalten wurde, daß es in andere Hände weiterging, zum Zeugnis gegen sie. Auch wir werden einmal gefragt: „Was hast du mit deinem Leben, deiner Begabung, deiner Stellung und deinem Besitz gemacht und mit den Menschen in Not, die ich dir vor Augen stellte?" Das sind Fragen nicht nur an die „Welt", sondern auch an uns. Das beginnt schon bei den einzelnen, denen wir begegnen, und geht bis zu den weltweiten Aufgaben. In unserer Zeit wird viel von „Entwicklungshilfe" gesprochen, vor allem gesprochen. Von manchen wird sie geradezu zum Ersatz für das ihnen verlorengegangene Evangelium gemacht. Vielleicht können wir deshalb das Wort kaum mehr hören. Und doch werden wir einmal gefragt: Ihr habt viel über die Not jener fernen Menschen gehört, mehr als das früher geschah. Und ihr hattet auch mehr Möglichkeiten, etwas zu tun, mehr als man das früher konnte. Was habt ihr wohlhabenden abendländischen Christen auf diesem Gebiet getan?

d) Die Verbindung unseres Geschickes mit dem unseres Besitzes. **„Ihr Rost wird euer Fleisch verzehren wie Feuer"**: Das Verderben des Gehorteten greift über auf den, der gehortet und sich an das Gehortete gebunden hat. Der Götze reißt den Götzenanbeter in seinen eigenen Untergang hinein. Es ist so, wie wenn ein Hund unter dem Vordach eines landwirtschaftlichen Anwesens angekettet ist, und nun die Gebäude in Flammen aufgehen. Das arme Tier heult und zerrt und will sich losreißen. Aber schließlich wird es von dem brennend niederstürzenden Dach erschlagen. So ist ein Mensch, der sich an diese Welt und ihre Güter binden ließ. Johannes schreibt: „Die Welt vergeht mit ihrer Lust; wer aber den Willen Gottes tut, bleibt in Ewigkeit" (1 Jo 2, 17). Es ist entscheidend wichtig, sich von der Welt lösen und an Jesus binden zu lassen. Jesus spricht: „Das ist (der Wille und) das Werk Gottes, daß ihr glaubet an den, den er gesandt hat" (Jo 6, 28. 29). „Wer Sünde tut, der ist der Sünde Sklave; wen ich frei mache, der ist recht frei" (Jo 8, 34. 36).

3. Die einzelnen Anklagepunkte (V. 3–6).

a) Anhäufen von Besitz, statt wohlzutun mit dem Besitz. **„Ihr habt euch Schätze gesammelt"**: Wie, wenn das – bei Licht besehen – im wesentlichen der Hauptnenner dessen wäre, was wir wollen und tun? Gerade wir arbeitsamen und sparsamen Leute befinden uns in dieser Gefahr. Bewegt sich das, was wir für den Bau des Reiches Gottes und für die Not unserer Mitmenschen geben, in ähnlichen Größenordnungen wie das, was wir bei der Bausparkasse einzahlen? – Erschwerend kommt noch hinzu: **„In den letzten Tagen."** Seit Jesu Kommen ist überhaupt „letzte Zeit" (Hbr 1, 2). Doch wenn wir heute neben die aufgeschlagene Zeitung die aufgeschlagene Bibel legen, so drängt sich uns der Eindruck auf, daß nun die längst genannten Vorzeichen der Wiederkehr Jesu in einem auffallenden Maß in Erscheinung treten. Da geht es für uns wahrlich um etwas anderes, als daß wir nur „es zu etwas bringen". „Eile und rette deine Seele" (1 Mo 19, 17) und die anderer. Jesus sagt: „Es wird sein wie in den Tagen der Sintflut: Sie werden kaufen und verkaufen, freien und sich freien lassen, bis an den Tag, da Noah in die Arche ging; und die Sintflut brachte sie alle um. Desgleichen in den Zeiten Lots . . ." (Lk 17, 27. 28).

b) Verletzung nicht nur der Liebe, sondern auch des Rechts (vgl.
4 3 Mo 19, 13; 5 Mo 24, 14; Jer 22, 13). **„Siehe, der Lohn der Arbeiter, die eure Felder abgemäht haben, welcher von euch zurückbehalten worden ist, schreit laut, und der Klageruf der Schnitter ist zu den Ohren des Herrn Zebaoth gedrungen"**: Sie haben nicht allein nichts verschenkt, sondern auch das nicht gegeben, was sie geschuldet haben (selbst für einen Dienst, der ihnen viel einbrachte). Auch wir Christen müssen uns in dieser Hinsicht fragen lassen. Paulus sagt: „Seid niemand nichts schuldig" (Rö 13, 8). Wir tun vielleicht manches freiwillig im Sinn christlicher Liebe (was uns vielleicht einige Anerkennung einträgt). Aber wir versäumen u. U. das, was schlicht unsere Pflicht gewesen wäre und jedermann als selbstverständlich ansieht (und deshalb keine Bewunderung einbringt). Zuerst müssen wir dem Recht genügen, bevor wir Liebe üben. Zuerst müssen wir unsere alten Rechnungen zahlen und unsere Mitarbeiter recht entlohnen, ehe wir große Spenden machen. Man kann sich da und dort christlich betäti-

Die oben erwähnten Schriftstellen:

Hbr 1, 2: Er hat in diesen letzten Tagen zu uns geredet durch den Sohn.

3 Mo 19, 13: Du sollst deinen Nächsten nicht bedrücken noch berauben. Es soll des Tagelöhners Lohn nicht bei dir bleiben bis zum Morgen.

5 Mo 24, 14: Dem Tagelöhner, der bedürftig und arm ist, sollst du seinen Lohn nicht vorenthalten.

Jer 22, 13: Weh dem, der sein Haus mit Sünden baut und seine Gemächer mit Unrecht, der seinen Nächsten umsonst arbeiten läßt und gibt ihm seinen Lohn nicht.

gen und alte Eltern, den Ehegatten und die eigenen Kinder vernachlässigen. „Wer die Seinen, sonderlich seine Hausgenossen, nicht versorgt, der ist ärger denn ein Heide" (1 Tim 5, 8). Man kann als Prediger und Pfarrer mit Wort und Schrift weit hinaus wirken und einen Namen haben, aber die Kranken, Alten und Gefährdeten in der eigenen Gemeinschaft und Gemeinde vernachlässigen[67]. „Man sucht nicht mehr an den Haushaltern, als daß sie treu erfunden werden" (1 Ko 4, 2). Mit allem, was wir haben und sind, sind wir Haushalter. Alles ist anvertrautes Gut. Und da gilt es, treu zu sein an dem Platz, an den Gott uns hingestellt hat.

Der zurückgehaltene Lohn „schreit" zu Gott wie das Blut des Abel (1 Mo 4, 10) und wie die Sünde Sodoms (1 Mo 18, 20). Gott kümmert sich erstaunlich auch um die Sozialverhältnisse und unser soziales Verhalten. Wir wollen nichts schuldig bleiben und den andern Teil nicht überfordern, ob wir nun Arbeitgeber oder Arbeitnehmer sind. Auch ganze Berufsstände sollen erhalten, was ihnen zusteht, etwa der Bauernstand, denn „jeder Arbeiter ist seines Lohnes wert" (vgl. Lk 10, 7). Zum „Lohn" gehört auch die menschenwürdige Wohnung und daß einer die nötige Anerkennung findet und nicht zum Menschen zweiter Klasse degradiert wird[68].

c) Das Feiern kostspieliger Feste, während andere darben. **„Ihr** 5
habt auf Erden geschwelgt und gepraßt und eure Herzen gesättigt": Man sagt: „Ich habe auch arbeiten müssen; ich werde mir doch nun auch einmal etwas leisten dürfen!" Man richtet sich sehr gut ein. Man reist in die Ferien, wer weiß wohin. Vom reichen Kornbauern heißt es, er sei „nicht reich gewesen für Gott" (Lk 12, 21). Für sich selber dagegen war er reich; da hat's an nichts gefehlt: „Liebe Seele, iß und trink!" Aber für Gott war er arm, bettelarm. Was hier Jakobus schreibt, können wir nicht so einfach „zuständigkeitshalber" an die „Welt" weitergeben. Es ist eine Frage auch an uns.

Wieder dieselbe Verschärfung wie in V. 3: Und das noch **„am Tag der Schlachtung"**. Zunächst könnte man an den Tag denken, an dem

[67] Ein russisches Sprichwort: „Schön ist es überall, wo wir nicht sind."

[68] Da ist zum Beispiel das Problem der Gastarbeiter. Zwar verdienen auch sie gut, und manche machen mit ihnen auch unerfreuliche Erfahrungen (mit Gliedern unseres eigenen Volkes ebenso). Aber wer würde heute etwa die „geringeren" Dienste sonst noch tun? Auf jeden Fall leiden nicht wenige von ihnen, die so weit von ihrer Heimat fort mußten, um ihr Brot zu erwerben, darunter, daß man zwar an ihrer Arbeit, nicht aber an ihnen selbst interessiert ist.

Die oben erwähnten Schriftstellen:

1 Mo 4, 10: Die Stimme des Blutes deines Bruders schreit zu mir von der Erde.

1 Mo 18, 20: Es ist ein großes Geschrei über Sodom und Gomorra, daß ihre Sünden sehr schwer sind.

die gemästeten Tiere für Gelage und Festfeiern geschlachtet wurden. Die Arbeiter, die die Ernte eingebracht hatten und denen noch immer der Lohn vorenthalten bzw. deren Lohn sündhaft niedrig gehalten wurde, darbten indes. Doch im Judentum jener Zeit hatte im Anschluß an Schriftstellen wie Jer 12, 3 der Ausdruck „der Tag der Schlachtung" die feststehende Bedeutung des großen Gerichtstags, an dem Gott sein Urteil verkündet und vollstreckt. Das Wort bedeutet: Noch während der Gerichtstag bereits heraufdämmert, will man dabei bleiben, sich Vergnügen zu verschaffen[69].

d) Die Macht, die der Reichtum verleiht, wird auch gegen Freiheit,
6 Ehre und Leben anderer mißbraucht. **„Ihr habt den Gerechten verurteilt, getötet"**: Hier ist zunächst an Jesus zu denken. Er wurde von denen verurteilt, die Einfluß, Reichtum und Macht besaßen. Die Bedrängnis der jungen Christenheit durch das Judentum entstand gleichfalls durch Menschen mit Einfluß, Reichtum und Macht. Ebenso war es auch während der jahrhundertelangen Bedrängnis der Christen durch das mächtige römische Reich. Und nicht anders ist es auch dort, wo Christen heute leiden. Vor allem wird es auf dem letzten Wegstück der Gemeinde Jesu während der antichristlichen Bedrängnis gelten. – **„Er (aber) widersetzt sich euch nicht"**: Auch das galt zunächst und vor allem für Jesus. „Er widersetzte sich nicht", nicht etwa, weil er keine Macht gehabt hätte, sondern weil er sie nach dem Willen des Vaters nicht gebrauchte: „Ich könnte meinen Vater bitten, daß er mir zuschickte mehr denn zwölf Legionen Engel. Wie würde aber die Schrift erfüllt? Es muß also geschehen" (Mt 26, 53. 54). Was für Christus gilt, gilt auch für die Christen. Jesus sagt zu Petrus: „Stecke dein Schwert in die Scheide, denn wer nach dem Schwert greift, wird durch das Schwert umkommen" (Mt 26, 52). So müssen wir auch das Wort Rö 13, 1 ff verstehen, das an die Christen Roms in den Tagen eines Nero geschrieben wurde: „Wer sich der Obrigkeit widersetzt, der widersetzt sich Gottes Ordnung", vor allem d e r Ordnung, die er seinem Sohn und dessen Nachfolgern für ihren Weg gegeben hat:

[69] Jakobus redet hier im Stil der Prophetie (vgl. atst Propheten und Offb, z. B. Kap. 13, 1 ff; 19, 11 ff; 20, 1 ff; 21 ff): Das Künftige stellt er, weil von ihm bereits geschaut, als bereits geschehen dar.

Die oben erwähnten Schriftstellen:

Jer 12, 3: Reiß sie weg wie Schafe zum Schlachten und sondere sie aus, daß sie getötet werden.

Mt 26, 53. 54: Oder meinst du, daß ich nicht könnte meinen Vater bitten, daß er mir zuschickte alsbald mehr als zwölf Legionen Engel? Wie würde dann aber die Schrift erfüllt, daß es muß also geschehen?

der des Leidens (vgl. Rö 13, 2; Mt 16, 24; Apg 14, 22). Darum ist der Gemeinde Jesu, insbesondere auch in der endgeschichtlichen Bedrängnis, die Gegenwehr untersagt: „So jemand mit dem Schwert tötet, der muß mit dem Schwert getötet werden. Hier ist Geduld und Glaube der Heiligen" (Offb 13, 10; 14, 12). Es ist sehr wichtig, auch in dieser Hinsicht auf dem Weg der Nachfolge Jesu zu bleiben: „Er widersetzte sich nicht" (vgl. Offb 14, 4).

II. Trostwort im Blick auf den Tag Jesu Christi

Jakobus 5, 7—12

7 So haltet nun geduldig aus, Brüder, bis zur Ankunft des Herrn.
Siehe, der Landmann wartet auf die köstliche Frucht der Erde und
harrt geduldig ihrethalben, bis sie Frühregen und Spätregen emp-
8 fängt. * So haltet auch ihr geduldig aus und stärket eure Herzen;
denn die Ankunft des Herrn ist genaht.
9 Seufzet nicht gegeneinander, Brüder, damit ihr nicht gerichtet wer-
10 det. Siehe, der Richter steht vor der Tür. * Zum Vorbild im Leiden
und in der Geduld nehmet, Brüder, die Propheten, die im Namen
11 des Herrn geredet haben. * Siehe, wir preisen die selig, die aus-
geharrt haben. Von dem geduldigen Ausharren Hiobs habt ihr
gehört. Und das Ende des Herrn habt ihr gesehen, daß der Herr
reich ist an innigem Erbarmen und voll Mitleid.
12 Vor allen Dingen aber, meine Brüder, schwöret nicht, weder beim
Himmel noch bei der Erde noch mit irgendeinem andern Eid, son-
dern ja sei ja und euer Nein sei ein Nein, damit ihr nicht unter ein
Gericht fallet.

Zu Vers 7:
Lk 21, 19
Tit 2, 13
Hbr 10, 36
Zu Vers 8:
Mt 13, 23. 30
Apg 1, 11
1 Pt 4, 7
Zu Vers 9:
Mt 7, 1. 2
Zu Vers 10:
1 Kö 19
Mt 5, 12
Hbr 10, 32. 36
Zu Vers 11:
Mt 5, 10
Hio 1, 21
42, 10—16
Hbr 4, 15
Zu Vers 12:
Mt 5, 34—37

Voraus geht die Erwähnung des großen, beherrschenden Horizonts der Weltgeschichte, der große Tag des Gerichts. Nun zeigt Jakobus, daß dieser Horizont nicht nur erschreckend, sondern auch tröstlich, hilfreich und gleichfalls wieder verpflichtend ist. Wir bekommen den Eindruck, daß Jakobus nicht nur in diesem Abschnitt, sondern in seinem ganzen Brief eine Anleitung geben will, „den Alltag im Licht des wiederkommenden Herrn zu leben" (K. Hartenstein).

Die oben erwähnten Schriftstellen:

Rö 13, 2: Wer sich nun der Obrigkeit widersetzt, der widerstrebt Gottes Ordnung; die aber widerstreben, werden über sich ein Urteil empfangen.

Mt 16, 24: Will mir jemand nachfolgen, der verleugne sich selbst und nehme sein Kreuz auf sich und folge mir.

Apg 14, 22: . . . daß wir durch viel Trübsal müssen in das Reich Gottes gehen.

Offb 14, 4: . . . und folgen dem Lamme nach, wo es hingeht.

1. Die große Zukunft hilft recht in der Gegenwart stehen (V. 1. 2).
Wie kann man denn Glauben halten, selbst dann, wenn einem das
7 V. 6 beschriebene schreiende Unrecht widerfährt? **„So haltet nun geduldig aus, Brüder, bis zur Ankunft des Herrn"**:

a) **„Brüder"**: Während V. 1–6 vor allem Menschen der umgebenden Welt gemeint sind, sind hier die gemeint, die den Ruf Jesu vernommen haben und durch Buße und Glauben und den Heiligen Geist Kinder Gottes geworden sind (Rö 8, 14. 15).

b) **„Ankunft"**, grie „parusía", **„des Herrn"**: Das Wort, häufig mit „Wiederkunft" übersetzt, heißt wörtlich „Gegenwart", „Ankunft" („parusia" bedeutet beides: Gegenwärtig sein und gegenwärtig werden). Das Wort sagt hier, daß der, der einst unscheinbar als Mensch gekommen ist und jetzt unsichtbar, auch in seinem Wort und Geist, gegenwärtig ist, plötzlich und beherrschend in enthüllter Gottheit kommt und in Erscheinung tritt (Jo 1, 14; Mt 18, 20; 28, 20; 25, 31. 32; Lk 17, 24; 1 Ko 1, 7; Phil 3, 20; Tit 2, 13)[70].

[70] Was in Jesu Erdentagen geschah und heute geschieht, ist in gewissem Sinn nur eine Vorbereitung seines letzten und eigentlichen Kommens: H e u t e bietet er uns seinen Frieden an, damit er uns einmal nicht zum Schrecken, sondern zum Segen kommt, nicht zur Furcht, sondern zur Freude. So spricht er als der erhöhte Herr: „Siehe, ich stehe vor der Tür und klopfe an. So jemand meine Stimme hören wird und die Tür auftun, zu dem werde ich eingehen" (Offb 3, 20). Und in seinen E r d e n t a g e n hat Jesus vor allem das eine getan: die Voraussetzung dieses Friedensangebotes geschaffen, unsere Schuld getragen. Sie würde uns von Gott ausschließen. „Die Strafe liegt auf ihm, auf daß wir Frieden hätten" (Jes 53, 5). „Siehe, das ist Gottes Lamm, welches der Welt Sünde abträgt" (Jo 1, 29).
Der oft gemachte Einwand, die Erscheinung Jesu in Herrlichkeit, das heißt in enthüllter Gottheit, sei unvorstellbar, beweist keineswegs, daß sie nie erfolgen wird. Einem Blindgeborenen ist die Sonne, die strahlend am wolkenlosen Mittagshimmel steht, auch unvorstellbar.

Die oben erwähnten Schriftstellen:

Rö 8, 14. 15: Denn welche der Geist Gottes treibt, die sind Gottes Kinder. . . . sondern ihr habt einen kindlichen Geist empfangen, durch welchen wir rufen: Abba, lieber Vater.

Jo 1, 14: Und das Wort ward Fleisch und wohnte unter uns, und wir sahen seine Herrlichkeit, eine Herrlichkeit als des eingeborenen Sohnes vom Vater, voller Gnade und Wahrheit.

Mt 18, 20: Denn wo zwei oder drei versammelt sind in meinem Namen, da bin ich mitten unter ihnen.

Mt 28, 20: Und siehe, ich bin bei euch alle Tage bis an der Welt Ende.

Mt 25, 31. 32: Wenn aber des Menschen Sohn kommen wird in seiner Herrlichkeit und alle Engel mit ihm, dann wird er sitzen auf dem Thron seiner Herrlichkeit, und werden vor ihm alle Völker versammelt werden.

Lk 17, 24: Denn wie der Blitz oben vom Himmel blitzt und leuchtet über alles, das unter dem Himmel ist, also wird des Menschen Sohn an seinem Tage sein.

1 Ko 1, 7: . . . und nur wartet auf die Offenbarung unseres Herrn Jesus Christus.

Tit 2, 13: . . . und warten auf die selige Hoffnung und Erscheinung der Herrlichkeit des großen Gottes und unseres Heilandes Christus Jesus.

Diese große Hoffnung und Gewißheit bildet sozusagen den beherrschenden Horizont unseres Christenlebens. Wir wissen, wohin Welt- und Heilsgeschichte laufen. Diese Hoffnung bestimmt unsere Gegenwart. Der Glanz der Vorfreude liegt auch über dem dunkelsten Tag. Zugleich ist es eine starke Verpflichtung für uns. „Das hoffende Warten auf die Zukunft wird zur strengen Zucht für die Gegenwart" (Heinrich Rendtorff). Die beherrschende Frage ist, ob wir für sein Kommen bereit sind (Mt 24, 44; Lk 12, 35). Auf jeden Fall ist zu sagen, „daß nur dort von einem christlichen Leben geredet werden kann, wo der Blick auf den kommenden Herrn alles beherrscht. Christliches Leben erschöpft sich keineswegs in moralischer Vorbildlichkeit" (Kurt Hennig)[71].

c) **„So haltet nun geduldig aus"**: Im grie NT steht hier ein aus „makrothymía" = „Langmut", „Ausdauer" gebildetes Zeitwort. Weil wir wissen: Gott hat über dieser Welt das erste Wort gesprochen und er hat und spricht auch das letzte, deshalb können wir den langen Atem haben. Weil uns bekannt ist, wie alles in unserem persönlichen

[71] Die biblische Hoffnung, daß Jesus Christus plötzlich und unvermittelt erscheint und seine gute Herrschaft in einer uns jetzt unvorstellbaren Weise aufrichtet, darf auf keinen Fall verwechselt werden mit einer Hoffnung auf eine „Entwicklung zum Guten". Auch nicht mit der Hoffnung, daß einsichtige Menschen, vor allem die Christen, alles noch während dieses Weltlaufs gut machen werden. Der große Gott spricht selbst am Ende aller Geschichte: „Siehe, ich mache alles neu" (Offb 21, 5). Gewiß ist es recht, daß Christen an der Verbesserung der Verhältnisse, auch der Strukturen der Gesellschaft mitarbeiten. Aber sie müssen sich bewußt bleiben, daß das alles nur in der Vorläufigkeit und Relativität dieses Äons (Weltzeit) geschehen kann. Der Anspruch, daß der Mensch das absolute Neue schaffe, das Vollkommene, ist menschliche Hybris und rechnet nicht mit Art und Grenze des Menschen. Solch einen Anspruch wird einmal der Antichrist erheben, und wir dürfen nicht seine Schrittmacher und Wegbereiter werden. Die Erfahrung lehrt, daß, wo man das Absolute zu schaffen versprach, immer etwas sehr Unmenschliches herauskam. Dort aber, wo man sich der Relativität der eigenen Möglichkeiten bewußt blieb, ist am ehesten noch etwas im guten Sinn Menschliches geworden. Die Bibel sagt uns nicht, daß die Weltgeschichte immer lichter, sondern daß sie immer dunkler wird. Es ist gut, sich darüber nicht hinwegzutäuschen. Sie sagt uns nicht, daß am Ende der Weltgeschichte die Christen die Spitzenreiter der Weltverbesserung seien, sondern in der Nachfolge ihres Herrn die Entehrten und Ausgestoßenen (Hbr 13, 13; Offb 13, 7. 15. 17).

Die oben erwähnten Schriftstellen:

Hbr 13, 13: So lasset uns nun zu ihm hinausgehen aus dem Lager und seine Schmach tragen.

Offb 13, 7. 15. 17: Und ihm ward gegeben, zu streiten wider die Heiligen und sie zu überwinden;
. . . und machte, daß alle, welche nicht des Tieres Bild anbeteten, getötet würden.
. . . daß niemand kaufen oder verkaufen kann, er habe denn das Malzeichen.

Mt 24, 44: Darum seid auch ihr bereit!

Lk 12, 35: Lasset eure Lenden umgürtet sein und eure Lichter brennen.

Leben und mit der ganzen Welt „ausgeht", deshalb können wir durchhalten.
Unsere Geduld lebt von der Geduld und Langmut, die Gott mit uns hat und haben muß. „Die Geduld unsres Herrn achtet für eure Seligkeit" (2 Pt 3, 15). Gott wartet, bis sein Haus voll ist (Lk 14, 22. 23), bis die von ihm vorgesehene „Vollzahl aus den Völkern" eingegangen ist (Rö 11, 25). Nicht Gott läßt uns warten, sondern wir lassen ihn warten. Nicht Gott ist saumselig, sondern wir sind saumselig (2 Pt 3, 9. 14. 15). Nötig ist, daß die Gerufenen dann auch noch bereitet werden, damit der Sohn uns sich und dem Vater vorstellen kann (Eph 5, 25—27; Phil 1, 6; 2 Ko 4, 14; Kol 1, 22. 28; 1 Th 5, 23). Im NT wird wiederholt der Weg der Gemeinde Jesu durch die Weltgeschichte verglichen mit dem Weg Israels von Ägypten ins verheißene Land (1 Ko 10, 1—13; Hbr 3, 7—19 u. a.) Israel hätte schneller am Ziel sein können, wenn es treuer gewesen wäre. Könnten auch wir das Ziel rascher erreichen, wenn wir treuer wären im Blick auf andere und uns selbst? „Wartet und eilet" in 2 Pt 3, 12 kann auch übersetzt werden „wartet und beschleuniget". Trotz aller Mahnung zur Geduld ist uns gleichwohl auch erlaubt und geboten, Jesus um sein baldiges Kommen zu bitten (Offb 22, 17; Rö 8, 18—27). Auch Lk 18, 7. 8 meint nach dem Zusammenhang das Eingreifen Gottes an seinem großen Tag zur Er-

Die oben erwähnten Schriftstellen:

Lk 14, 22. 23: Und der Knecht sprach: . . . es ist aber noch Raum da. Und der Herr sprach zu dem Knechte: Gehe aus auf die Landstraßen und an die Zäune und nötige sie hereinzukommen, auf daß mein Haus voll werde.

2 Pt 3, 9. 14. 15: Der Herr verzögert nicht die Verheißung . . ., sondern er hat Geduld mit euch.
. . . so tut Fleiß, daß ihr vor ihm unbefleckt und unsträflich im Frieden erfunden werdet; und die Geduld unseres Herrn achtet für eure Rettung.

Eph 5, 25—27: . . . gleichwie auch Christus geliebt hat die Gemeinde und hat sich selbst für sie gegeben,
auf daß er sie heiligte, und hat sie gereinigt durch das Wasserbad im Wort,
auf daß er sie sich selbst darstellte als eine Gemeinde, die herrlich sei.

Phil 1, 6: . . . der in euch angefangen hat das gute Werk, der wird's auch vollführen bis an den Tag Jesu Christi.

2 Ko 4, 14: . . . der wird uns auch auferwecken mit Jesus und wird uns vor sich stellen samt euch.

Kol 1, 22. 28: Er hat euch nun versöhnt mit dem Leibe seines Fleisches durch den Tod, auf daß er euch darstellte heilig und unsträflich und ohne Tadel vor seinem Angesicht.
. . . auf daß wir einen jeglichen Menschen darstellen vollkommen in Christus.

1 Th 5, 23: Er aber, der Gott des Friedens, heilige euch durch und durch, und euer Geist ganz samt Seele und Leib müsse bewahrt werden unversehrt, unsträflich auf die Ankunft unseres Herrn Jesus Christus.

Offb 22, 17: Und der Geist und die Braut sprechen: Komm! Und wer es hört, der spreche: Komm!

Lk 18, 7. 8: Sollte Gott nicht auch Recht schaffen seinen Auserwählten, die zu ihm Tag und Nacht rufen? . . . Ich sage euch, er wird ihnen ihr Recht schaffen in Kürze.

rettung der Seinen und zur Beseitigung des Feindes. (Vgl. auch Rö 16, 20; Offb 20, 1–3)[72].

d) Auch sonst sind Menschen gewohnt, auf etwas zu warten, was sie zwar nicht in der Hand haben, woran sie aber nicht zweifeln, letztlich weil sie der Treue Gottes trauen: **„Siehe, der Landmann wartet."** Auf ein Doppeltes wartet er:

aa) Auf das Ergebnis seiner Mühe: **„auf die köstliche Frucht der Erde".** Es ist ein großes Wunder, daß die Erde in alter Treue Jahr um Jahr gibt, was der Mensch braucht. Wenn sie auch nur e i n Jahr aussetzte, wäre das, selbst in unserem Industriezeitalter, die größte Katastrophe, größer als ein Atomkrieg. Doch die Erde gibt, obschon die Pflänzlein zunächst sehr klein und gefährdet sind, nach einem schier unmerklichen Wachstum in Treue ihre Gaben. Gott selber hält uns darin die Treue: „Solange die Erde steht, soll nicht aufhören Saat und Ernte" (1 Mo 8, 22; vgl. Mk 4, 26–29).

bb) Darauf, daß die Saat empfängt, was sie zum Wachsen und Reifen braucht: **„Frühregen und Spätregen"**, den Regen im Herbst zur Aussaat und zum Keimen, den Regen im Frühling zum Wachstum und zur Reifung. Der Bauer tut mit Fleiß und Sorgfalt, was er kann und muß; das andere überläßt er mit Gelassenheit einem andern.

[72] Der badische Erweckungsprediger Henhöfer hat mit einem schlichten, aber eindrucksvollen Bild gesagt, wie Gott auf uns wartet: Auf dem Marktplatz des Städtchens steht die Postkutsche. Die Leute haben Platz genommen. Es ist Zeit; die Uhr hat schon geschlagen. Aber der Kutscher geht noch um den Wagen, sieht die Bremsen nach, macht sich an den Pferdegeschirren zu schaffen, schaut die Straße hinunter. Es geht ziemlich lang. Und endlich kommt der, auf den er noch gewartet hat. Nun erst setzt er sich auf den Kutscherbock, nimmt Zügel und Peitsche zur Hand und löst die Bremse. So, sagt Henhöfer, wartet Gott auf uns, auf dich.
Gleichwohl mag uns die Verzögerung der Wiederkunft Jesu eine Anfechtung sein. In Ps 90, 4 steht: „Tausend Jahre sind vor dir wie der Tag, der gestern vergangen ist, und wie eine Nachtwache." Dieses Wort greift Petrus im Zusammenhang dieser Frage und Anfechtung auf (2 Pt 3, 8). Gottes Zeitmaß ist anders als das von uns kurzlebigen Menschen. Wenn Gott während vielleicht 2000 Jahren in Israel mit seinen Verheißungen sozusagen die Blicke sammelte auf die sich demnächst wieder öffnende Tür (vgl. 1 Mo 3, 23. 24), so ist es nicht lang, wenn nun Gott seit 2000 Jahren die Gnadentür für die Menschen offengehalten hat, ehe es dann heißt: „Und die Tür ward verschlossen" (Mt 25, 10).

Die oben erwähnten Schriftstellen:

Rö 16, 20: Der Gott des Friedens aber wird den Satan unter eure Füße treten in kurzem.

2 Pt 3, 8: Ein Tag vor dem Herrn ist wie tausend Jahre und tausend Jahre wie ein Tag.

1 Mo 3, 23. 24: Da wies ihn Gott der Herr aus dem Garten Eden. Und er trieb den Menschen hinaus und ließ lagern vor dem Garten Eden die Cherubim mit dem flammenden, blitzenden Schwert, zu bewachen den Weg zu dem Baum des Lebens.

8 e) **„So haltet auch ihr geduldig aus"**: Auch hier im Reich Gottes geht es um Ernte (Mt 13, 23. 30; Offb 14, 15. 16; Ps 126, 5. 6; Gal 6, 9). Und auch hier muß gesät und bearbeitet werden (Mt 13, 3. 24; 1 Ko 3, 9; Gal 6, 9). Doch der Herr selbst muß das Gedeihen schenken (1 Ko 3, 6). Mit dem Gleichnis vom Bauern wird hier ein Doppeltes gesagt:

aa) Keine Sorge, es wird einmal eine Ernte geben; die Disteln und Dornen, das Unkraut, das der Feind gesät hat, darf nicht alles überwuchern (Mt 13, 8. 23. 30).

bb) Die Saat bekommt von Gott, was sie nötig hat, „Frühregen und Spätregen", sein Wort und seinen Geist (und auch die Menschen, die den Dienst tun, heute und morgen — 1 Ko 3, 6). „Der in euch angefangen hat das gute Werk, der wird es auch vollführen bis auf den Tag Jesu Christi" (Phil 1, 6). So können auch wir gelassen sein; in Sorgfalt und in Treue wollen wir tun, was wir tun können und sollen. Das andere wollen wir unserem Herrn überlassen. Daß das einzigartige Saatkorn in die Erde gefallen ist, kann der Feind mit keiner List und Gewalt und mit all seinem Aufgebot nicht mehr ungeschehen machen (Jo 12, 24). Weil unser Herr gestorben und auferstanden ist, kann es in unserem Leben und auch durch uns im Leben anderer zu einer Ernte für Gott kommen; es ist nicht mehr vergeblich, was wir tun (1 Ko 15, 58).

f) Wie aber diese Geduld und Gelassenheit durchhalten? Jakobus fordert auf: **„Stärket eure Herzen."** Und Paulus schreibt: „Seid stark in dem Herrn" (Eph 6, 10). Die „Batterie" unserer eigenen Kraft wäre schnell erschöpft. Nur wenn wir an der „Stromquelle" seiner Kraft bleiben, können wir durchhalten. Auf diesen Kontakt ach-

Die oben erwähnten Schriftstellen:

Mt 13, 23. 30: Bei dem aber in das gute Land gesät ist, das ist, der das Wort hört und versteht es und dann auch Frucht bringt.
Lasset beides miteinander wachsen bis zur Ernte.

Offb 14, 15. 16: Schlag an mit deiner Sichel und ernte; denn die Zeit zu ernten ist gekommen, denn die Ernte der Erde ist reif geworden! Und der auf der Wolke saß, schlug an mit seiner Sichel an die Erde, und die Erde ward geerntet.

Ps 126, 5. 6: Die mit Tränen säen, werden mit Freuden ernten. Sie gehen hin und weinen und streuen ihren Samen und kommen mit Freuden und bringen ihre Garben.

Mt 13, 3. 24: Siehe, es ging ein Säemann aus zu säen. Das Himmelreich ist gleich einem Menschen, der guten Samen auf seinen Acker säte.

1 Ko 3, 9: Ihr seid Gottes Ackerfeld.

Gal 6, 9: Lasset uns aber Gutes tun und nicht müde werden; denn zu seiner Zeit werden wir auch ernten, wenn wir nicht ablassen.

1 Ko 3, 6: Ich habe gepflanzt, Apollos hat begossen; aber Gott hat das Gedeihen gegeben.

Jo 12, 24: Wenn das Weizenkorn nicht in die Erde fällt und erstirbt, so bleibt's allein; wenn es aber erstirbt, so bringt es viel Frucht.

1 Ko 15, 58: Eure Arbeit ist nicht vergeblich in dem Herrn.

ten, heißt „die Herzen stärken". Jesus drückt das aus mit dem Bild vom Weinstock und von den Reben: „Bleibet in mir und ich in euch, so bringet ihr viele Frucht; denn ohne mich könnt ihr nichts tun" (Jo 15, 4. 5). — Jakobus sagt: Die ganze Sache ist zu übersehen; es geht ja nicht endlos so weiter: **„Die Ankunft des Herrn ist genaht"**[73].

Nach den in der Schrift genannten Vorzeichen der Wiederkehr Jesu haben wir den Eindruck, es könnte nun auch nach menschlichem Zeitmaß heißen: „Die Ankunft des Herrn ist genaht"[74].

2. Wie für uns der große Heilstag noch zum Unheil werden könnte (V. 9).

Was nützte uns die Hoffnung auf den großen Tag, wenn wir schließlich bei seinem Eintritt nicht bereit erfunden würden? Jakobus sagt, wie das geschehen kann, gerade auch in der Zeit, in der die „Ungerechtigkeit überhand nimmt und die Liebe in vielen erkaltet" (Mt 24, 12):
„Seufzet nicht gegeneinander, Brüder": Dieses Seufzen kann sich ge- 9
gen die Umwelt, aber auch gegen die Mitchristen wenden („gegeneinander"). Verfolgungszeiten sind immer wieder auch Zeiten der

[73] Auch für den einzelnen Christen ist es „abzusehen". In gewissem Sinn gilt: „Auch der Tod ist eines jeden Menschen Jüngster Tag" (M. Luther). Ein Mensch wird dadurch, daß er sich bereitet und bereiten läßt auf die Stunde, da sein Herr kommt, auch für die Stunde bereit, da sein Herr ihn ruft.

[74] Der Weg der Gemeinde Jesu durch die Weltgeschichte gleicht einer langen Zugfahrt, bei der man zwar die Ankunftszeit des Zuges nicht weiß, aber die Vorortstationen des Zielbahnhofes kennt. Es ist uns verboten, Tag und Stunde der Ankunft unseres Herrn wissen zu wollen. Aber es ist uns geboten, auf die in der Schrift genannten Vorzeichen zu achten (Apg 1, 7; Lk 21, 28; 21, 31). Solche Vorzeichen könnten heute u. a. sein: ein Geist der menschlichen Autonomie, Eigenmächtigkeit, Hybris und Gesetzlosigkeit, nicht nur wie früher regional, sondern universal, erdumspannend, denkbar als Vorbereitung von 2 Th 2, 4; Offb 13, 1 ff — die Entwicklung in der Weltmission, auch was die Bibelübersetzung und die Rundfunkarbeit betrifft (vgl. Mt 24, 14) — und das Geschehen um Israel (Lk 21, 24; Da 12, 7b u. a. m.).

Die oben erwähnten Schriftstellen:

Apg 1, 7: Es gebührt euch nicht, zu wissen Zeit oder Stunde, welche der Vater in seiner Macht bestimmt hat.

Lk 21, 31: Wenn ihr dies alles seht angehen, so wisset, daß das Reich Gottes nahe ist.

Lk 21, 28: Wenn aber dieses anfängt zu geschehen, so sehet auf und erhebet eure Häupter darum, daß sich eure Erlösung naht.

2 Th 2, 4: . . . der Mensch der Sünde, der Sohn des Verderbens, der da ist der Widersacher und sich überhebt über alles, was Gott oder Gottesdienst heißt, so daß er sich setzt in den Tempel Gottes und vorgibt, er sei Gott.

Mt 24, 14: Und es wird gepredigt werden dies Evangelium vom Reich in der ganzen Welt zum Zeugnis für alle Völker, und dann wird das Ende kommen.

Lk 21, 24: . . . und Jerusalem wird zertreten werden von den Heiden, bis daß der Heiden Zeit erfüllt ist.

Da 12, 7b: . . . und wenn die Zerstreuung des heiligen Volks ein Ende hat, soll dies alles geschehen.

inneren Verwirrung in den Gemeinden gewesen. Das macht die Not doppelt groß. Freunde sagen sich von einem los und fallen einem in den Rücken. Die einen wollen keinen Zentimeter nachgeben; die andern möchten aus Gründen einer „Schlangenklugheit" (Mt 10, 16), wie sie sie verstehen, Kompromisse schließen. Der Feind hat schon immer die Kunst des „Teile-und-herrsche" hervorragend gehandhabt. Da kann einer, der in Treue an seinem Platz steht, wohl bitter werden und über seine Freunde stöhnen. Doch damit richtet er schon in Gedanken (vgl. das zu Jak 4, 11. 12 Gesagte). Und unser Herr spricht: „Richtet nicht, auf daß ihr nicht gerichtet werdet" (Mt 7, 1). Und auch Jakobus sagt uns, was bei diesen (an sich so verständlichen) Gedanken auf dem Spiel steht: **„Damit ihr nicht gerichtet werdet."** (Wieder sehen wir die Nähe des Jakobus zur Bergpredigt.) Angesichts des großen letzten Gerichtes müssen wir wählen, ob wir den „Rechtsweg" beschreiten wollen („mein Recht will ich haben!" – doch so können wie „ihm auf tausend nicht eins antworten", Hio 9, 3) oder aber den „Gnadenweg"; unser Herr hat ihn uns mit seinem Opfer eröffnet und lädt uns ein, daraufhin unser „Gnadengesuch" zu stellen. „Wer den Namen des Herrn anrufen wird, der soll gerettet werden" (Joe 3, 5). Wenn wir den andern richten, indem wir gegen ihn „seufzen" und mit ihm den „Rechtsweg" beschreiten wollen, dann verlassen wir auch für uns selbst den „Gnadenweg". So sagt Jesus: „Mit welcherlei Maß ihr messet, wird euch gemessen werden" (Mt 7, 2; vgl. Mt 18, 23–35). – **„Der Richter steht vor der Tür"**: Unser Herr kommt bald. Das macht die Sache noch aktueller.

3. Andere haben uns das Ausharren vorgelebt (V. 10. 11).

Wir sind nicht die ersten, die durch Derartiges hindurchgehen. An
andern, die vor uns den Weg machten, können wir sehen, was da
einem Menschen begegnet, wie er sich richtig verhält und zu welchem
10 Ziel ihn Gott bringt: **„Zum Vorbild im Leiden und in der Geduld
nehmet, Brüder, die Propheten, die im Namen des Herrn geredet haben":**
Wenn sie geschwiegen hätten, wäre ihnen nichts geschehen. Wenn sie das gesagt hätten, was die Leute gerne hören, dann hätte man ihnen Beifall geklatscht. Doch sie blieben bei ihrem Auftrag. So stand, wo sie waren, ihr Herr (vgl. 1 Kö 18, 36). Solche Menschen sind dem Feind ein Dorn im Auge. Und er findet auch immer andere Menschen, die sich gegen jene zu seinen Werkzeugen machen lassen. Diese set-

Die oben erwähnten Schriftstellen:

Mt 10, 16: Darum seid klug wie die Schlangen.

1 Kö 18, 36: Herr, Gott Abrahams, Isaaks und Israels, laß heute kundwerden, daß du Gott in Israel bist und ich dein Knecht und daß ich das alles nach deinem Wort getan habe!

zen dann den Boten Gottes hart zu. Darum bleibt das Leiden für sie nicht aus. Doch im Vertrauen auf ihren Herrn bewahren und bewähren sie Geduld, Ausdauer und klaren Kurs. Auch die, die vor uns Glaubende waren, sind nicht unangefochten durch diese Welt gegangen.
Erwarten wir's nicht anders! — **„Wir preisen die selig, die ausgeharrt** 11
haben": Doch es hilft nicht, sie nur selig zu preisen, wir müssen ihrem Vorbild folgen. Es genügt nicht, christliche Lebensbilder zu lesen; es ist nötig, daß auch wir uns an unserem Platz und zu unserer Zeit in Leiden und Geduld bewähren.

Hbr 11, 17—40 sind eine ganze Anzahl solcher Menschen, die vor uns den Weg gemacht haben und durchs Ziel gegangen sind, mit Namen genannt. Jakobus dagegen nennt nur einen: Hiob. **„Von dem geduldigen Ausharren Hiobs habt ihr gehört"**: Die „Hiobsbotschaften" folgten Schlag auf Schlag. Doch er sagte: „Der Herr hat's gegeben, der Herr hat's genommen; der Name des Herrn sei gelobt!" (Hio 1, 21), dennoch gelobt! Der ihm nächste Mensch, seine Frau, riet ihm, doch den Glauben aufzugeben: „Sag Gott ab und stirb!" (Hio 2, 9). Doch er blieb dabei: „Haben wir Gutes empfangen von Gott und sollten das Böse nicht auch annehmen?" (Hio 2, 10). Nun, wenn wir in dem Buch weiterlesen, merken wir: so über allen Zweifel erhaben war auch Hiob nicht. Manchmal ging es sehr hart am Hadern vorbei. Auch die geistlichen Väter in unserem Land haben nicht immer eine so glänzende Rolle gespielt, wie man nach manchen Lebensbildern meinen könnte. Und wir werden sie auch nicht spielen. „. . . auf daß sich vor ihm kein Fleisch rühme" (1 Ko 1, 29).

„Das Ende des Herrn habt ihr gesehen, daß der Herr reich ist an innigem Erbarmen und voll Mitleid": Das „Ende des Herrn" ist, sprachlich aktiv verstanden, eine besondere hebr Ausdrucksweise und bedeutet das (gute) Ende, zu dem Gott den anfechtungsreichen Weg Hiobs wandte, das Ziel, zu dem er ihn brachte (Hio 42, 10—16). Gott hat sich wunderbar zu Hiob bekannt. Als Grund für das alles nennt Jakobus nur dies eine, **„daß der Herr reich ist an innigem Erbarmen und voll Mitleid"** (vgl. das zu Jak 2, 13; 3, 17 über die Barmherzigkeit Gottes Gesagte).

Es ist die Frage, ob dieses Wort sich auch auf Jesus bezieht. Dann bedeutet es: Hiobs Geschick war eine der Vorausabbildungen des Weges Jesu. Noch ganz anders als Hiob hat er das geduldige Ausharren bewährt. Und erst recht ist es bei ihm zum guten Ende gekommen (Phil 2, 5—11). Wir haben **„gesehen"**, daß Gott sich an Ostern und Himmelfahrt wunderbar zu ihm bekannte. Und wir haben auch „gesehen", das heißt erfahren, daß „der Herr reich ist an innigem Erbarmen und voll Mitleid". Weil unser Herr durch das alles hindurchgegangen ist, versteht er uns ganz und hat umso mehr Mitleid mit unserer Schwachheit (Hbr 4, 15).

Das eine und das andere Verständnis dieser Stelle ist möglich. In jedem Fall wird uns gesagt: Es geht zwar durch erhebliche Leiden und Geduldsproben hindurch, aber wir haben einen barmherzigen Herrn, der uns nicht quälen, sondern zu einem herrlichen Ziel führen will (Jes 28, 29; 1 Ko 10, 13).

4. Kein Ausbruch aus der Haltung der Demut und Geduld (V. 12).

12 **„Vor allen Dingen aber, meine Brüder, schwöret nicht, weder beim Himmel noch bei der Erde noch mit irgendeinem andern Eid, sondern ja sei ja und euer Nein sei ein Nein, damit ihr nicht unter ein Gericht fallet"**: (Vgl. auch Mt 5, 34—37). Das Wort „schwören" hat verschiedene Bedeutungen:

a) Der Eid soll eine Erklärung über ein Wissen im Blick auf ein vergangenes Geschehen erhärten. In diesem Sinn verlangen die Gerichte zuweilen von Zeugen den Eid.

b) Der Eid soll die Erklärung über ein Wollen im Blick auf ein künftiges eigenes Verhalten erhärten. Diesen Charakter hat der Dienst- oder der Fahneneid.

c) Es gibt auch in alltäglichen Gesprächen Beteuerungen, etwa im Blick auf ein Wissen oder Nichtwissen, in Form von eidesähnlichen Versicherungen; im Vorderen Orient waren sie wohl besonders häufig (vgl. Mt 5, 34—37).

Es hieße das eben erwähnte Wort Jesu aus der Bergpredigt und auch das des Jakobus hier abschwächen, wollte man sie nur auf den Fall c) beschränken. Es gehört zum Wesen der Jünger Jesu, die nicht dem „Vater der Lüge" (Jo 8, 44), sondern dem Herrn der Wahrheit folgen wollen (Jo 14, 6; 18, 37), daß sie um Gottes und der Menschen willen in Einfalt und Lauterkeit die Wahrheit sagen, und daß sie auch nicht zur Erhärtung ihrer Aussage noch den für sie unverfügbaren Namen des heiligen, großen Gottes heranziehen wollen, sondern in

Die oben erwähnten Schriftstellen:

Hbr 4, 15: Wir haben nicht einen Hohenpriester, der nicht könnte mit leiden mit unserer Schwachheit.

Jes 28, 29: Sein Rat ist wunderbar, und er führt es herrlich hinaus.

1 Ko 10, 13: Aber Gott ist getreu, der euch nicht läßt versuchen über euer Vermögen, sondern macht, daß die Versuchung so ein Ende gewinne, daß ihr's könnet ertragen.

Jo 8, 44: Wenn er (der Teufel) die Lüge redet, so redet er von seinem Eignen; denn er ist ein Lügner und der Vater der Lüge.

Jo 14, 6: Jesus spricht zu Thomas: Ich bin der Weg und die Wahrheit und das Leben; niemand kommt zum Vater denn durch mich.

Jo 18, 37: Da sprach Pilatus zu ihm: So bist du dennoch ein König? Jesus antwortete: Du sagst es, ich bin ein König. Ich bin dazu geboren und in die Welt gekommen, daß ich für die Wahrheit zeugen soll. Wer aus der Wahrheit ist, der höret meine Stimme.

Geduld dessen warten, daß er sich zu ihnen und ihrem Wort bekennt. Ein Christ steht deshalb u. U. mit seinem schwachen Wort in ganzer Schutzlosigkeit einer verlogenen und mißtrauischen Umwelt gegenüber. Ja, gelegentlich müssen Christen als „unmögliche Leute" erscheinen, damit an den Tag kommt, wie „unmöglich" die Welt ist.

Nach dem Zusammenhang von Jak 5, 6 ff ist auch noch an folgenden besonderen Fall zu denken: Ein Christ wurde etwa verleumdet, entehrt und entrechtet, ja mit dem Tode bedroht. Lang handelte er nach dem Vorbild seines Herrn und dem Wort: „Er hat sich nicht widersetzt" (Jak 5, 6). Doch nun brach es plötzlich aus ihm heraus: „So wahr ein Gott im Himmel ist, mir wird Unrecht getan! Ich lasse mir das nicht länger gefallen!" So verständlich eine solche Reaktion ist, so war sie doch ein Ausbrechen aus der Haltung des Glaubens und der Geduld, aus der in der Schrift vorgezeichneten Bahn: Schaffet euch nicht selber Recht; Gott wird Recht schaffen (vgl. Rö 12, 19). Jesus hat nicht so gehandelt. Man setzt sich mit Derartigem von ihm ab und verliert schließlich alles. Deshalb: **„Vor allen Dingen, meine Brüder ..."** Es kann einer vieles tun und erleiden, aber die empörende Ungerechtigkeit verträgt er schlecht. Doch es wäre schade, wenn uns darüber gar noch der Siegespreis an jenem Tag entginge. Wir wollen darum schlicht unsere Sache sagen im Sinne des „Ja – Ja"", „Nein – Nein" (Mt 5, 37). Und wenn man es uns so nicht glaubt, dann wollen wir das als Leiden Christi tragen.

d) Das grie Wort, das hier steht, heißt zugleich auch „**be**schwören". Im Griechentum wollte man mit Beschwörungsformeln die Schicksalsmächte zwingen, tätig zu werden, etwa zur Hilfe für einen selbst oder zur Strafe gegen einen andern. Die Christen in der Verfolgungszeit mögen in Gefahr gewesen sein, ähnlich mit dem lebendigen Gott zu reden. („Schwören" hat das Reden mit Menschen, „beschwören" hat das Reden mit Gott im Auge.) Unter großem Druck kann Derartiges auch aus uns herausbrechen: „So wahr du lebst, du mußt mir jetzt helfen!" Oder gar: „So wahr du Gott bist, laß ihm das nicht länger zu! Tritt ihm in den Weg!" So will der Mensch über Gott verfügen und ihn zu einer sofortigen Hilfe für sich selbst oder zu einer Strafe gegen andere zwingen. Damit würden wir uns zum Ankläger und Richter über diese anderen erheben. Aus Mt 7, 1 wissen wir (vgl. auch das zu Jak 4, 11. 12; 5, 9 Gesagte), daß wir damit das Gericht Gottes auf uns selbst zögen. So sagt auch hier Jakobus: **„Damit ihr nicht unter ein Gericht fallet."** Auch in der bitter machenden endgeschichtlichen Zeit wollen wir ganz in Jesus und in den Bahnen seines Wesens und Weges bleiben, sowohl was unser Verhältnis zu Gott, als auch was das zu unseren Mitmenschen betrifft. Unser Herr hat in den Stunden härtesten Kampfes gesagt: „Nicht wie ich will, sondern wie du willst!" (Mt 26, 39). Und: „Vater, vergib ihnen; denn sie wissen nicht, was sie tun" (Lk 23, 34).

10. Spruchreihe: MITEINANDER AUF DEM WEG ZUM ZIEL

Jakobus 5, 13—20

Zu Vers 13:
Ps 50, 15
Eph 5, 19
Kol 3, 16
Zu Vers 14, 15:
Mt 18, 19
Mk 16, 13. 18
1 Ko 12, 9. 28. 30
Zu Vers 16:
Ps 145, 18. 19
Ps 32
Apg 12, 5
1 Jo 1, 9
Zu Vers 17, 18:
1 Kö 17, 18
Lk 4, 25
Apg 14, 15
Zu Vers 19:
Mt 18, 15—18
Jo 6, 66
Gal 6, 1
Zu Vers 20:
Ps 51, 15
Spr 10, 12
1 Pt 4, 8

13 Leidet jemand unter euch, der bete! Ist jemand guten Muts, der
14 singe Psalmen. * Ist jemand unter euch krank, so rufe er die Älte-
sten der Gemeinde zu sich, die sollen über ihm beten und ihn im
15 Namen des Herrn mit Öl salben. * Und das Gebet des Glaubens
wird den Kranken retten, und der Herr wird ihn aufrichten; und
16 wenn er Sünden getan hat, werden sie ihm vergeben. * So be-
kennet nun einander die Sünden und betet füreinander, damit ihr
gesund werdet! Viel vermag das Gebet eines Gerechten, wenn es
17 wirksam gemacht wird. * Elia war ein Mensch von gleicher Art
wie wir; und er betete inständig, daß es nicht regnen sollte, und
18 es regnete nicht auf Erden drei Jahre und sechs Monate. * Und er
betete noch einmal, da gab der Himmel Regen und die Erde ließ
19 ihre Frucht hervorwachsen. * Meine Brüder, wenn jemand unter
euch von der Wahrheit abgeirrt ist und es bekehrt ihn jemand,
20 * der soll wissen: Wer einen Sünder von seinem Irrweg bekehrt,
der wird seine Seele vom Tod erretten und eine Menge von
Sünden zudecken.

Wie Israel dem verheißenen Land entgegenzog, so gehen Christen dem großen Ziel entgegen, dem Tag und Reich ihres Herrn (1 Ko 10, 1—13; Hbr 3; 4; 12, 15). Das spornt die Kräfte an und lehrt auf die Verbindung mit dem Herrn in unserer Mitte und aufeinander achten. Er ist auf dem Weg bei uns, und wir dürfen am Ziel bei ihm sein.

I. „Mach aus allem ein Gebet!"

Jakobus 5, 13

Alles soll und muß der Vertiefung unserer Gemeinschaft mit dem Herrn dienen. So schreibt Paulus: „Wir wissen, daß denen, die Gott lieben, alle Dinge zum Besten dienen" (Rö 8, 28).

Die oben erwähnten Schriftstellen:

Hbr 12, 15: Sehet darauf, daß nicht jemand Gottes Gnade versäume; daß nicht etwa eine bittere Wurzel aufwachse und Unfrieden anrichte und die Gemeinde dadurch befleckt werde.

1. **„Leidet jemand unter euch, der bete!"**: Wenn der natürliche Mensch leidet, dann macht er Gott und Welt Vorwürfe, hadert und sagt: „Jetzt glaube ich auch schon gleich gar nichts mehr." Bei allem Verständnis für die innere Bedrängnis schwer leidender Menschen, muß doch gesagt werden: Wer so redet, wird wohl überhaupt noch nie echt geglaubt haben. Das Leiden stößt uns in der Richtung weiter, in der wir ohnehin schon stehen: Wenn wir von Gott abgewandt leben, dann stößt es uns noch mehr von Gott weg. Wenn wir auf Gott zugewandt sind, dann stößt uns das Leiden auf Gott zu. Wie sehr haben sich doch Menschen der Bibel durch die Not ins Gebet treiben lassen: Jakob am Jabbok (1 Mo 32, 23—32), Mose in seinem Schmerz wegen der Sünde seines Volkes (2 Mo 32—34), David und andere um der eigenen Schuld willen (Ps 51; 130), Daniel durch Schuld und Bedrängnis seines Volkes (Da 9, 1—19). Bei unserem Herrn Jesus Christus hat das Leiden seine Gemeinschaft mit dem Vater und seinen Gehorsam nur noch wunderbarer hervortreten lassen: „Er lernte Gehorsam an dem, das er litt" (Hbr 5, 8)[75]. 13

Wenn das Leiden auch uns ins Gebet und in eine vertiefte Gemeinschaft mit unserem Gott führt, dann tut es uns einen guten Dienst. Gott hat dadurch erreicht, was er erreichen wollte. Das Leiden tut uns einen Dienst zum Gebet hin. Und das Gebet tut uns einen Dienst im Leiden: Dieses muß uns nicht verzweifelt und stumpf machen; ein Ausweg bleibt uns ja immer offen, der zu dem großen, barmherzigen Gott.

2. **„Ist jemand guten Muts, der singe Psalmen"**: Gott sei Dank, daß es auch die Zeiten in unserem Leben gibt, in denen es nicht schwer ist, „guten Muts" zu sein. Doch was wirken sie in unserem Leben? So wie das Leiden uns vorwärts stößt, so lockt uns das Glück vorwärts in der Richtung, in der wir ohnehin schon stehen. Wenn ein Mensch von Gott abgekehrt lebt, dann werden Zeiten des Glücks leicht zu Zeiten der Oberflächlichkeit, der Gleichgültigkeit und der Selbstverherrlichung: „Ihr seht, man muß sich nur zu helfen wissen und das Leben von der guten Seite nehmen!" Dann werden Stunden des „guten Muts" nicht selten auch zu Stunden des Leichtsinns, des Übermuts, des Stolzes und der offenkundigen Sünde. Wer dagegen auf Gott zugewandt lebt, bei dem setzt sich auch der gute Mut um in Gebet,

[75] Ein auffallendes Wort! Wir sehen Jesus, nachdem er sein Werk begonnen hat, in keinerlei Entwicklung. Glaube, Liebe und Gehorsam sind vollkommen. Aber in seinem Leiden treten sein Glaube, seine Liebe und sein Gehorsam erst recht in Erscheinung. Sein Gehorsam entfaltet sich nun erst recht vor den Zeugen der sichtbaren und der unsichtbaren Welt.

Dank und Lobpreis. — **„Der singe"**: Wohl heißt es: „Singet dem Herrn in eurem Herzen" (Kol 3, 16). Das aber schließt nicht aus, daß auch mit den Lippen gesungen wird. Die ungläubige Welt singt heute kaum mehr. Sie hört sich nur noch die gute oder schlechte Musik an, die andere machen. Da ist es gut, wenn man Christen daran erkennt, daß sie singen. Zeiten neuen Lebens in der Christenheit waren immer auch Zeiten neuen Singens. (Schön ist's erst recht, wenn Gott gedankt wird „mit Herzen, Mund und **Händen**".) Solches Singen ist immer zugleich ein Bekenntnis vor der Umwelt und eine Einladung zu dem guten Gott an sie: Ich will den Herrn loben, „daß es die Elenden hören und sich freuen" (Ps 34, 3). Eine alte Mutter, die durch viel Leiden hindurchgegangen war, sagte anderen, jüngeren Kreuzträgerinnen: „Wenn ich e i n e s in meinem Leben bereue, dann dies, daß ich mich je gesorgt habe." Das war auch solch ein einladendes Lob Gottes. — **„Psalmen"**: das sind Worte, die dem Beter bereits vorlagen, Lieder, die ihm von früheren Generationen des Volkes Gottes überkommen waren, oder auch Lieder, die die junge Christenheit in den Tagen des Jakobus hervorbrachte (vgl. Phil 2, 5—11). Auch wir dürfen uns mit **eigenen** Worten, wie's uns ums Herz ist, an Gott wenden. Aber wir können ebenso die Worte anderer benützen, die Psalmen der Bibel und die Lieder der Kirche Jesu Christi. Auch ein altes Lied wird zum „neuen Lied", wenn wir Gott damit echt lieben und loben.

II. Die Aufgabe an kranken Mitchristen

Jakobus 5, 14—18

1. Christ und Krankheit (V. 14).

14 **„Ist jemand unter euch krank"**: Daß es auch in einem Christenleben Krankheit gibt, ist manchem eine Anfechtung.

a) Die Bibel sieht die Krankheit im Zusammenhang mit der menschlichen Sünde. „Der Sünde Sold ist Tod" (Rö 6, 23), und die Krankheit als Vorbote des Todes ist gleichfalls eine Folge der Sünde. Jesus hat allerdings die Folgerung ausgeschlossen, daß der, der ein besonderes Krankheitsleiden zu tragen hat, auch in besonderer Weise gesündigt haben müsse (Jo 9, 2 ff). Gleichwohl kann einer bei sich selbst seine Krankheitsnot als Folge seiner Sünde erkennen und sich — Gottes Richten recht gebend — darunter beugen.

b) Nun aber sind uns doch infolge von Jesu Sühneleiden unsere Sünden vergeben. Müßten denn dann nicht auch alle Folgen der Sünde weggenommen sein? Hat denn Jesus nicht auch alle unsere Krankheit

getragen (Jes 53, 4)? „Gott tut alles fein zu seiner Zeit" (Pred 3, 11). In der Vollendung werden Krankheit und Tod nicht mehr sein, nicht mehr „Leid" (über den Verlust lieber Menschen), „Geschrei" (der Klage und Anklage, des Unfriedens und der Kriege), „Schmerz" (der Krankheit und der Wunden). „Und der Tod wird nicht mehr sein" (Offb 21, 4). Mit dem ersten Kommen Jesu tut Gott den ersten Schritt und heilt, wo immer es angenommen wird, die verborgene **Ursache** des Übels: Er vergibt Sünde und schenkt seinen Frieden. Mit dem zweiten Kommen tut Gott den zweiten Schritt und hebt auch alle sichtbare **Wirkung** der Sünde auf: zwischenmenschlichen Unfrieden, Krankheit und Tod (Offb 21, 4). Wir müssen ja, wenn Jesus nicht zuvor kommt, auch noch sterben. Wir leben in einer Zeit des „Nicht-Sehens und Doch-Glaubens" (Jo 20, 29; 1 Pt 1, 8; 2 Ko 5, 7; 1 Ko 13, 12; Rö 8, 24; 1 Jo 3, 2). Glauben ohne zu schauen ist das Hauptprüfungsfach unseres ganzen Christenlebens in dieser Welt.
c) Das schließt nicht aus, daß Gott auch jetzt schon Kostproben des Kommenden schenkt, ein Angeld (vgl V. 15): Die Wunder Jesu einst und heute sind „Zeichen" (Jo 2, 11; 3, 2; 11, 47), die anzeigen, was er einmal im großen und allgemeinen tun wird. Die Nacht des „Nicht-Sehens und Doch-Glaubens" ist nicht so dunkel, daß da nicht auch die Sterne leuchteten. Und Gott würde uns gewiß noch mehr zu geben bereit sein, wenn wir ihm mehr zutrauten.

d) So gilt die Regel: Das Heil schenkt Gott in jedem Fall jedem, der ihn darum bittet (Joe 3, 5; Rö 10, 13), die äußere Heilung dagegen während dieser Weltzeit wo und wann es ihm gefällt. – So ist bi-

Die oben erwähnten Schriftstellen:

Jes 53, 4: Fürwahr, er trug unsre Krankheit und lud auf sich unsre Schmerzen.
Joh 20, 29: Selig sind, die nicht sehen und doch glauben!
1 Pt 1, 8: Ihn habt ihr nicht gesehen und habt ihn doch lieb, und nun glaubt ihr an ihn, wiewohl ihr ihn nicht sehet.
2 Ko 5, 7: Wir wandeln im Glauben und nicht im Schauen.
1 Ko 13, 12: Wir sehen jetzt durch einen Spiegel in einem dunklen Wort, dann aber von Angesicht zu Angesicht.
Rö 8, 24: Die Hoffnung aber, die man sieht, ist nicht Hoffnung; denn wie kann man des hoffen, das man sieht?
1 Jo 3, 2: Wir sind nun Gottes Kinder; und es ist noch nicht erschienen, was wir sein werden. Wir wissen aber, wenn es erscheinen wird, daß wir ihm gleich sein werden; denn wir werden ihn sehen, wie er ist.
Jo 2, 11: Das ist das erste Zeichen, das Jesus tat.
Jo 3, 2: Denn niemand kann die Zeichen tun, die du tust, es sei denn Gott mit ihm.
Jo 11, 47: Dieser Mensch tut viele Zeichen.
Joe 3, 5: Wer des Herrn Namen anrufen wird, der soll errettet werden.
Rö 10, 13: Denn „wer den Namen des Herrn wird anrufen, soll gerettet werden".

blisch beides unrichtig: aa) der in manchen „Pfingstkreisen" umlaufende Satz: „Wer glaubt, ist nicht krank, und wer krank ist, glaubt nicht recht." bb) die schon seit der Aufklärung vorhandene Meinung: „Was soll denn überhaupt das Gebet gegen Krankheit und andere Not? Gottes Wille ist doch vollkommen." Oder: „Natürlich ändert das Gebet nichts; es macht nur für Gottes Willen williger." Das einzige Gebet, daß es geben dürfe, müsse deshalb heißen: „Dein Wille geschehe!" Das klingt sehr logisch und fromm, aber es entspricht nicht der Lebensgemeinschaft, die nach der Schrift der Vater im Himmel seinen Kindern in dieser Welt gewährt. Wir dürfen ihm sagen, was uns bewegt, und ihn bitten und wollen es dann seiner Vaterweisheit überlassen, was er aus diesen Gebeten macht. Jesus sagt: „Bittet, so w i r d euch gegeben" (Mt 7, 7). Jedes rechte Gebet wird erhört, nur oft anders und zu einer andern Zeit, als wir meinen, aber besser und zur richtigeren Zeit.

2. Der Kranke und die Gemeinde (V. 14)

Krankheit vereinsamt. Das ist für einen Christen, der in der Gemeinde zu Hause ist, besonders schmerzlich. Jakobus schreibt, daß das kranke Gemeindeglied selbst die Initiative ergreifen soll: **„So rufe er die Ältesten der Gemeinde zu sich"**: Es heißt nicht: „Der schmolle in seinem Winkel und denke: Jetzt will ich bloß sehen, wie lang das dauert, bis jemand auf den Gedanken kommt, nach mir zu sehen." Jakobus will, daß der Kranke mit der gleichen Selbstverständlichkeit, mit der einer den Arzt rufen läßt, auch den Besuch der Gemeinde erbittet. Was nach V. 14 die Besucher tun sollen, kann nur mit Einwilligung des Kranken geschehen. Wenn der Kranke die Ältesten selbst rief, dann ist auch in dieser Hinsicht von vornherein alles klar. — Das NT kennt auch die besondere Gnadengabe (grie „chárisma") der Krankenheilung (1 Ko 12, 9. 28. 30). Es waren in den Gemeinden Christen vorhanden, bei denen der Empfang des Geistes Gottes diese Gabe mit sich brachte, so wie andere andere Gaben empfingen. Hier ist von dieser besonderen Gnadengabe nicht die Rede. Möglicherweise waren diese „Ältesten", grie „presbýteroi" (wörtlich: „Ältere"), in jener Frühzeit der Christenheit und in den Gemeinden, denen hier Jakobus schrieb, noch gar nicht Träger eines geordneten Amtes, sondern es waren einfach ältere, gereiftere Christen gemeint.

Die oben erwähnten Schriftstellen:

1 Ko 12, 9. 28. 30: Einem andern, die Gabe, gesund zu machen in dem einen Geist.
. . . danach Gaben, gesund zu machen.
. . . Haben sie alle Gaben, gesund zu machen?

Wir können im Vertrauen auf dieses Bibelwort in Krankheitsnot solche Christen auch heute zu diesem Dienst zu uns rufen[76].

3. Die Gemeinde und ihre Kranken (V. 14).

„Die sollen über ihm beten und ihn im Namen des Herrn mit Öl salben":

a) Wenn einer nicht zur Gemeinde kommen kann, dann muß die Gemeinde zu ihm kommen: „So ein Glied leidet, so leiden alle Glieder mit" (1 Ko 12, 26). In den Ältesten besucht die Gemeinde den Kranken. Jesus selbst hat dem Krankenbesuch eine besondere Bedeutung und dem gemeinsamen Gebet eine besondere Verheißung gegeben (Mt 25, 36; 18, 19).

b) Die Gemeindeältesten **beten**, gewiß nicht nur um Gesundheit, aber auch um sie. — Sie **„salben mit Öl"**. Das war auch ein Hausmittel gegen Krankheit und Verwundung (Lk 10, 34). Doch sie salben ihn **„im Namen des Herrn"**. In diesem Sinn ist das Öl in der Schrift immer wieder ein Zeichen für den Heiligen Geist. So wurden im AT Könige und

[76] Viel bewegt wird die Frage, ob wir dann als Christen auch noch den Arzt bitten sollen. In Israel kannte man beides: das Lob des Arztes (Sir 38, 1. 3) und den Tadel, daß einer sich statt an Gott an die Ärzte wandte (2 Chro 16, 12). Es ist auf jeden Fall gut, das Wort unseres Gottes festzuhalten: „Ich bin der Herr, dein Arzt" (2 Mo 15, 26). Dann können wir, wie wir als Christen auch sonst Fachleute verschiedener Bereiche zu Rate ziehen, ebenso den Dienst des Arztes in Anspruch nehmen und Gott dabei bitten, daß er ihn und seine Mittel benütze und segne. Von sich aus kann ja auch der Arzt nichts. Auf keinen Fall dürfen wir den Arzt und die Arznei zum Götzen machen. Auch viele Christen tragen heute ihr Arzneimittelröhrchen fast wie einen Talisman mit sich herum und sind unsicher und ängstlich, wenn sie es einmal vergessen haben oder die Arznei ausgegangen ist. Unser Herr kann durch das Medikament oder ohne ein solches helfen (vgl. 1 Sam 14, 6).

Die oben erwähnten Schriftstellen:

Sir 38, 1. 3: Ehre den Arzt mit gebührender Verehrung, daß du ihn habest zur Not. . . . Die Kunst des Arztes erhöht ihn und macht ihn groß bei Fürsten und Herren.

2 Chro 16, 12: Und er (Asa) suchte auch in seiner Krankheit nicht den Herrn, sondern die Ärzte.

1 Sam 14, 6: Denn es ist dem Herrn nicht schwer, durch viel oder wenig zu helfen.

Mt 25, 36: Ich bin krank gewesen, und ihr habt mich besucht.

Mt 18, 19: Wenn zwei unter euch eins werden auf Erden, worum sie bitten wollen, das soll ihnen widerfahren von meinem Vater im Himmel.

Lk 10, 34: Er ging zu ihm, goß Öl und Wein auf seine Wunden und verband sie ihm.

Priester gesalbt (2 Mo 29, 7; 4 Mo 35, 25; 1 Sam 9, 16; 10, 1; 16, 12). Und Johannes schreibt: „Ihr habt die Salbung empfangen" (1 Jo 2, 27). Der Heilige Geist gibt Kraft (Rö 15, 13; 1 Ko 2, 4; 2 Tim 1, 7) vom Innersten her bis ins Leibliche[77].

Genügt es nicht, Kranken segnend die Hand aufzulegen? Muß auch noch eine Ölsalbung erfolgen? In der Schrift sonst sehen wir immer wieder, wie ohne eine Salbung mit Öl segnend und heilend die Hand aufgelegt wird (Apg 5, 12; 14, 3; 19, 11). Gewiß können wir uns dieser Regel anschließen. Wo aber jemand um des schlichten Gehorsams willen gegenüber diesem Bibelwort doch gern nach der Ölsalbung greift oder sie für sich erbittet, der hat auf jeden Fall einen guten Grund aus der Schrift für sich.

4. Die dreifache Verheißung, die diesem Gebet gegeben wird (V. 15).

15 **„Das Gebet des Glaubens"** ist das Gebet, das aus dem Glauben kommt. Es ist das Gebet eines Glaubenden, das heißt eines Menschen, der „in Christus", in der Lebensgemeinschaft mit ihm ist und der dem Herrn sein ganzes Vertrauen entgegenbringt. Einem solchen Gebet sind die Verheißungen gegeben:

a) **„Das Gebet wird den Kranken retten"**: So Gott will, auch von dem leiblichen Tod – auch darum darf gebeten werden –, in jedem Fall

[77] Eine „Letzte Ölung" als Sakrament findet in dieser Schriftstelle keine biblische Begründung. Jak 5, 14 hat ja gerade die Hoffnung auf Wiedergenesung im Auge. Doch es ist recht, auch noch für einen Sterbenden und mit einem Sterbenden um Gottes Geist zu bitten. Nicht zuletzt gründet sich ja darauf unsere Auferstehungshoffnung. „Der Christus von den Toten auferweckt hat, wird auch unsere sterblichen Leiber auferwecken um deswillen, daß sein Geist in uns wohnt" (Rö 8, 11).

Die oben erwähnten Schriftstellen:

2 Mo 29, 7: Und du sollst das Salböl nehmen und auf sein Haupt gießen und ihn salben.

4 Mo 35, 25: Und er soll dort bleiben, bis der Hohepriester stirbt, den man mit dem heiligen Öl gesalbt hat.

1 Sam 9, 16: . . . den sollst du zum Fürsten salben über mein Volk Israel.

1 Sam 10, 1: Da nahm Samuel den Krug mit Öl und goß es auf sein Haupt und küßte ihn und sprach: Siehe, der Herr hat dich zum Fürsten über sein Erbteil gesalbt.

1 Sam 16, 12: Und der Herr sprach: Auf, salbe ihn, denn der ist's.

Rö 15, 13: . . . daß ihr völlige Hoffnung habet durch die Kraft des Heiligen Geistes.

1 Ko 2, 4: Und mein Wort und meine Predigt geschah nicht mit überredenden Worten menschlicher Weisheit, sondern in Erweisung des Geistes und der Kraft.

2 Tim 1, 7: Gott hat uns nicht gegeben den Geist der Furcht, sondern der Kraft und der Liebe und der Zucht.

Apg 5, 12: Es geschahen aber viel Zeichen und Wunder im Volk durch der Apostel Hände.

Apg 14, 3: . . . und ließ Zeichen und Wunder geschehen durch ihre Hände.

Apg 19, 11: Und Gott wirkte nicht geringe Taten durch die Hand des Paulus.

aber von dem „zweiten Tod" (Offb 2, 11; 20, 6. 14; 21, 8), dem ewigen, bewußten Weggestorbensein von Gott. Das meint das NT durchgehend mit „Rettung". Solchem gemeinsamen Gebet, zusammen mit dem, der krank liegt — einschließlich Sündenbekenntnis (16), — wird es geschenkt, daß der Kranke vollends ganz durchdringt.

b) **„Der Herr wird ihn aufrichten"** (nicht die Beter tun das), sei's, daß er ihm im Leiblichen Linderung und Heilung zuteil werden läßt. Gott ist hier mehr zu tun bereit, als wir im allgemeinen denken. Sei's, daß er ihm innerlich die Kraft schenkt, sein Leiden in Geduld zu Gottes Lob zu tragen (vgl. Hio 1, 21; Jo 21, 19).

c) **„Wenn er Sünden getan hat, werden sie ihm vergeben"**: Der Dienst der Ältesten ist nicht nur der Dienst des Arztes. Wer nur möchte, daß er möglichst schnell seine Krankheit „los wird", der hat Jak 5, 14 nicht verstanden. Wer aber seine gesamte Not zusammen mit den Brüdern vor Jesus bringt, dessen Leben wird auch im gesamten in Ordnung gebracht. Es handelt sich hier nicht nur um Leibsorge, sondern zugleich und vor allem um Seelsorge.

5. Die Voraussetzung für Vergebung und Heilung (V. 16).

a) **„So bekennet nun einander die Sünden"**: Es geht hier vor allem 16
um den Kranken. Erwarten wir in Krankheitstagen nicht nur einen „netten Besuch", sondern benützen wir dieses An-die-Grenze-geführtsein zu einer solchen letzten Offenlegung unsres Lebens vor Gott, bei der die Brüder Zeugen und Mitbeter sind! Lieber jetzt ein wenig beschämt werden, als einmal an dem großen Tag damit „offenbar werden müssen vor dem Richtstuhl Christi" (2 Ko 5, 10). Wo er unsere Sünden vergibt, da wird ihrer ewig nicht mehr gedacht werden (vgl.

Die oben erwähnten Schriftstellen:

Offb 2, 11: Wer überwindet, dem soll kein Leid geschehen von dem zweiten Tode.

Offb 20, 6. 14: Über solche hat der zweite Tod keine Macht . . . Und der Tod und sein Reich wurden geworfen in den feurigen Pfuhl, das ist der zweite Tod: der feurige Pfuhl.

Offb 21, 8: . . . deren Teil wird sein in dem Pfuhl, der mit Feuer und Schwefel brennt; das ist der zweite Tod.

Hio 1, 21: Der Herr hat's gegeben, der Herr hat's genommen; der Name des Herrn sei gelobt!

Jo 21, 19: Das sagte Jesus aber, zu zeigen, mit welchem Tode er Gott preisen würde. Und als er das gesagt, spricht er zu Simon Petrus: Folge mir nach!

Mi 7, 18. 19; Jes 38, 17; Ps 32, 1. 2). Zwar müssen die Brüder, die gekommen sind, nicht ihrerseits auch (jedesmal bei einem solchen Dienst) eine vollständige Lebensbeichte ablegen, aber es muß doch deutlich werden, daß der, der am Bett sitzt, ebenso auf die Vergebung Gottes angewiesen ist, wie der, der zu Bett liegt.

b) **„Und betet füreinander"**: Wir dürfen leidende Mitchristen (und auch Mitmenschen allgemein) nicht so allein lassen, wie es häufig geschieht, sondern müssen sie mit solch ernsthaftem Gebet besuchen und unterstützen. – In unserem Wort wird deutlich, wie eng Fürbitte und Buße bzw. Sündenbekenntnis zusammengehören. Unsere kleinen Fürbittekreise könnten vollmächtiger und fruchtbarer sein, wenn nicht jedes vor dem andern so sehr das Gesicht wahren wollte. Wir müssen zwar nicht unablässig Lebensbeichten ablegen (es genügt einmal – wenn Gott nicht mehr an unsere Sünden denkt, dann brauchen wir auch nicht mehr an sie denken). Aber es ist hilfreich, wenn, im vorausgehenden Gespräch oder im Gebet selbst, ausgesprochen wird, was im eigenen Leben, vielleicht in der eben angesprochenen Sache oder in der zurückliegenden Woche, nicht recht war. Jakobus schreibt: „Wir fehlen alle vielfach" (Kap. 3, 2).

6. Ein allgemeiner Satz über das Gebet in diesem Zusammenhang (V. 16).

„Das Gebet eines Gerechten": Jakobus denkt nicht an das „eines Selbstgerechten", eines Menschen, der meint, seine Gerechtigkeit selbst schaffen zu können (vgl. Lk 18, 11. 12). Er sagt: „Den Demütigen gibt Gott **Gnade**" (Kap. 4, 6). Und Paulus schreibt: „Christus ist für uns zur Sünde gemacht, auf daß wir in ihm würden die Gerechtigkeit Gottes" (2 Ko 5, 21). Jakobus hat die uns von Jesus erworbene und geschenkte Gerechtigkeit vor Gott im Auge. In Jesus sind wir

Die oben erwähnten Schriftstellen:

Mi 7, 18. 19: Wo ist solch ein Gott, wie du bist, der die Sünde vergibt und erläßt die Schuld denen, die übrig geblieben sind von seinem Erbteil; der an seinem Zorn nicht ewig festhält, denn er ist barmherzig! Er wird sich unser wieder erbarmen, unsere Schuld unter die Füße treten und alle unsere Sünden in die Tiefen des Meeres werfen.

Jes 38, 17: Siehe, um Trost war mir sehr bange. Du aber hast dich meiner Seele herzlich angenommen, daß sie nicht verdürbe; denn du wirfst alle meine Sünden hinter dich zurück.

Ps 32, 1. 2: Wohl dem, dem die Übertretungen vergeben sind, dem die Sünde bedeckt ist! Wohl dem Menschen, dem der Herr die Schuld nicht zurechnet, in dessen Geist kein Trug ist!

Lk 18, 11. 12: Der Pharisäer stand und betete bei sich selbst: Ich danke dir, Gott, daß ich nicht bin wie die andern Leute, Räuber, Ungerechte, Ehebrecher oder auch wie dieser Zöllner. Ich faste zweimal in der Woche und gebe den Zehnten von allem, was ich einnehme.

„Gerechte", Gott recht. – **„Es vermag viel, wenn es wirksam gemacht wird"**: Wie geschieht das?

a) Von seiten des Menschen. V. 17 wird von Elia gesagt, daß er **„inständig"** betete. In eigener Sache beten wir oft ernstlicher als in der Fürbitte für andere. Und sogar auch im Blick auf uns selbst müssen wir zuweilen in schwerste Bedrängnis geführt werden, bis ein Schrei echten Gebets aus unserem Herzen dringt.

b) Von seiten Gottes. Unser Gebet wird „wirksam gemacht" durch den großen Hohepriester Jesus Christus, der für uns eintritt (Rö 8, 34; 1 Jo 2, 1; Hbr 4, 14; 7, 25. 26; 8, 1), und durch den Heiligen Geist, der „unserer Schwachheit aufhilft" und uns vor Gott vertritt „nach dem es ihm gefällt" (Rö 8, 26. 27).

7. Ein Beispiel erhörlichen Betens aus der Geschichte des Volkes Gottes (V. 17. 18).

„Elia war ein Mensch von gleicher Art wie wir." Nur in einem 17/18
unterschied er sich von vielen: **„Er betete inständig."** Hier wird gesagt, was 1 Kö 17, 1 nicht ausdrücklich erwähnt wird, daß Elia auch das Gericht erbeten hatte. Gewiß war es kein Fluchgebet: „Diesem Ahab und dem gottvergessenen Volk kannst du's nicht schlecht genug gehen lassen!" Doch er merkte, nur noch eine ernsthafte Züchtigung vermag das Volk von dem Abgrund zurückzureißen, damit es seinen Erwählungscharakter nicht vollends verliert und nur noch ein Volk ist „wie die andern Völker" (1 Sam 8, 5). So können auch Eltern für ihre Kinder beten: „O Vater, führ sie immerdar nur selig, wenn auch wunderbar." Dann aber hat Elia – und das ist ausdrücklich in 1 Kö 18, 42. 43 berichtet – vor allem um Aufhebung des Gerichtes,

Die oben erwähnten Schriftstellen:

Rö 8, 34: Christus ist hier, der gestorben ist . . . und vertritt uns.

1 Jo 2, 1: Und ob jemand sündigt, so haben wir einen Fürsprecher bei dem Vater, Jesus Christus, der gerecht ist.

Hbr 4, 14: Weil wir denn einen großen Hohenpriester haben, Jesus, den Sohn Gottes . . ., so lasset uns halten an dem Bekenntnis.

Hbr 7, 25. 26: Daher kann er auch auf ewig selig machen, die durch ihn zu Gott kommen, denn er lebt immerdar und bittet für sie. Denn einen solchen Hohenpriester sollten wir haben.

Hbr 8, 1: Wir haben einen solchen Hohenpriester, der da sitzt zu der Rechten des Thrones der Majestät im Himmel.

1 Kö 17, 1: So wahr der Herr, der Gott Israels, lebt, vor dem ich stehe: Es soll diese Jahre weder Tau noch Regen kommen, ich sage es denn.

1 Sam 8, 5: So setze nun einen König über uns, der uns richte, wie ihn alle Heiden haben.

1 Kö 18, 42. 43: Elia ging auf den Gipfel des Karmel und bückte sich zur Erde und hielt sein Haupt zwischen seine Knie und sprach zu seinem Diener: Geh hinauf und schaue zum Meer! Er ging hinauf und schaute und sprach: Es ist nichts da. Elia sprach: Gehe wieder hin, und der Diener ging wieder hin, siebenmal.

um den so dringend nötigen Regen gebeten. Für ihn galt (wenigstens zu Zeiten – vgl. auch 1 Kö 19, 3) wie für kaum einen andern: „Vor den Menschen ein Adler, vor Gott ein Wurm." Wie stand er doch auf dem Karmel gegen den König und das wankelmütige Volk! Und wie hat er sich nachher im Gebet vor Gott gebeugt (1 Kö 18, 21. 42)! Wie dankbar können wir sein, daß die Schrift neben die Worte über den Glauben die Beispiele lebendiger Menschen stellt, die ihn lebten. So wird das Glauben für uns in jeder Lage vorstellbarer. Es sei auch unser „inständiges" Gebet, daß heute geistlich „der Himmel Regen gebe und Frucht wachse"! Auch das äußere Elend in der Welt des Unfriedens, der Ungerechtigkeit und der Armut, der Schmerzen und des Sterbens ist, wenn das Erbarmen Gottes uns beseelt, eine Not, die uns ans Herz greift. Umso mehr drängt sich uns die Bitte um die Totalhilfe auf die Lippen: „Komm bald, o Jesu!" (vgl. Offb 22, 17. 20).

III. Die Aufgabe an irrenden Mitchristen

Jakobus 5, 19. 20

1. Die Lage (V. 19).

19 **„Jemand unter euch"**: Es geht in diesem Wort nicht um den missionarischen Dienst an solchen, die noch nie dem Evangelium begegneten und ihm folgten, sondern um die Aufgabe gegenüber denen, die den Schritt zu Jesus und seiner Gemeinde getan hatten, die aber dann aus der Schar der Nachfolger Jesu ausscherten. In einer Zeit, in der der große „Abfall" (2 Th 2, 3) immer deutlicher in Erscheinung tritt, gewinnt dieses Schriftwort eine besondere Aktualität.

„Von der Wahrheit abgeirrt ist": Jesus selbst ist diese „Wahrheit" (Jo 14, 6). Es kann verschiedene Gründe haben, daß sich einer von Jesus löst: a) Zeitmeinung und -geist legen den Menschen Geleise, die von Jesus wegführen; der einzelne denkt nicht allzuviel; es sind

Die oben erwähnten Schriftstellen:

1 Kö 19, 3: Da fürchtete er sich, machte sich auf und lief um sein Leben.

1 Kö 18, 21. 42: Wie lange hinket ihr auf beiden Seiten? Ist der Herr Gott, so wandelt ihm nach.
Elia ging auf den Gipfel des Karmel und bückte sich zur Erde und hielt sein Haupt zwischen seine Knie.

Offb 22, 17. 20: Und der Geist und die Braut sprechen: Komm! Und wer es hört, der spreche: **Komm**! Es spricht, der solches bezeugt: Ja, ich komme bald. Amen, ja komm, Herr Jesus!

2 Th 2, 3: Denn er kommt nicht, es sei denn, daß zuvor der Abfall komme.

Jo 14, 6: Ich bin der Weg und die Wahrheit und das Leben; niemand kommt zum Vater denn durch mich.

hintergründige Mächte, die die Menschen gängeln. b) Es kann der Grund – für den Betreffenden nun schon bewußter – in intellektuellen Zweifeln liegen und in dem Anstoß, der an Jesu Anspruch genommen wird: Einen, der für das Wohl der Menschen eintritt, ließe man sich gefallen; aber den, der in Anspruch nimmt, von Gott zu kommen und das Heil der Welt zu bedeuten, lehnt man ab. Einen, der die „Brotfrage" löst, ließe man sich gefallen; einen, der selber das „Brot des Lebens" zu sein in Anspruch nimmt, verläßt man (Jo 6, 48. 66). c) Oder es locken einen Menschen eben mehr die Sinnenlust, der Besitz und die Macht der Welt als Jesus: „Demas hat die Welt liebgewonnen" (2 Tim 4, 10). d) Oder man möchte ganz einfach sein Leben selber in der Verfügungsmacht behalten, statt Jesus zu folgen. So sagt Gott von Saul: „Er hat sich hinter mir abgewandt" (1 Sam 15, 11). – Von allen Seiten her wird den Christen heute der Abfall verlockend gemacht. Es ist nötig, daß wir insbesondere die jungen Menschen mit unserer Fürbitte umgeben.

„Von der Wahrheit abirren" kann einer auch in der Ausrichtung der Botschaft des Evangeliums, in der L e h r e : Dann, wenn einer so redet, als ob G o t t nicht der personale Herr wäre, der die Welt schuf und erhält und uns in dieses Leben stellt, über uns waltet, uns in seine persönliche Gemeinschaft führen will und uns einmal zur Rechenschaft zieht und alles herrlich vollendet – als ob J e s u s nicht zu uns von Gott gekommen wäre, nicht für unsere Sünde gestorben, nicht wirklich auferstanden, nicht alle Tage bei uns sei und er nicht wiederkomme – als ob die S c h r i f t nicht für uns das verläßliche und verbindliche Gotteswort wäre – als ob der M e n s c h nicht durch die Sünde verderbt wäre und deshalb selber sein Heil, die große Zukunft und die Vollendung schaffen könnte und müßte. – Wenn einer nicht nur falsch glaubt und lebt, sondern auch falsch lehrt, so ist das besonders folgenschwer: Er geht nicht nur selbst, sondern führt auch andere in die Irre.

Das „Abirren von der Wahrheit" ist eine noch viel größere Not, als wenn jemand von einer schweren Krankheit befallen ist (V. 14).

2. Der Dienst (V. 19).

„Und es bekehrt ihn jemand": Natürlich weiß auch Jakobus, daß allein Gott einen Menschen bekehren, d. h. zur Um- und Heimkehr bringen kann. Doch Gott gebraucht menschliche Werkzeuge; die „Hand" des guten Hirten, die nach den Verlorenen greift, hat mensch-

Die oben erwähnten Schriftstellen:

Jo 6, 48. 66: Ich bin das Brot des Lebens . . . Von da an wandten seiner Jünger viele sich ab und wandelten hinfort nicht mehr mit ihm.

liche „Finger". Wie ein solcher Dienst geschieht, zeigt Jesus Mt 18, 15–17.

Nach diesem Wort ist zunächst und vor allem nötig, mit den Irrenden zu reden. Das tun wir nicht gerne. Damit macht man sich ja keine Freunde. In unseren Gemeinden, Gemeinschaften und Kreisen ist etwas wie eine stillschweigende Abmachung vorhanden: „Ich sage dir nichts Unangenehmes, sag du mir auch nichts Unangenehmes." Darüber können wir und die anderen verlorengehen.

Wir wollen unser Schweigen rechtfertigen: Etwa wo es um die Frage geht, ob der andere recht g l a u b e : Man sehe doch nicht in ihn hinein. Doch Jesus sagt: „An ihren Früchten sollt ihr sie erkennen" (Mt 7, 16; vgl. auch Jak 2, 17; 3, 12). – Im Blick auf die falsche L e h r e sagt man sich: Man dürfe doch nicht zum „Ketzerrichter" werden und eine dogmatische „Eichung" vornehmen. Man treffe ja auch schon im NT einen so großen Pluralismus, eine starke Verschiedenheit der Auffassungen unter den Zeugen an. Doch diese alle wollen uns in großer Einmütigkeit und einander wechselseitig ergänzend Jesus als den von Gott gekommenen ewigen Sohn Gottes, den Heiland der Welt, groß und lieb machen. Mit der Vielgestalt der biblischen Zeugnisse läßt sich keinesfalls die Lehrwillkür von heute rechtfertigen. – Im Blick auf das falsche L e b e n wird gesagt: Man dürfe doch nicht andern moralische Vorschriften machen. Doch die Schrift fordert nachdrücklich den Glaubensgehorsam (Jak 2, 14 ff; Rö 1, 5; 12, 1 ff; 16, 26).

So redet man sich ein, man habe Recht und Pflicht zu schweigen, während Paulus abirrende Brüder „Tag und Nacht mit Tränen ermahnte", „daß sie im Glauben blieben" (Apg 14, 22; 20, 31). Wir müssen, wenn wir in unserer Zeit des Abfalls (2 Th 2, 3) nicht alle miteinander und aneinander schuldig werden wollen, es neu lernen, miteinander zu reden, einander zu ermahnen und um einander zu ringen, Seelsorge zu üben. – Dabei ist es wahr, daß wir keinesfalls

Die oben erwähnten Schriftstellen:

Jak 2, 17: Der Glaube, wenn er nicht Werke hat, ist er tot in sich selber.

Jak 3, 12: Kann auch ein Feigenbaum Ölbeeren oder ein Weinstock Feigen tragen? So kann auch eine salzige Quelle nicht süßes Wasser geben.

Rö 1, 5: Durch ihn haben wir empfangen Gnade und Apostelamt, in seinem Namen den Gehorsam des Glaubens aufzurichten unter allen Heiden.

Rö 16, 26: . . . nach Befehl des ewigen Gottes, den Gehorsam des Glaubens aufzurichten unter allen Heiden.

2 Th 2, 3: Lasset euch von niemand verführen, denn er kommt nicht, es sei denn, daß zuvor der Abfall komme und offenbart werde der Mensch der Sünde.

über andere zu Gericht sitzen dürfen (Mt 7, 1. 2; Jak 4, 11. 12). Auch wir sind auf dem Weg und noch nicht am Ziel. „Wer sich dünken läßt, er stehe, der mag wohl zusehen, daß er nicht falle" (1 Ko 10, 12). Die Alten haben gesagt, ein rechter Seelsorger müsse so demütig sein, daß „keiner unter ihn hinunter" könne.

3. Die Wirkung (V. 20).

„Der soll wissen": Es ist wichtig zu bedenken, was hier auf dem 20
Spiel steht. Es ist nicht etwa nur so, wie wenn ein Mitglied eines bürgerlichen Vereins, das den Austritt erwogen hat, bewogen wird zu bleiben. So sieht es die ungläubige Welt an, wenn wir uns darum bemühen, daß einer in unserer Gemeinde, unserer Gemeinschaft, mehr: bei Jesus selbst bleibt (schon in Vereinen müht man sich um wankend gewordene Glieder).

„Wer einen Sünder von seinem Irrweg bekehrt, der wird seine Seele vom Tod erretten und eine Menge von Sünden zudecken": Einen Menschen, der sich von Jesus gelöst hat und nun falschen Ideen und Vorbildern folgt, lebt wie alle Welt lebt und mit Worten, die die Zeitmeinung lehrt, auch noch andere von dem biblischen Christus wegführt, wieder zu Jesus und in seine klare Nachfolge zurückbringen: das heißt, einen Menschen vom Tod retten, vom „zweiten Tod" (Offb 2, 11; 20, 6. 14), vom Tod nach dem Tod, von dem bewußten ewigen und schrecklichen Weggestorbensein von Gott.

Wie eilen sonst Menschen, wenn es um ein Leben geht! Wie rasch und überlegt wird in einem Unfallkrankenhaus gehandelt, wenn ein Schwerverletzter gebracht wird! Wie wird da alles andere zurückgestellt! Wieviel mehr sollten wir Christen mobilisiert sein und alles andere zurückstellen, wo es bei einem Menschen, vielleicht einem, der uns natürlich-menschlich nahesteht, ums ewige Leben geht! Wenn einer einen Schwerverletzten auf der Straße liegen läßt, kann er u. U. wegen „unterlassener Hilfeleistung" vor Gericht gestellt werden. Wenn wir uns von unserem Herrn nicht mitnehmen lassen zu solchem Dienst an Menschenseelen, dann wird uns das einmal zur Anklage vor dem ewigen Gericht.

Die oben erwähnten Schriftstellen:

Mt 7, 1. 2: Richtet nicht, auf daß ihr nicht gerichtet werdet. Denn mit welcherlei Gericht ihr richtet, werdet ihr gerichtet werden.

Jak 4, 11. 12: Verlästert einander nicht, liebe Brüder. Wer seinen Bruder verlästert oder richtet seinen Bruder, der verlästert das Gesetz und richtet das Gesetz . . . Einer ist Gesetzgeber und Richter, der retten und verdammen kann. Wer aber bist du, der du den andern richtest?

Offb 2, 11: Wer überwindet, dem soll kein Leid geschehen von dem zweiten Tode.

Offb 20, 6: Über solche hat der zweite Tod keine Macht.

Offb 20, 14: Das ist der zweite Tod: der feurige Pfuhl.

„Und wird eine Menge von Sünden zudecken": Es muß keiner denken: „Was geschehen ist, ist geschehen und bleibt's; lebenslang muß ich die dunkle Last meiner Verfehlungen tragen." Zu dem für uns gekreuzigten Herrn kommen und reumütig die Schuld vor ihm aufdecken, bedeutet, daß sie für alle Ewigkeit von ihm zugedeckt wird (vgl. Mi 7, 18. 19; Jes 38, 17; Ps 32, 2; Jes 1, 18b; 1 Jo 1, 7; Spr 28, 13).

Der Urtext kann auch so verstanden werden: Wer einen Sünder von seinem Irrweg bekehrt, der wird seine e i g e n e Seele vom Tod erretten und eine Menge seiner e i g e n e n Sünden zudecken. Jakobus hat in seinem Brief keinen Zweifel darüber gelassen, daß wir mit dem, was w i r tun, unsere Seligkeit nicht verdienen können, auch nicht mit unserem missionarischen Eifer. Wir erlangen sie allein durch das, was unser Herr tut und getan hat. Doch wer nur auf sein eigenes Heil bedacht ist und meint, „seines Bruders Hüter" (1 Mo 4, 9) brauche er nicht zu sein, wer den Gehorsam des Glaubens verweigert, der verliert das Heil wieder. Auch darüber läßt uns Jakobus nicht im unklaren (Jak 2, 14 ff; vgl. auch Mt 18, 23—35). Nur die Barmherzigkeit, die wir weitergeben, behalten wir. Nur Vergebung und Frieden, die wir weiterschenken, treten in unserem Leben recht in Kraft und Wirksamkeit. Nur wenn wir im Dienst unseres Herrn stehen, bleiben wir seines Dienstes recht teilhaftig. Wer damit beschäftigt ist, andere vom Abgrund zurückzuholen, damit sie wieder in die Hand des guten Hirten gelangen, der bleibt darüber selbst in dieser Hand. Wer sich mit andern zusammen von Herzen unter ihre Sünde beugt (und wem darüber je länger je mehr seine eigene Sünde bewußt wird)[78], der erlangt umso völliger das Vergeben der eigenen Schuld. Sich in der Zeit des großen Abfalls mit Herzen, Mund und Händen darum bemühen, daß andere nicht hinter Jesus zurückbleiben, bewirkt, daß

[78] „Seh ich andre Böses tun — in mir wird ein Gleiches ruh'n" (M. Hahn).

Die oben erwähnten Schriftstellen:

Mi 7, 18. 19: Wo ist solch ein Gott, wie du bist, der die Sünde vergibt und erläßt die Schuld denen, die übrig geblieben sind von seinem Erbteil; der an seinem Zorn nicht ewig festhält, denn er ist barmherzig! Er wird sich unser wieder erbarmen, unsere Schuld unter die Füße treten und alle unsere Sünden in die Tiefen des Meeres werfen.

Jes 38, 17: Siehe, um Trost war mir sehr bange. Du aber hast dich meiner Seele herzlich angenommen, daß sie nicht verdürbe; denn du wirfst alle meine Sünden hinter dich zurück.

Ps 32, 2: Wohl dem Menschen, dem der Herr die Schuld nicht zurechnet, in dessen Geist kein Trug ist!

Jes 1, 18b: Wenn eure Sünde auch blutrot ist, soll sie doch schneeweiß werden, und wenn sie rot ist wie Scharlach, soll sie doch wie Wolle werden.

1 Jo 1, 7: Und das Blut Jesu Christi, seines Sohnes, macht uns rein von aller Sünde.

Spr 28, 13: Wer seine Sünde leugnet, dem wird's nicht gelingen; wer sie aber bekennt und läßt, der wird Barmherzigkeit erlangen.

man selber nicht hinter ihm zurückbleibt, sondern durch diese versuchungsreiche Zeit hindurchkommt. Es ist so, wie wenn einer in einer kalten Winternacht, in der alle einzuschlafen und zu erfrieren drohen, eilt, um die andern wachzuhalten, und darüber selber wach bleibt und gerettet wird. — Zwar nicht mit einem Segenswunsch, wie andere Briefe des NT, aber mit diesem wichtigen Hinweis schließt Jakobus seinen für unsern Alltag als Christen und insbesondere für die dem Ziel entgegeneilende Schar so hilfreichen Brief.

AUSLEGUNGEN DES JAKOBUSBRIEFES

Auslegungen schwäbischer pietistischer Väter:

Johann Albrecht Bengel: „Gnomon“, deutsche Bearbeitung von Robert Kübel, 6. Teil, Gotha 1894.

Carl Heinrich Rieger: „Betrachtungen über das Neue Testament, zum Wachstum in der Gnade und Erkenntnis unseres Herrn und Heilandes Jesu Christi“, 4. Auflage, Stuttgart 1857.

Wissenschaftliche Auslegungen:

Adolf Schlatter: „Der Brief des Jakobus“, 2. Auflage, Calwer Verlag, Stuttgart 1956.

Martin Dibelius: „Der Brief des Jakobus“ (in ‚Kritisch-Exegetischer Kommentar über das Neue Testament‘), 11. Auflage, Verlag Vandenhoeck & Ruprecht, Göttingen 1964.

Allgemein verständliche Auslegungen:

Adolf Schlatter: „Erläuterungen zum Neuen Testament“, 9. Teil, Calwer Vereinsbuchhandlung, Stuttgart 1938.

Friedrich Hauck: „Die Kirchenbriefe“ (Band 10 von ‚Das Neue Testament Deutsch‘), 5. Auflage, Verlag Vandenhoeck & Ruprecht 1949.

Johannes Schneider: „Die Kirchenbriefe“ (Band 10 von ‚Das Neue Testament Deutsch‘), 10. Auflage, Verlag Vandenhoeck & Ruprecht, 1967.

Heinrich Rendtorff: „Hörer und Täter“ (in ‚Die urchristliche Botschaft‘), Furche-Verlag, Hamburg 1953.

Eduard Thurneysen: „Der Brief des Jakobus“, Verlag Friedrich Reinhardt Basel, 3. Auflage 1959.

Kurt Hennig: „Der Jakobusbrief“ (in ‚Christus heute‘), Kreuz-Verlag, Stuttgart 1956.

Kurze, aber hilfreiche Bearbeitungen:

Karl Hartenstein: „Sind wir wirklich Christen?“, Evang. Missionsverlag, Stuttgart 1954.

Walter Warth: „Der Jakobusbrief“ (in ‚Stuttgarter Bibelhefte‘), Quell-Verlag, Stuttgart 1959.

LEXIKON ZUR BIBEL Volksausgabe

Herausgegeben von Fritz Rienecker

100 Kunstdruckbildseiten und 1728 Textspalten, über 150 Fotos, z. T. Großformat. Über 350 Textillustrationen und Kartenskizzen, mehrfarbige Karten, Format 15,7 x 23,2 cm.

Über 6000 Stichwörter aus Geschichte, Kulturgeschichte, Archäologie, Religionswissenschaft, Geographie, Biologie und Wirtschaft.
Namensangaben von Personen, Tieren, Orten und Pflanzen sind vollständig aufgenommen.
Alle wichtigen theologischen Begriffe sind ausführlich erläutert.
Die Stichwörter richten sich nach der Luther-Übersetzung.

Ein umfassendes vergleichendes Register verweist den Leser der Menge-, Elberfelder-, Zürcher Bibel und der revidierten Lutherbibel bei Übersetzungsunterschieden auf die entsprechenden Artikel des Lexikons.
Evangelienharmonie.
Große Zeittafel vom 3. Jahrtausend vor bis 79 nach Chr.
Umfassende Bibliographie.
Ortsnamenregister.

ATLAS ZUR BIBEL

Herausgegeben von H. H. Rowley

48 Seiten, Format 25,5 x 20,5 cm, kartoniert

Karten und Übersichten zur Biblischen Geschichte, Ausbreitung des Christentums, Konfessionskunde, Weltreligionen, Mission. Auflegerkarte des modernen Israels mit den heutigen Ortsnamen.

„Einen so preisgünstigen, guten Atlas zur Bibel, dem auch noch Karten über die heutige Ausbreitung des Christentums und die heutige Missionsarbeit beigegeben sind, gab es bisher meines Wissens überhaupt nicht."

Leiterbrief, Gündingen

R. BROCKHAUS VERLAG WUPPERTAL